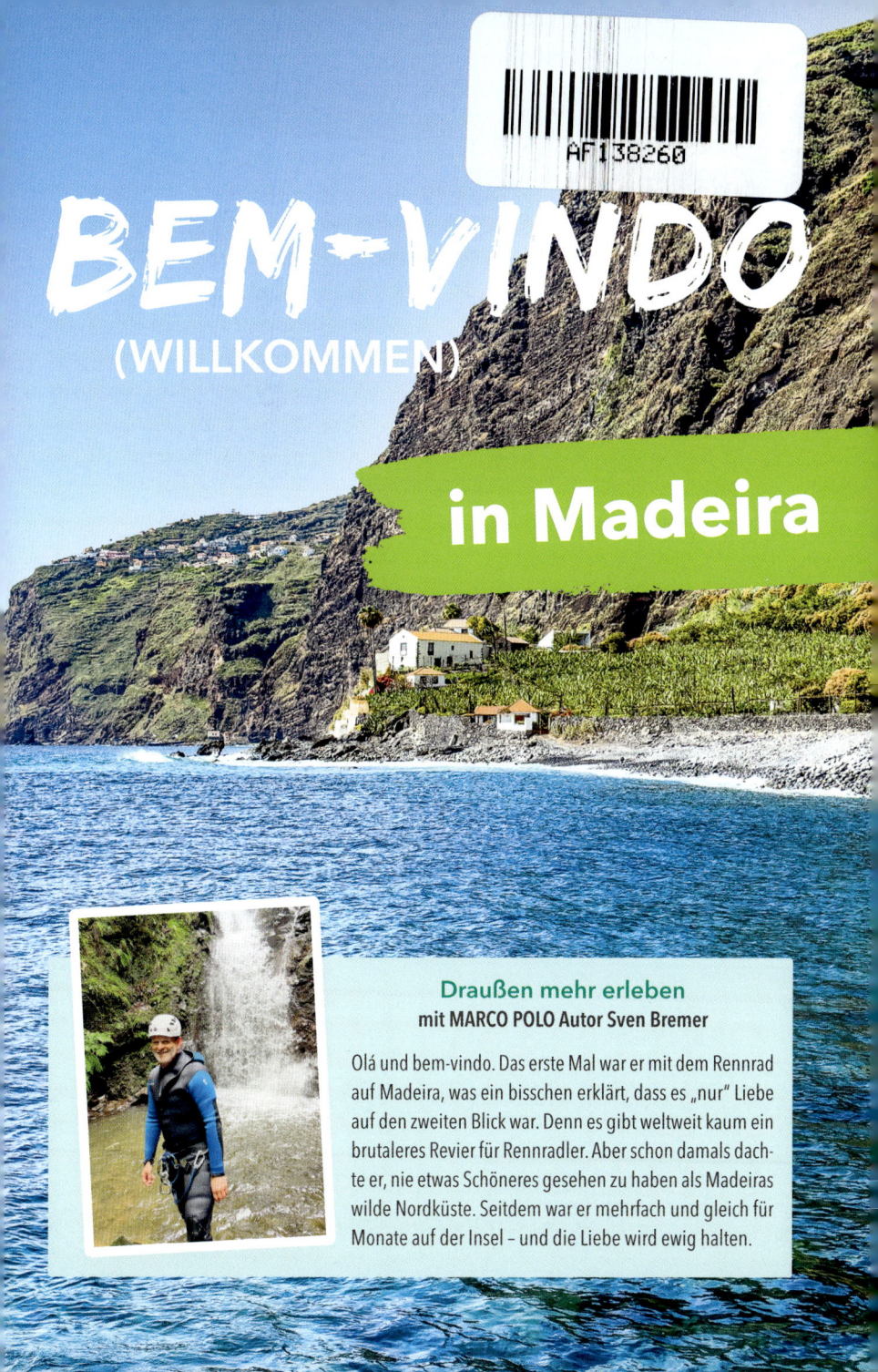

BEM-VINDO
(WILLKOMMEN)

in Madeira

Draußen mehr erleben
mit MARCO POLO Autor Sven Bremer

Olá und bem-vindo. Das erste Mal war er mit dem Rennrad auf Madeira, was ein bisschen erklärt, dass es „nur" Liebe auf den zweiten Blick war. Denn es gibt weltweit kaum ein brutaleres Revier für Rennradler. Aber schon damals dachte er, nie etwas Schöneres gesehen zu haben als Madeiras wilde Nordküste. Seitdem war er mehrfach und gleich für Monate auf der Insel – und die Liebe wird ewig halten.

INHALTSVERZEICHNIS
*OUTDOOR GUIDE MADEIRA

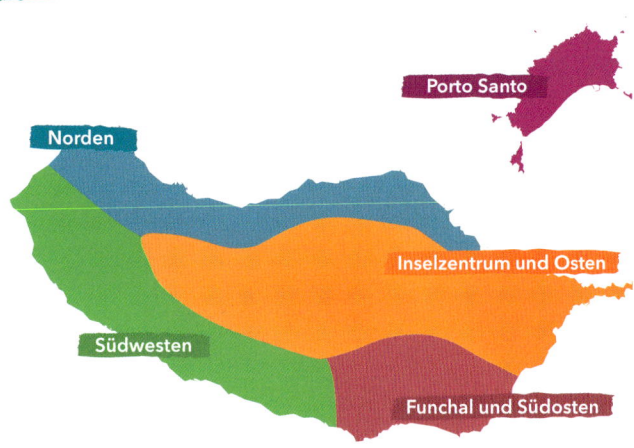

Porto Santo

Norden

Inselzentrum und Osten

Südwesten

Funchal und Südosten

**GPX-Tracks als Download
zur einfachen Orientierung**
QR-Code scannen oder über Website
short.travel/yypuy herunterladen

Legende

Aktivitäten

🏃 Zu Fuß
🚴 Mit dem Fahrrad
≈ Am & im Wasser
🏂 Fun & Action
🏞 Naturerlebnis
★ Outdoor-Highlights

🍴 Lokale Spezialitäten
ⓘ Serviceangaben
🕐 Beste Zeit
⚙ Ausrüstung
📍 GPS-Koordinaten

Preise Aktivitäten/pro Erw.
€ bis 10 €
€€ bis 25 €
€€€ über 25 €
Preise Unterkunft/pro DZ
€ bis 75 €
€€ bis 150 €
€€€ über 150 €

Das Beste zuerst

Beeindruckende Kulisse: Wanderung vom Pico do Arieiro zum Pico Ruivo

BEST OF ENTSPANNT
*TYPISCHES FÜR GENIESSER

Wer sich an der Praia da Alagoa nicht selbst in die Wellen wagt, schaut einfach den Surfern vom Strand aus zu

Poncha-Bar mit Kultstatus

Die Wände beklebt mit Zetteln, der Boden übersät mit Erdnussschalen. In der Taberna da Poncha bei Serra de Água werden vier stets frisch zubereitete Varianten ausgeschenkt: Pescador (Zitrone), Maracuja, Tangerina (Mandarine) und Regional (Orange). Die Erdnüsse gibt's gratis.
→ S. 107 Inselzentrum und Osten

Fisch an der Fajã

Ein Badetag an der Fajã dos Padres mit ihren tropischen Gärten und Bananenhainen wird im herrlich gelegenen Restaurant bei Meeresrauschen, leckeren Fischgerichten und dem in der Fajã kultivierten Malvasia-Wein abgerundet. → S. 118 Südwesten

Wo Churchill seinen Whisky trank

Winston Churchill saß gerne oberhalb von Câmara de Lobos und malte. Wo er zu Abend gegessen und seinen Whisky genossen hat, ist nicht überliefert. Heute empfiehlt sich ein Besuch im Casa do Peixe, einem der besten Fischrestaurants der Insel.
→ S. 122 Südwesten

Bunter Altstadtbummel

Nachdem man bei einem Morgenspaziergang durch die Rua Santa Maria die bunt bemalten Haustüren bewundert hat, schlendert man bis zur Badeanstalt Barreirinha und der gleichnamigen Bar – und am Abend zum Sonnenuntergang kommt man gleich wieder …
→ S. 57 Funchal und Südosten

Chillen an den Piscinas Naturais

Baden kann man in Seixal u.a. am kleinen Sandstrand am Porto oder in den Naturschwimmbecken gleich nebenan. In der Lounge Bar Clube Naval do Seixal wird bei einem kühlen Drink und einem „Sandes" gechillt.
→ S. 152 Norden

Im Schatten des Adlerfelsens

Nach Porto da Cruz verirren sich eher selten Pauschaltouristen. An der Praia da Alagoa schaut man den Surfern zu, wandert einmal um die Landzunge, nimmt an der Promenade einen Drink und genießt zum Abschluss erstklassiges madeirensisches Essen im A Pipa.
→ S. 172 Norden

BEST OF ADRENALINKICK
*DIE EXTRAPORTION ACTION

Beim Canyoning wird man zwar zumeist recht nass, schüttet dafür aber haufenweise Glückshormone aus

Mehrkampf in der Schlucht

Sich in wilden Schluchten an Wasserfällen abseilen, über Steine durchs Bachbett hüpfen und Wasserrutschen heruntergleiten: All das erlebt man in Madeira beim Canyoning. Schwierigkeitsgrade gibt es von einfach bis brutal schwer.

→ S. 44 Funchal und Südosten

Easy die Berge hoch

Was war das für eine Plackerei, ehe es E-Mountainbikes gab. Mit den geländegängigen E-Bikes brettert man auf breiten Reifen „easy" die Anstiege hoch. Geschicklichkeit und Steuerkünste sind dennoch gefragt: Die Trails führen durch dschungelartige Wälder, über die Hochebene, entlang der Levadas und schließlich über kleine Sträßchen hinunter ans Meer.

→ S. 88 Inselzentrum und Osten

Von Pico zu Pico

Das Wander-Highlight auf Madeira: Vom dritthöchsten Berg, dem Pico do Arieiro, bis zu Madeiras höchstem Gipfel, dem Pico Ruivo. Atemberaubende Ausblicke, Klettern über die „Treppe des Todes", durch Tunnel und über schmale Pfade. Klingt gefährlich, ist anstrengend, aber auch für Normaltrainierte machbar.

→ S. 84 Inselzentrum und Osten

Zu Besuch bei Barrakuda & Co.

Ein bisschen Theorie, eine kleine Proberunde im Pool – und schon geht es das erste Mal mit Sauerstoffflasche zum Tauchen ins Meer. Rasch weicht das mulmige Gefühl der Faszination in Madeiras bunter Unterwasserwelt. So ungefähr müssen sich Astronauten in der Schwerelosigkeit fühlen, nur dass sie keine Muränen, Kraken und Papageienfische zu sehen bekommen.

→ S. 48 Funchal und Südosten

Abheben ins Glück

Drei, zwei, eins – und schon schwebt man wie ein Adler durch die Lüfte. Zeit, es sich noch einmal zu überlegen, ob es die richtige Idee war, einen Tandemsprung mit dem Gleitschirm zu machen, lässt einem der Chefpilot nicht. Dem Adrenalinkick und ein paar Freudenschreien folgt ein kaum in Worte zu fassendes Glücksgefühl.

→ S. 170 Norden

Gratisdusche zur Abkühlung zwischendurch: der Wasserfall Cascata dos Anjos

Schlittenfahren im Sommer

Dass Kaiserin Sissi schon mit den legendären Korbschlitten von Monte unterwegs war, dürfte Kindern herzlich egal sein. Aber dass es mit einer Geschwindigkeit von bis zu 40 km/h die steilen Straßen hinuntergeht, finden sie bestimmt ziemlich cool.

→ S. 46 Funchal und Südosten

Selfie mit Cristiano Ronaldo

Wenn sich Kinder und Eltern für Fußball interessieren, dann ist man im Museu CR7 genau richtig. Nach dem Besuch macht man noch ein Selfie mit dem auf Madeira geborenen Weltstar – wenn auch nur mit der Cristiano-Ronaldo-Statue vorm Museum.

→ S. 14 Landschaft und Leute

Duschen unterm Wasserfall

Es ist nicht immer einfach, die Kids zur Körperpflege zu bewegen. Zähneputzen, Duschen ... kein Bock! An der Cascata dos Anjos dürfte es kaum Überredungskünste kosten. Denn hier kann man unter einem Wasserfall duschen, der auf die Küstenstraße hinunterrauscht.

→ S. 135 Südwesten

Steil, steiler, Achadas da Cruz

Bei Achadas da Cruz führt eine Seilbahn hinunter ans Meer. Die Wellen krachen gegen die Felsen, ein paar Einheimische beackern ihre Gärten – allein die Fahrt mit der steilsten Seilbahn Europas ist Nervenkitzel pur.

→ S. 146 Norden

Mit Flipper auf Augenhöhe

Delfine und Wale vom Boot aus zu beobachten ist ja schon ziemlich aufregend. Aber wie cool ist es erst, mit Delfinen zu schnorcheln, sie unter Wasser in freier Wildbahn zu erleben und den Geräuschen zu lauschen, mit denen die Meeressäuger kommunizieren.

→ S. 128 Südwesten

Badespaß an der Praia Dourada

Traumstrände, an denen Kinder genug Platz zum Herumtoben haben, gibt es wenige auf Madeira. Porto Santo hingegen hat einen kilometerlangen Sandstrand, die Praia Dourada, an dem man baden, buddeln und bodysurfen kann.

→ S. 187 Porto Santo

In diesen riesigen Eichenfässern lagert die berühmte Firma Blandy's ihren berühmten Madeira-Wein

Wasser von allen Seiten

Planbar ist es nicht, aber wenn man sich aufmacht zum Abenteuer Canyoning, dann kann es ruhig Bindfäden regnen, das macht überhaupt nichts. Erstens steckt man im wasserdichten Neoprenanzug, zweitens wird man sowieso nass.

→ S. 44 Funchal und Südosten

Madeira kompakt

Was war eigentlich vor Millionen von Jahren, als sich die Insel aus dem Atlantik erhob? Wie haben sich die Madeirenser gegen Piraten verteidigt, und was ist das Geheimnis des Madeiraweins? Im Madeira Story Centre erlebt man die Geschichte der Insel auf unterhaltsame, informative und interaktive Weise. Sogar die Gerüche eines Fischmarktes werden simuliert.

→ S. 51 Funchal und Südosten

Zu Besuch im Aquario

Wenn das Wetter einem das Bad in den Piscinas Naturais in Porto Moniz vermiest, geht man einfach ein paar Schritte weiter zur alten Festung und stattet der Unterwasserwelt im Aquario einen Besuch ab. Rund 90 Meeresbewohner tummeln sich in zwölf Becken – spannend und beruhigend zugleich.

→ S. 159 Norden

Große Kunst auf kleiner Insel

Kultur auf Madeira – das bedeutet häufig, dass Menschen in Trachten anachronistisch anmutende Tänze aufführen. Das MUDAS in Calheta hingegen präsentiert äußerst spannende zeitgenössische Kunst, überwiegend von portugiesischen, aber auch international renommierten Künstlern.

→ S. 136 Südwesten

Vom Walfänger zum Walschützer

Bis 1981 jagten die Madeirenser Wale, ehe Portugal das internationale Artenschutzabkommen unterzeichnete. Im Museu de Baleia in Caniçal kann man die Geschichte des Walfangs auf Madeira nachverfolgen, Modelle der Meeressäuger bestaunen und einiges zum Schutz der Wale lernen – denn aus den einstigen Walfängern sind inzwischen Walschützer geworden.

→ S. 87 Inselzentrum und Osten

Entdecke Madeira

Der Adlerfelsen aus anderer Perspektive: Paragliding vom Portela-Pass hinunter nach Porto da Cruz

Mystisch: die uralten moosbedeckten Bäume im Feenwald Fanal bei Nebel

Vulkanischen Ursprungs, aber längst nicht so karg wie beispielsweise die Kanarischen Inseln: Die Blumeninsel Madeira inmitten des Atlantiks lockt mit einer unfassbar abwechslungsreichen Landschaft, deren Naturschönheiten so gut wie jeden Besucher verzaubern.

Lorbeerwälder und Blumenpracht

Immergrüner Lorbeerwald, von der Unesco bereits 1999 zum Weltkulturerbe erklärt. Eine gewaltige Hochgebirgslandschaft, Steilküsten, die schroff ins Meer abfallen und liebliche Täler, in denen es aufgrund des milden Klimas ganzjährig grünt und blüht – weswegen Madeira sich auch mit dem Beinamen „Blumeninsel" schmückt: Strelitzien und Schmucklilien am Wegesrand und in den Gärten, Kamelien, Orchideen und meterhohe Weihnachtssterne in Botanischen Gärten. Rote und violette Bougainvillea schmücken Häuserfassaden und Mauern, Oleander, Hortensien und Hibiskus blühen in freier Wildbahn und endemische riesige Farne säumen die berühmten Levadas.

Madeira ist ein Naturparadies und in erster Linie ein Ziel für Wanderfreunde. Manche der Routen führen aus den Bergen ans Meer oder umgekehrt, andere verbinden die über 1800 m hohen „Picos" miteinander. Was Madeira weltweit einzigartig macht, sind die Wanderwege entlang der Levadas: mehr als 2000 km künstlich angelegte Wasserläufe, die seit Jahrhunderten die Madeirenser mit Wasser versorgen und an denen entlang es sich aufgrund des moderaten Gefälles wunderbar wandern lässt. Auf die Idee, die Wege an den Levadas touristisch zu nutzen, sind die Madeirenser erst Ende des 20. Jhs. gekommen.

Piscinas Naturais statt Strände

Eines allerdings kann die Trauminsel nicht bieten: endlose und traumhafte Sandstrände. Auf Madeira badet man stattdessen in Piscinas Naturais, Naturschwimmbecken zwischen bizarr geformten Lavafelsen, an Stränden mit groben Kieseln oder schwarzem Lavasand. Den Traumstrand hat die kleine Nachbarinsel Porto Santo zu bieten, ein wunderbar tiefenentspannter „Am-Arsch-der-Welt-Ort" mit der

1862 M

misst der Pico Ruivo, der höchste
Berg Madeiras

NATUR IN ZAHLEN

2500

verschiedene Pflanzenarten wachsen
auf Madeira

2000 KM

lang mindestens erstrecken sich die
rund 200 Levadas auf der Insel

100 KM

Straßentunnel durchlöchern Madeira wie
einen Schweizer Käse, Tendenz steigend

14 CM

Beinspannweite hat die extrem giftige
Madeira-Tarantel, die zum Glück nur auf den
unbewohnten Ilhas Desertas vorkommt

20 %

der Fläche auf Madeira wird bedeckt vom
Laurisilva, dem von der Unesco als Welterbe
gelisteten Lorbeerwald

NUR EIN VIERTEL

der Vulkaninsel ragt aus dem Meer heraus,
4000 m fallen die Klippen bis zum
Meeresgrund ab

9 KM

lang ist die Praia Dourada, der
Sandstrand auf der Nebeninsel
Porto Santo

967 KM

beträgt die Entfernung zwischen Lissabon
in Portugal und Funchal auf Madeira

Der berühmteste Sohn der Insel: Cristiano Ronaldo

Funchal ein neues Hotelviertel errichtet. So konnte die altehrwürdige Hauptstadt ihren Charme bis heute erhalten. Die meisten Unterkünfte im Hotelviertel sind 08/15-Bettenburgen. Über die Insel verteilt, aber auch inmitten der modernen Hotelanlagen findet man noch die madeiratypischen Quintas – ehemalige Herrenhäuser, umgeben von prächtigen Parkanlagen, die heute vielfach als Hotels genutzt werden.

Der berühmteste Sohn Madeiras stammt aus Santo António, einem Viertel am Rande Funchals: Cristiano Ronaldo, auch als CR7 bekannt. Und die Madeirenser sind mächtig stolz auf den mehrfachen Weltfußballer, an dem sich bekanntlich die Geister scheiden. Also, bloß kein schlechtes Wort über ihn sagen auf Madeira, das könnte Ärger geben. Auf Madeira haben sie ihren Flughafen nach dem Fußballer benannt, und sie haben gleich mehrere Statuen von ihm errichtet. Eine dieser Statuen war allerdings so derart missraten, dass der Künstler nachbessern musste. Eine andere, die dem Weltstar wirklich ähnlich sieht, steht in Funchal, gleich neben dem Cristiano-Ronaldo-Museum und dem CR7-Hotel.

Eigenes Parlament

Madeira gehört bekanntlich zu Portugal, wird aber seit 1976 als Região Autónoma da Madeira mit einem eigenen Parlament regiert. Von 1978 bis 2015 war Alberto João Jardim Präsident der Autonomen Region Madeiras. Ein konservativer Zeitungsverleger, der während seiner Amtszeit einen milliardengroßen Schuldenberg anhäufte und als einer der korruptesten Politiker Portugals gilt. Fragt man die Madeirenser nach der Politik auf ihrer Insel, winken die meisten ab. Sie glauben nicht, dass sich etwas ändert, wenn sie ihr Kreuz auf dem Wahlzettel machen, entsprechend gering war zuletzt die Wahlbeteiligung. Allerdings auch deshalb, weil immer noch Tausende von ausgewanderten Madeirensern auf den Wahllisten stehen, die sich so gar nicht mehr für ihre ehemalige Heimat interessieren.

kilometerlangen Praia Dourada. Ein gewisser Christoph Columbus hat einige Jahre auf Porto Santo gelebt – rund 60 Jahre nach der offiziellen Entdeckung Madeiras durch die portugiesischen Seefahrer João Gonçalves Zarco, Tristão Vaz Teixeira und Bartolomeu Perestrelo. Die sind übrigens 1419 in Machico gelandet und nicht in der heutigen Hauptstadt Funchal, dem inzwischen unumstrittenen kulturellen und wirtschaftlichen Zentrum Madeiras. Rund die Hälfte der rund 245 000 Insulaner lebt im Großraum Funchal, Dreiviertel der Bevölkerung arbeiten hier, viele davon im Tourismussektor – längst die Haupteinnahmequelle der „Insel des ewigen Frühlings". Funchal bedeutet übersetzt übrigens so viel wie „Ort, an dem Fenchel (funcho) wächst" und Madeira heißt übersetzt schlichtweg „Holz".

Heimat von CR7

Irgendwann hat man auf Madeira eine kluge Entscheidung getroffen und westlich der Altstadt von

SPICKZETTEL PORTUGIESISCH

Danke Obrigado (f. Männer), Obrigada (f. Frauen)
Bitte Faz favor oder por favor
Ja Sim / **Nein** Não
Wie geht es Ihnen? Como está?
Guten Tag Bom dia (bis mittags)
Guten Tag Boa tarde (ab mittags bis Sonnenuntergang)
Guten Abend / Gute Nacht Boa noite
Hallo Olá
Auf Wiedersehen Adeus
Entschuldigung Desculpe
Sprechen Sie Deutsch? Fala alemão?
Wo ist …? Onde fica…?
Die Rechnung bitte A conta se faz favor
Wie viel kostet das? Quanto custa?

Emigranten und Heimkehrer

Madeira galt bis in die 1960er-Jahre als das Armenhaus Westeuropas. Man lebte eher schlecht als recht von der Landwirtschaft. Viele zog es aufgrund ihrer prekären wirtschaftlichen Lage ins Ausland. Inzwischen sind viele von ihnen – insbesondere aus Südafrika – in die Heimat zurückgekehrt. Ein Grund, warum man immer wieder Madeirenser trifft, die perfektes Englisch sprechen. In den Touristenhochburgen werden die Servicekräfte geradezu darauf getrimmt, ordentliches Englisch zu sprechen, teilweise wird sogar auch Deutsch gesprochen. Auf dem Land muss man sich als Tourist in Portugiesisch oder mit Händen und Füßen verständigen. Die Madeirenser können zwar stur sein wie die Ochsen, mit denen sie einst die Lasten über die Insel transportierten, aber gerade in den abgelegenen Regionen begegnen sie einem fast immer mit Sanftmut und einer zurückhaltenden Freundlichkeit.

Der Largo do Corpo Santo in Funchals historischer Altstadt

TIERE & PFLANZEN
*HINEIN INS NATURPARADIES

Hortensien erblühen in allen erdenklichen Farben an der Nordküste der Blumeninsel

Irgendetwas blüht auf der Blumeninsel immer, wobei die meisten Pflanzen auf Madeira erst im Laufe der vergangenen Jahrhunderte eingeführt wurden. Ihr Ursprung liegt in Afrika, Asien, Mittel- und Südamerika und in der Karibik. Im Gegensatz zur prächtigen Pflanzenwelt ist es um die Tierwelt auf Madeira eher mau bestellt.

Reichhaltige Flora

Aber dank des ganzjährig milden Klimas blühen Kamelien und Azaleen bereits im Januar, im Frühjahr und Sommer bedecken Millionen von Schmucklilien, auch Afrikanische Liebesblume genannt, mit ihren blauen und weißen Blütenkugeln die Insel. An den Häuserwänden leuchten die Rot- und Violetttöne der Bougainvillea. Überall blühen Oleanderbüsche, Hibiskus und Hortensien, und im Frühjahr leuchtet die Hochebene Paúl da Serra im Gelb des Ginsters. Die Strelitzie, gerne auch als Paradiesvogelblume bezeichnet, gilt als eine Art Wahrzeichen Madeiras; der ganze Stolz der Insulaner aber

ist der immergrüne Lorbeerwald, auch Laurisilva genannt, der gut 20 % der Insel bedeckt und bereits 1999 in die Welterbeliste der Unesco aufgenommen wurde. Bis zu 70 verschiedene, zum Teil endemische Farne wachsen in den Wäldern, eine Vielzahl von Flechten und Moosen bedecken die Stämme der Bäume, während in den höchsten Zonen Madeiras die Baumheide und die Besenheide dominieren; Letztere ist mit der bei uns heimischen Erika verwandt und mit bis zu 5 m Höhe nur ungleich größer. Vielfach wurden bei Wiederaufforstungsmaßnahmen Eukalyptusbäume, Kiefern und Pinien gepflanzt.

Madeiras Tierwelt

Aufgrund des vulkanischen Ursprungs und der fehlenden Landverbindung lebten bis zur Entdeckung Madeiras lediglich Insekten, Vögel, Fledermäuse und Eidechsen auf dem Archipel. Erst mit der Besiedlung kamen Mäuse, Ratten und Kaninchen hinzu. Wo man geht und steht, flitzen auf Madeira auch heute noch Madeira-Mauereidechsen (*Lacerta du-*

Madeira-Eidechsen *(Teira dugesii* oder auch *Lacerta dugesii)* flitzen fast überall über die Wanderwege, an Hauswänden und Natursteinmauern entlang. Die Madeira-Eidechse ist tagaktiv, morgens sucht sie die Wärme, mittags den Schatten. Versuche mal eines der Tierchen zu fotografieren, garantiert ist es schon weg, bevor du den Auslöser gedrückt hast.

7 TYPISCHE TIERE

Delfine Delfine tummeln sich zu Hunderten und Tausenden vor der Küste Madeiras. Bei Wal- und Delfinbeobachtungs-Touren auf dem Atlantik bekommt man insbesondere Atlantische Fleckendelfine, Streifendelfine, Rauzahndelfine, die sogenannten Gewöhnlichen Delfine und den Großen Tümmler zu sehen.

Wale Deutlich seltener als die verspielten Delfine bekommt man vor den Küsten Madeiras Wale zu sehen. Aber insbesondere im späten Mai und Juni kann man Brydewale, Pilotwale und sogar bis zu 20 m große Pottwale beobachten. Bis 1981 gingen die Madeirenser übrigens auf Walfang, ehe sie sich dem internationalen Artenschutzabkommen anschlossen.

Kühe haben meistens eine verdammt gute Aussicht. Man findet die freilaufenden Tiere friedlich grasend u. a. auf den Wiesen am Rabaçal und im Fanal – aber gerne auch mitten auf der Straße. Und eines ist klar: Sie und nicht die Autofahrer haben Vorfahrt.

Madeira-Buchfink Er ist zutraulich, bisweilen dreist, der nur auf der Blumeninsel vorkommende Madeira-Buchfink. Ob an der Levada oder an den Aussichtspunkten, die kleinen „Frechdachse" versuchen nicht selten an das Picknick der Wanderer zu kommen. Von unseren Buchfinken unterscheiden sie sich vor allem durch das blaue Rücken- und das gelb-orange Brustgefieder.

Europäischer Papageifisch Er lebt zumeist in Gruppen mit Artgenossen küstennah im felsigem Untergrund. Die Geschlechter sind gut zu unterscheiden: Das Weibchen ist rot, hat eine blau-gelbe Färbung am Kopf und einen gelben Punkt auf der Schwanzwurzel. Das Männchen ist gräulich-violett.

Madeira-Sturmvogel Der Madeira-Sturmvogel kommt weltweit nur noch auf Madeira vor. Die Vögel jagen auf dem Atlantik, nisten aber in Felsvorsprüngen im Zentralgebirge. Die Schreie der Sturmvögel hören sich an wie von einem Kleinkind, das sich wehgetan hat und fortwährend „Aua, aua, aua" schreit.

Stolz von Madeira *(Echium fastuosum)* Endemische, bis zu 2 m große Natternkopfart, die man zumeist in einer Höhe zwischen 800 und 1200 m vorfindet. Wie der Prächtige Natternkopf, den man vor allem an der Küste zu sehen bekommt, blüht der Stolz von Madeira bläulich bis dunkellila.

6 TYPISCHE PFLANZEN

Schmucklilie Die überwiegend blau, manchmal auch weiß blühende Schmucklilie ist ebenfalls allgegenwärtig auf Madeira. Sie säumt die Wege an den Levadas und blüht zwischen Ende März und September. Die Schmucklilie, auch als Afrikanische Lilie bezeichnet, gilt als Symbol für die Liebe.

Strelitzie In der Heimat kostet sie als exquisite Schnittblume gerne mal 5 Euro pro Stück. Auf Madeira wächst sie zu Tausenden in jedem Vorgarten, entlang der Levadas und in den Parks und Gärten. Benannt wurde die Paradiesvogelblume übrigens zu Ehren der britischen Königin Sophie Charlotte, einer geborenen Prinzessin von Mecklenburg-Strelitz.

Fischfang-Wolfsmilch Die Fischfang-Wolfsmilch wächst in den trockenen Küstenzonen und breitet sich dort gestrüppartig aus. Eine Schönheit ist die Fischfang-Wolfsmilch nicht gerade, aber sie hatte einen sehr praktischen Nutzen. Sie sondert nämlich einen giftigen Milchsaft ab, den die Madeirenser einst nutzten, um Fische in den Lavabecken zu betäuben, damit sie sie dann leichter fangen konnten.

Jacarandabaum Ursprünglich stammen die Jacarandabäume aus Mittel- und Südamerika. Auf Madeira schmücken sie Plätze und Alleen. Zahlreiche prächtige Exemplare stehen an der Avenida Arriaga in Funchal. Die bis zu 20 m großen Jacarandas verlieren im Winter ihre Blätter, im April und Mai blühen sie in einem leuchtenden Violett.

Stinklorbeer Der Stinklorbeer ist eine von vier Lorbeerarten, die auf Madeira wachsen. Die oft von Moosen und Flechten bewachsenen Bäume werden bis zu 40 m hoch. Im Laurisilva wachsen außerdem der Kanarische Lorbeer, Madeira-Lorbeer und Barbusano, dessen Holz traditionell für den Fleischspieß Espetada benutzt wurde.

Madeira-Heidelbeere Die Madeira-Heidelbeere ist eine weitere endemische Pflanze, die weltweit nur auf Madeira wächst. Die meisten dieser bis zu 5 m hohen Sträucher findet man im Lorbeerwald. Zwischen August und Oktober kann man die wohlschmeckenden Früchte ernten.

gesii) umher. Die größten Exemplare werden knapp über 20 cm lang. Großwild sucht man auf Madeira vergeblich, dafür grasen überall in den Höhenlagen Kühe auf den Weiden; gern stehen sie auch mal mitten auf der Straße.

„Hosenscheißer" und freche Finken
Äußerst vielfältig hingegen ist die Vogelwelt des Archipels. Eine Seevogelart, der Madeira-Sturmvogel *(Pterodroma madeira)*, kommt weltweit nur noch hier auf der Blumeninsel vor. Die rund 80 Brutpaare jagen auf dem Atlantik, nisten aber in Felsvorsprüngen unterhalb des Pico do Arieiro. Die Schreie des Gelbschnabel-Sturmtauchers

Bunte Unterwasserwelt: Seeanemonen zwischen Schwämmen

(Calonectris borealis) hören sich an wie ein heiserer Frosch oder ein Kleinkind, das sich wehgetan hat und fortwährend „Aua, aua, aua" schreit. Die Madeirenser nennen die Vögel *Cagarra*, was übersetzt „Hosenscheißer" bedeutet. Und Touristen, die das Geschrei das erste Mal hören, glauben auch schon mal, das Mobiltelefon des Nachbarn würde klingeln. Madeira-Bussarde, Milane und vereinzelt Falken ziehen in den Höhen ihre Kreise. Die Madeira-Buchfinken *(Fringilla coelebs maderensis)* unterscheiden sich von ihren Verwandten auf dem Festland durch ihren einzigartigen Gesang und ihre Gefiederfarben, vor allem aber auch durch ihre zutrauliche, schon fast dreiste Art: Während der Pausen bei einer Wanderung muss man aufpassen, dass die frechen Finken sich nicht am Picknickbrot vergreifen.

Meeresbewohner
Die Unterwasserwelt Madeiras ist absolut faszinierend. Insbesondere im Meeresschutzgebiet Garajau bekommt man beim Tauchen und Schnorcheln eine Vielzahl an exotischen und bunten Fischen zu sehen: Zackenbarsche und Barrakudas, Papageifische, Meerpfauen, Gelbflossengrunzer, Trompetenfische, Muränen, Kraken und Anemo-

nen sind zu entdecken. Den schwarzen Degenfisch, Madeiras kulinarische Spezialität, wird man aber für gewöhnlich erst auf dem Markt oder auf dem Teller zu sehen bekommen – er lebt in Tiefen von 1000 m und mehr im Meer. Weiter draußen im Atlantik tummeln sich Delfine (u. a. Fleckendelfine, Große Tümmler und Streifendelfine). Mit etwas Glück bekommt man bei einer Bootstour Grindwale, Brydewale und bisweilen sogar Pottwale zu sehen.

Vorsicht bei diesen Pflanzen & Tieren

Abgesehen von der **Madeira-Tarantel** gibt es auf Madeira keine gefährlichen Tiere. Aber keine Sorge: Das auch *Desertas-Tarantel (Hogna Ingens)* genannte Krabbeltier mit einer Beinspannweite von bis zu 14 cm kommt ausschließlich auf den Ilhas Desertas vor. Schlangen gibt es lediglich an der Supermarktkasse oder am Teléferico, aber nicht in freier Wildbahn.

Zwischen November und Februar kann auf den Picos auch durchaus mal Schnee liegen

Madeira ist ein Ganzjahresziel und man kann sich ziemlich sicher sein, dass es auf der „Insel des ewigen Frühlings" auch im Februar und Oktober deutlich wärmer und sonniger ist als auf den Ostfriesischen Inseln. Aber Madeira mit seinen 24 Mikroklimata ist auch eine ziemlich launische Diva. Es scheint fast so, als hätte die Insel großen Spaß daran, die Wetter-Apps an der Nase herumzuführen. Die Faustregel lautet: Das Wetter ist auf der Südseite besser als im rauen Norden. Über 30 Grad wird es auch im Sommer höchst selten, im Winter kann es auf den höchsten Bergen durchaus schneien.

MONAT FÜR MONAT

Januar – Schnee auf den Gipfeln

Wechselhaftes Wetter mit relativ viel Niederschlägen. Die Picos tragen nicht selten ein weißes Kleid. Die Temperaturen in Funchal liegen zwischen 15 und 20 Grad. Bereits jetzt erblühen auf Madeira die Kamelien. Gute Bedingungen für Surfer.

Februar – Viel Regen im Norden

Das Wetter ist ähnlich wie im Januar, insbesondere im Norden der Insel regnet es bisweilen ergiebig. Wer sich von der Sonne verwöhnen lassen will, der ist um diese Jahreszeit im Süden deutlich besser aufgehoben. Bei „Leste", einem Ostwind aus der Sahara, ist der Himmel an der Südküste oft grau und verhangen.

März – Es wird Frühling

Es wird Frühling. Noch ist der Atlantik recht kühl. Auf den beliebtesten Levada-Wanderwegen ist es in der Nebensaison noch nicht so voll wie in der Hauptsaison. Wer zu Wanderungen in den Höhenlagen aufbricht, sollte auf alle Fälle eine Weste oder eine Windjacke dabeihaben.

April – Gute Zeit zum Wandern

Die Blüte der allgegenwärtigen Schmucklilien beginnt. Die Temperaturen sind angenehm frühlingshaft. Auch „Frostködel" können jetzt bei durch-

FRÜHLING
Die Blumeninsel erblüht in allen Farben

Es wird langsam, aber sicher wärmer, wobei die Temperaturen selten die 25-Grad-Marke knacken

Auch „Frostködel" können jetzt bei durchschnittlich 20 Grad Wassertemperatur im Atlantik baden

Zwiebelprinzip bei Wanderungen in den Bergen

SOMMER
Juli und August sind die heißesten Monate

Zumindest im Süden fällt so gut wie kein Niederschlag mehr. Die Abende sind mild

In den Piscinas Naturais und am Strand auf Porto Santo wird es voll

Sonnencreme nicht vergessen, weder am Strand noch in den Bergen

DIE JAHRESZEITEN

HERBST
Bis Oktober ist es sommerlich warm

Ab November kann es ungemütlich werden, es gibt wieder deutlich mehr Niederschläge

Mit ein wenig Glück kann man noch im T-Shirt ins neue Jahr hineinfeiern

Die Regenjacke gehört vor allem im Norden ins Gepäck

WINTER
Die regenreichste Zeit auf Madeira

Die Höchsttemperaturen liegen höchstens bei 20 Grad. Sonnenhungrige sind im Süden besser aufgehoben als im Norden

Noch ist der Atlantik recht kühl. Auf den beliebtesten Levada-Wanderwegen ist es noch nicht so voll

Bei Wanderungen in den Bergen Windjacke nicht vergessen

Beachlife an Porto Santos „goldenem Strand"
Praia Dourada

schnittlich 20 Grad Wassertemperatur im Atlantik baden. Gute Zeit zum Wandern: Die Hochebene Paúl da Serra wird vom Ginster in ein knalliges Gelb getaucht.

Mai – Der Wonnemonat

Auch auf Madeira ist der Mai der „Wonnemonat". Die Jacaranda-Bäume erblühen im zarten Lila, die üppigen Hortensien gleich in mehreren Farben. In der freien Wildbahn, aber auch in den botanischen Gärten wird es immer bunter. Der Mai ist die schönste Zeit für Wanderungen entlang der Levadas, auch für Mountainbike-Touren ist es noch nicht zu heiß.

Juni – Viel Sonne, milde Abende

Zumindest im Süden fällt im Juni so gut wie kein Niederschlag mehr. Wenn es mal regnet, dann in den Bergen und an der Nordküste. Die Abende sind mild, man kann bei um die 20 Grad lange draußen sitzen und seinen Poncha genießen. Au-

ßerdem beginnt jetzt die Zeit, in der man bei geführten Bootstouren gute Chancen hat, Wale und Delfine zu beobachten.

Juli – Der Sommer ist da

Es ist Sommer auf der „Insel des ewigen Frühlings". Die knallrot bis violett blühende Bougainvillea schmückt die Häuserwände und Mauern. Die Durchschnittstemperaturen an der Küste liegen bei warmen 25 Grad. Die Badesaison nimmt so richtig Fahrt auf, und das Schnorcheln geht jetzt auch ohne Neoprenanzug.

August – Der heißeste Monat

Der heißeste Monat auf der Insel, wobei die Temperaturen hier draußen im Atlantik nur selten die 30-Grad-Marke überschreiten. Auf jeden Fall herrscht bestes Badewetter, viele Madeirenser machen Strandurlaub auf Porto Santo. Auch in den Piscinas Naturais, beispielsweise in Porto Moniz, kann es jetzt schon mal voll werden.

September – Angenehmes Klima

Die Lufttemperaturen halten sich auf der Insel noch konstant. Es ist relativ mild, der Atlantik hat sich mittlerweile auf ca. 23 Grad aufgewärmt, allerdings regnet es im September schon wieder etwas mehr als in den Monaten zuvor. Mittlerweile sind die Sommerferien vorbei, die Touristenscharen verlassen Madeira, und es wird langsam wieder leerer auf der Insel.

Oktober – Immer noch Badewetter

Wer vor dem nasskalten Herbstwetter in der Heimat in die Sonne fliehen möchte, ist zumindest im Süden Madeiras bei Temperaturen um angenehme 20 Grad ziemlich gut aufgehoben. Hier ist immer noch Badewetter. Und der frühe Herbst auf Madeira ist immer noch eine gute Zeit für Wal- und Delfinbeobachtungen.

November – Es wird ungemütlich

Die Westwinde bringen kühles und regnerisches Wetter, insbesondere an der Nordküste und an den Nordhängen des Zentralgebirges. Die Dattelpalmen blühen, ebenso die Weihnachtssterne, die bei uns als kleine Topfpflanze daherkommen und auf Madeira meterhoch wachsen können. Wer wandern geht, sollte sicherheitshalber Regenklamotten einpacken.

Dezember – Silvester im T-Shirt

Auf den Gipfeln der Picos liegt um diese Jahreszeit vielfach Schnee, während das Thermometer in Funchal zeitweise noch über die 20-Grad-Marke klettern kann. **Insider-Tipp** Mit ein wenig Glück kann man dementsprechend im T-Shirt ins neue Jahr hineinfeiern und das gigantische Feuerwerk über der Hauptstadt Funchal genießen.

WETTER AUF MADEIRA

■ Hauptsaison
■ Nebensaison

JAN.	FEB.	MÄRZ	APRIL	MAI	JUNI	JULI	AUG.	SEPT.	OKT.	NOV.	DEZ.
Tagestemperaturen											
19°	19°	20°	20°	21°	22°	24°	26°	26°	24°	22°	20°
Nachttemperaturen											
13°	13°	13°	13°	15°	17°	18°	19°	19°	18°	16°	14°
5	5	6	6	7	5	7	8	7	6	5	5
8	9	7	5	3	2	0	1	3	6	8	9
18	17	17	17	18	20	21	22	23	22	20	19

☀ Sonnenschein Stunden/Tag   🐦 Niederschlag Tage/Monat   ≈ Wassertemperatur in °C

23

Oft nur handtuchbreit, aber gut gesichert: Wanderweg unterhalb des Pico do Arieiro

Madeira ist ein Traumziel für Wanderer: entlang der Levadas im Lorbeerwald, auf atemberaubenden Küstenwanderwegen am Atlantik oder im Zentralgebirge von Pico zu Pico. Die Ausblicke sind zum Niederknien, die Wege sind bestens ausgeschildert. Aber die Blumeninsel ist auch ein Hotspot für Adrenalin-Junkies, eine der besten Destinationen weltweit fürs Canyoning und Coasteering. Vor der Küste kann man surfen, Kajak fahren und tauchen und in den Piscinas Naturais ein erfrischendes Bad nehmen.

Wandern und Trailrunning

Seit Jahrhunderten bereits versorgen die Levadas die Madeirenser mit Wasser. Um die 2000 km lang ziehen sich die künstlichen Wasserstraßen über die gesamte Insel. Aber erst Ende des 20. Jhs. hat man auf der „Insel des ewigen Frühlings" erkannt, welch grandiose Möglichkeiten die Levadas für Wanderer bieten. Das Gefälle der Wasserläufe ist gering, so-

dass man in einer paradiesischen Naturlandschaft entspannt auf den Versorgungswegen entlang der Levadas entlangspazieren kann. Deutlich anstrengender sind die Wanderungen im Zentralgebirge, beispielsweise die vom Pico do Arieiro zum Pico Ruivo, oder auch die Küstenwanderungen in oft schwindelerregenden Höhen über dem Atlantik mit atemberaubenden Ausblicken über die Steilküste.
Für die ganz Sportlichen bieten die zahlreichen ausgeschilderten Wege auf Madeira beste Möglichkeiten zum Trailrunning.

Tauchen

Insbesondere das Meeresschutzgebiet Garajau an der Südküste ist ein Paradies für Taucher. Schon an den Riffen in Küstennähe sieht man viele bunte und exotische Fische und andere Meeresbewohner wie Zackenbarsche, Barrakudas, Papageienfische, Meerpfauen, Trompetenfische sowie Muränen, Kraken und Mantarochen. Sowohl vor der Küste Madeiras als auch vor der Küste der kleinen Schwesterinseln

Abtauchen in eine andere Welt: Traumhafte Unterwasserwelt vor der Küste Madeiras

Über Stock und Stein mit dem Mountainbike auf zumeist unbefestigten Wegen

besteht die Möglichkeit zum Wracktauchen. Mehrfach ausgezeichnet als beste Tauchbasis im Atlantik wurde Manta Diving Madeira *(mantadiving.com)*.

Bootstouren

Gemütlich mit einem Nachbau der Santa Maria, mit der einst Kolumbus nach Amerika segelte, entlang der Küste – Verkostung von Madeirawein inklusive; mit einem Katamaran aufs offene Meer zum Hochseefischen oder mit historischen Fischerbooten hinaus auf den Atlantik zur Delfin- und Walbeobachtung: Das Angebot an Bootstouren auf Madeira ist riesig. Eine Garantie auf Sichtung bei den Wal- und Delfintouren gibt keiner der Anbieter, aber Delfine sieht man zwischen Juni und Oktober fast bei jedem Ausflug. Mit ein wenig Glück erspäht man sogar Grind-, Bryde- und Pottwale. Absolut empfehlenswert ist der Anbieter Lobosanda in Calheta *(lobosanda.com)*.

Radfahren

Die Formel ist einfach: steil, steiler, Madeira. Nur sehr gut trainierte Rennradfahrer werden auf der Insel Spaß haben und die grandiosen Ausblicke vom Sattel aus genießen können. Rennradverleiher erzählen immer wieder Geschichten von frustrierten Radlern, die ihr Bike nach kurzer Zeit zurückbringen, weil sie an den brutalen Rampen jenseits der 15-Pro-

zent-Marke gescheitert sind. Mit dem Shuttle hoch in die Berge und dann mit voll Karacho auf handtuchbreiten Trails runterbrettern: Für wagemutige Downhiller und Adrenalin-Junkies ist Madeira dagegen weltweit eine der beliebtesten Destinationen. Zahlreiche Veranstalter bieten jedoch auch moderate MTB-Touren an und verleihen zudem E-Mountainbikes, mit denen auch Untrainierte die herrliche Landschaft auf zwei Rädern erkunden können.

Surfen

Paúl do Mar und Jardim do Mar sind Spots für absolute Könner. Hier fanden schon Big Wave Contests und Weltmeisterschaften statt. Anfänger und normalsterbliche Surfer finden an der Nordküste bei São Vicente, aber vor allem in Porto da Cruz gute Bedingungen vor. Dort gibt es gleich zwei Strände, die Praia da Alagoa und die Praia da Maiata, an denen man gute Wellen hat und in gleich mehreren Surfschulen Kurse buchen kann.

Canyoning/Coasteering

Sich an Wasserfällen abseilen, Stromschnellen herunterrutschen und von meterhohen Felsen ins Was-

Sei freundlich und hilfsbereit

Ein Lächeln und ein freundlicher Gruß kosten nichts. Wenn andere in Schwierigkeiten sind, biete ihnen deine Hilfe an, sei es bei der Orientierung, mit einem Pflaster oder dem Fahrradwerkzeug.

Lass dir Zeit

Lass Hektik und Stress zu Hause, wenn du in die Natur reist. Spüre ihren Rhythmus, lass dir Zeit und nimm die Landschaft mit allen Sinnen wahr.

Bleib auf festen Wegen

Auch wenn Abstecher ins Wilde locken, diese Welt gehört den Tieren und Pflanzen – sei ein guter Gast und bleib auf deinem Pfad.

Sei leise

Das tut dir und allen um dich herum gut: einfach mal das Handy stumm schalten und leise sprechen. Plötzlich sind die Geräusche der Natur ganz nah und du kommst selbst zur Ruhe.

Bleib wachsam

Rüste dich gut aus und hab immer ein Auge auf Wetter und Gelände. Sonst bringst du nicht nur dich selbst in Gefahr, sondern auch die Retter, die dir im Notfall zu Hilfe eilen.

Nimm nur Erinnerungen mit

Widersteh der Verlockung, Pflanzen, Steine oder sogar Tiere einzufangen und mitzunehmen. Sie gehören hierher, also nimm nur ein Foto für deine Erinnerungen mit.

Hinterlasse nur Fußspuren

Ob Taschentuch, Brottüte oder Bananenschale – hinterlasse keine Abfälle. Das, was andere liegengelassen haben, kannst du mitnehmen und im nächsten Mülleimer entsorgen. So lässt du die Natur schöner zurück, als du sie vorgefunden hast.

Mach dich schlau

Neben „Benimmregeln" gibt es auch Gesetze, an die du dich halten musst, etwa in Naturschutzgebieten. Bereite dich auf deinen Trip vor, so lernst du auch etwas über die Menschen, die an deinem Reiseziel leben.

ser springen: Um die 150 Canyons in der atemberaubenden Bergwelt Madeiras mit fast gleichbleibenden Wassertemperaturen übers Jahr bieten beste Bedingungen fürs „Schluchteln". Über Klippen hoch über dem Meer kraxeln, sich in den Atlantik stürzen und eine Runde schwimmen: An der Südküste und vor allem an der Landzunge Ponta de São Lourenço finden Fans des Coasteering beste Bedingungen. Ein Anbieter, bei dem man bei diesen Abenteuern voll auf seine Kosten kommt, ist Lokoloko *(lokolokomadeira.com)*.

Baden/Schwimmen

Ein erfrischendes Bad kann man auf Madeira in den Schwimmbecken der Piscinas Naturais in Porto Moniz oder Seixal, aber auch in herrlichen Badegumpen mit kristallklarem Wasser nehmen, die sich überall an den zahlreichen Flüssen der Blumeninsel bilden. Und natürlich kann man im Atlantik baden und schwimmen. Am besten am kilometerlangen Sandstrand auf der Nachbarinsel Porto Santo. Denn, so ehrlich muss man schon sein, Madeira selbst bietet – von Calheta, Machico, Seixal und dem Prainha auf der Ponta de São Lourenço mal abgesehen, relativ wenige Sandstrände mit einfachem Zugang zum Meer. Meistens handelt es sich um grobkieselige Strände wie in Santa Cruz und an der Praia Formosa oder man badet von einem Betonsockel aus, wie beispielsweise am Lido im Hotelviertel Funchals. In der Hauptstadt, aber auch in Ponta Delgada, Santa Cruz, Faial, Porto da Cruz oder auch an den Ruínas de São Jorge bieten außerdem Badeanstalten die Möglichkeit, in Pools oder im Meer zu baden. Das Baden im Atlantik ist allerdings aufgrund der teilweise heftigen Brandung nicht ganz ohne.

Kajak

In der Bucht von Funchal, vor der Küste im Meeresschutzgebiet Garajau bei Caniço de Baixo, aber auch in Machico und vor allem auf Porto Santo kann man mit Seekajaks auf den Atlantik hinauspaddeln, zwischendurch schnorcheln oder eine Badepause einlegen *(lokolokomadeira.com/madeiraoceantrails.com)*.

Eine Kajak-Tour inklusive Schnorchelabenteuer sorgt für unvergessliche Eindrücke

SUP/Wind- und Kitesurfen

Windsurfer finden die besten Spots auf Madeira in der Bucht von Funchal, in Machico und vor allem entlang des kilometerlangen Sandstrands von Porto Santo. Kitesurfer haben ihr Revier an der Praia Formosa zwischen Funchal und Câmara de Lobos. Stand-up-Paddling (SUP) wird fast überall an der Küste angeboten, manchmal sogar inklusive Yogakurs auf dem Board.

5 PERFEKTE TAGE
*VIEL ERLEBEN IN KURZER ZEIT

TAG 3: Piscinas Naturais und Feenwald

Bade zwischen Lavafelsen und erkunde bei Wanderungen Fanal

🚗 ca. 1,5 Std.

Porto Moniz

Ribeira da Janela

Cruz

Seixal

São Vicente

PORTUGAL

Fajã da Ovelha

Paul do Mar

Prazeres

Jardim do Mar

Estreito da Calheta

Lombo do At...

Lombo do D...

Calheta

Serra de A...

Madal...

🚗 ca. 1 Std.

Jardim da...

Campanário

TAG 2: Churchills Lieblingsplatz und steile Klippen

Entdecke das hübsche Städtchen Câmara de Lobos und Cabo Girão

ATLA...

TAG 4: Von Pico zu Pico
Erlebe die atemberaubende Landschaft
zwischen Pico Ruivo und Pico do Arieiro

🚐 ca. 45 Min.

MADEIRA

◯ Vila Baleira

PORTO SANTO

TAG 5: Im wilden Osten
Wandern, Surfen und Chillen erwarten dich
im Osten der Insel

🚐 ca. 35 Min.

co de São Jorge
◯ São Jorge
Ventura
◯ Ilha
◯ **Santana**
Faial
São Roque
do Faial ◯ ◯ Porto da Cruz
M A D E I R A
Curral das Freiras
◯ Santo António
da Serra
Caniçal
◯ **Machico**
◯ Água de Pen
◯ **Sant**
Camacha ◯
◯ **Funchal**
nara
Lobos

🚐 ca. 15 Min.

**TAG 1: Stadtbummel und
Schlittenfahren**
Erkunde die vielen Seiten der Inselhaupt-
stadt Funchal und Monte

Malerische Kulisse: traditionelle Fischerboote im Hafen von Câmara de Lobos

Auf Madeira kommst du nur langsam voran und solltest deshalb ein wenig planen, um die Highlights genießen zu können. Mit den „5 perfekten Tagen" kannst du eine Levada-Wanderung mit einem Stadtbummel verbinden, spazierst durch Zauberwälder, badest danach in Lavaschwimmbecken und chillst beim Sonnenuntergang.

TAG 1: STADTBUMMEL UND SCHLITTENFAHREN
Funchal und Monte

* **Zum Auftakt ein Stadtbummel mit Besuch der Zona Velha.** Funchal besitzt ein ganz besonderes Flair, ist lebendig und geschäftig und strahlt dennoch eine gewisse Ruhe aus. Flanieren am Atlantik, eines der spannenden Museen besuchen oder sich einfach treiben lassen durch die historische Altstadt, alles ist möglich. Von der Kathedrale Sé bis in die Zona Velha mit der Rua de Santa Maria ist es nur ein Katzensprung, den man am besten am Vormittag machen sollte. Denn dann sind die bunt bemalten Haustüren im historischen Quartier der Fischer am besten zu besichtigen. → S. 50

* **Mit der Seilbahn zum Monte Palace Tropical Garden.** Direkt an der Zona Velha startet die Seilbahn hinauf nach Monte, wo man sich von der Blütenpracht des Monte Palace Tropical Garden verzaubern lassen kann. Ob man wieder mit dem Teleférico hinunterfährt oder mit den weltberühmten Korbschlitten ins Tal saust, bleibt jedem selbst überlassen. → S. 42

TAG 2: CHURCHILLS LIEBLINGS-PLATZ UND STEILE KLIPPEN
Madeiras Südwesten

* **Besuch der Stadt Câmara de Lobos.** Gern saß der britische Premier oberhalb des Hafens von Câmara de Lobos und malte den Ort mit seinen bunten Fischerbooten. → S. 54

* **Am Cabo Girão herrliche Gärten besuchen.** Ein paar Kilometer von Churchills Lieblingsplatz entfernt stürzt sich das Cabo Girão 580 m in die Tiefe, seit 2012 erlaubt ein gläserner Skywalk spektakuläre Ausblicke in die Tiefe. Gleich um die Ecke fährt eine Seilbahn hinunter zur Fajã dos Padres. Ein wahrlich paradiesischer Ort, an dem man durch blühende Gärten wandeln, ein erfrischendes Bad nehmen und im Restaurant frischen Fisch genießen kann. → S. 138

SCHÖNER SCHLAFEN

Funchal

• Pensão Astoria: ein Ambiente wie vor 50 Jahren. Luxus ist nicht zu erwarten, dafür geht es in der völlig aus der Zeit gefallenen Pension familiär zu *(pensao-astoria.madeira-islandshotels.com, €)*.

Süden

• Die Ferienhäuser Fajã dos Padres sind ein kleines Paradies. Hinunter kommt man nur mit der Seilbahn, man nächtigt in historischen Gebäuden zwischen Meer und tropischen Gärten *(fajadospadres.com, €€–€€€)*.

• Kunterbuntes Hotel in einer Gasse von Jardim do Mar. Das Maktub Guesthouse bietet einfache Zimmer, aber einen traumhaften Innenhof – da weiß man, woher Jardim do Mar, der „Garten des Meeres", seinen Namen hat *(jardimdomar.net, €)*.

Nordwesten

• „Uma casa de amigos" nennt sich das Jaca Hostel im schönen Küstenort Porto da Cruz. Man teilt sich Gemeinschaftsraum und Küche mit den anderen Gästen *(jacahostel.com, €)*.

Norden

• Das Pestana Quinta do Arco in Arco São Jorge ist die außergewöhnlichste Unterkunft der madeirensischen Hotelkette Pestana. Hier schläft man in kleinen Cottages inmitten eines üppigen Gartens *(pestana.com, €€–€€€)*.

Porto Santo

• Das B & B „Theresias" liegt inmitten der Dünen: Frühstück mit Meerblick, und Gastgeberin Claudia Rohr-Gomes hat reichlich Tipps, was man auf der Insel unternehmen kann *(theresias.pt, €€)*.

Badespaß in den Piscinas Naturais in Porto Moniz

• **Eine Dusche an der Cascata dos Anjos.** Einen kurzen Spaziergang vom hübschen Ponta do Sol entfernt kann man noch mal baden, besser gesagt duschen. Hier prasselt die Cascata dos Anjos mitten auf die Küstenstraße. Einst ein Geheimtipp, aber seit Influencer den Wasserfall entdeckt haben, muss man sich zum Duschen anstellen. Wer noch Zeit und Energie hat, fährt weiter Richtung Westen und genießt in Jardim do Mar oder am Leuchtturm Ponta do Pargo den Sonnenuntergang. → S. 135

TAG 3: PISCINAS NATURAIS UND FEENWALD
Porto Moniz, Seixal und Fanal

• **In den Naturschwimmbecken schwimmen.** Das ist die Alternative zu den fehlenden Sandstränden auf Madeira. Vor der Brandung geschützt kann man in den Piscinas Naturais planschen oder schwimmen. Ein paar Kilometer weiter an der spektakulären Nordküste hast du in Seixal gleich die Wahl zwischen weiteren Naturschwimmbecken. Nach einem Sandwich und einem kühlen Getränk in der Lounge Bar Clube Naval do Seixal geht's wieder in die Berge. → S. 152

• **Ausflug in den Feenwald.** Bei einem Spaziergang durch den Feenwald Fanal mit den ältesten Lorbeerbäumen Madeiras fühlt man sich in die

Kulisse des „Herrn der Ringe" versetzt. Tatsächlich wurden hier aber Szenen des neuesten „Star-Wars"-Films gedreht. → S. 76

TAG 4: VON PICO ZU PICO
Im Zentralgebirge

• **Die Tour vom Pico do Arieiro zum Pico Ruivo ist das Highlight für jeden Wanderer.** Die Kulisse ist atemberaubend und verändert sich von Minute zu Minute. Gerade noch sind die höchsten Gipfel von Madeiras Zentralgebirge in sanftes Morgenlicht getaucht, da ziehen plötzlich Nebelschwaden aus den Tälern empor und verdecken die bizarren Felsen. Ein paar Schritte weiter lugt die Sonne wieder durch den Dunst und du kannst bis zur Nachbarinsel Porto Santo blicken. Trittsicher und schwindelfrei solltest du sein, wenn du den Wanderweg zwischen dem dritthöchsten und dem höchsten Berg der Insel bewältigen willst. Aber selbst wenn du hinterher so richtig kaputt bist, die Bilder dieser spektakulären Berglandschaft bleiben im Gedächtnis. → S. 84

TAG 5: IM WILDEN OSTEN
Ponta de São Lourenço und Porto da Cruz

• **Rau und karg präsentiert sich die Ponta de São Lourenço.** Nirgendwo sonst wird einem der vulkanische Ursprung Madeiras so bewusst wie auf der Landzunge ganz im Inselosten. Du wanderst entweder zum Miradouro Ponta do Furado und zurück oder genießt die spektakulären Ausblicke vom Miradouro do Caniçal. → S. 86

• **Weiter geht's entlang der Küste.** Alternativ zur Wanderung auf der Landzunge kannst du auch die Küstenwanderung nach Porto da Cruz in Angriff nehmen. Anspruchsvoll und anstrengend, aber mit genialen Ausblicken. Porto da Cruz ist einer der besten Orte zum Chillen. Man schaut den Wellenreitern zu, nimmt einen Drink an der Promenade, kauft einen leckeren Zuckerrohrschnaps in der Compania dos Engenhos do Norte und geht am Abend ins A Pipa, um dort bei feinster madeirensischer Küche und erstklassigem Poncha den Tag ausklingen zu lassen. → S. 150

Traumhaftes Wanderrevier: die Ponta de São Lourenço im Inselosten

SOUVENIRS & MITBRINGSEL

Madeirawein, exotische Früchte sowie Blumen, Blumenzwiebeln oder -samen sind die beliebtesten Mitbringsel von der „Blumeninsel". Die meisten Souvenir-Shops findet man in Funchal rund um die Kathedrale und im Hotelviertel.

Blumen für zu Hause

Wer sich für eine Pflanze, beispielsweise eine Strelitzie, als Souvenir entscheidet, hat wahrscheinlich ein bisschen Stress im Flugzeug. Man bekommt sie u. a. in der Markthalle in Funchal und zu erstaunlich fairen Preisen und einigermaßen flugtauglich verpackt am Flughafen – bis der Sitznachbar seinen Rucksack im Ablagefach draufstellt. Schlauer ist es vielleicht, sich mit Blumenzwiebeln einzudecken.

Edle Tropfen ins Gepäck

Wer Madeirawein mit nach Hause nehmen möchte, sollte zu einer der renommierten Anbieter (Blandy's oder Perreira D'Oliveira) gehen. Dort suchen die Experten den richtigen Wein heraus: einen Serical oder einen Verdelho als Aperitif, einen Boal zum Dessert oder einen Malvasia zum Espresso. Wer sich zu Hause einen Poncha mixen möchte, ist bestens beraten mit dem Zuckerrohrschnaps aus der Brennerei Engenhos do Norte in Porto da Cruz.

Früchte und Honigkuchen

Auf Madeira gibt es eine Vielzahl an exotischen Früchten zu kaufen. Beispielsweise die Anona. Das weiße Fruchtfleisch schmeckt wie Erdbeereis mit Sahne, andere schmecken Banane, Birne oder Ananas heraus. Leicht säuerlich, aber absolut köstlich ist die Pitanga-Frucht. Keine Frucht, aber lecker und ein schönes Souvenir ist das Bolo de Miel, der madeirensische Honigkuchen.

Hüte und Mützen

Für Fußballfans gibt es alle möglichen Devotionalien von Cristiano Ronaldo alias CR7 zu kaufen. Die einst auf Madeira hergestellten Korbwaren dagegen stammen inzwischen fast alle aus Fernost, also Finger weg. Die traditionellen Schafswollmützen mit Ohrenklappen stehen Kindern gut, Erwachsene sehen damit eher bescheuert aus. Beliebte Mitbringsel sind auch die typischen Madeira-Strohhüte und Produkte mit traditionellen madeirensischen Stickereien.

Souvenirs aus dem Supermarkt

Gehörst du auch zu den Menschen, die es spannend finden, in fremden Ländern in Supermärkten das Sortiment zu durchstöbern? Das Angebot in den Pingo-Doce- und Continente-Modelo-Märkten auf Madeira an Sardinen- und Thunfisch-Dosen z. B. ist riesig, und häufig ist auch das Design der Konservendosen richtig cool. Es gibt Chips mit Geschmacksrichtungen, die es daheim nicht gibt, und interessante Mayonnaisesorten – beispielsweise mit Wasabi.

DIE REGIONEN IM ÜBERBLICK
*HIER IST FÜR JEDEN WAS DABEI

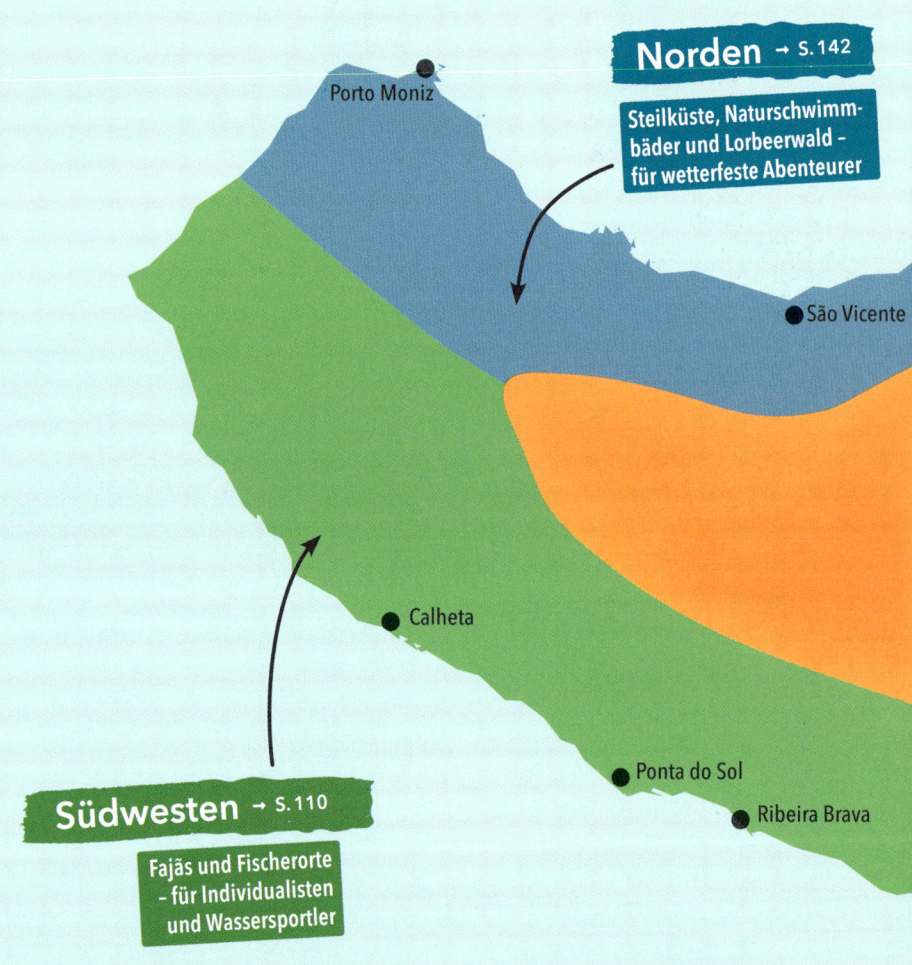

Norden → S. 142

Steilküste, Naturschwimm-
bäder und Lorbeerwald –
für wetterfeste Abenteurer

Porto Moniz

São Vicente

Calheta

Ponta do Sol

Ribeira Brava

Südwesten → S. 110

Fajãs und Fischerorte
– für Individualisten
und Wassersportler

ATLANTISCHER OZEAN

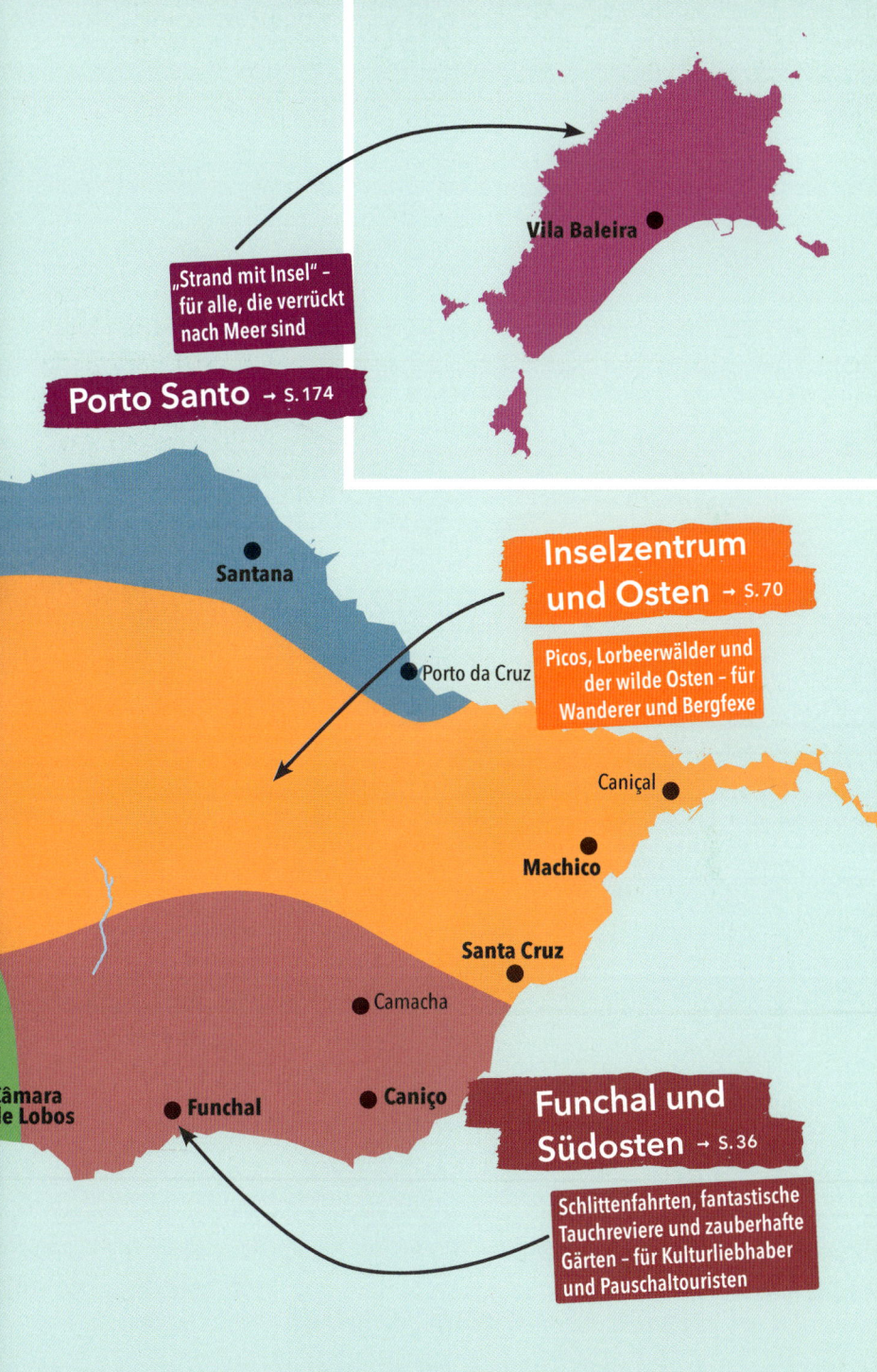

Vila Baleira

„Strand mit Insel" –
für alle, die verrückt
nach Meer sind

Porto Santo → S. 174

**Inselzentrum
und Osten** → S. 70

Picos, Lorbeerwälder und
der wilde Osten – für
Wanderer und Bergfexe

Santana

Porto da Cruz

Caniçal

Machico

Santa Cruz

Camacha

Câmara
de Lobos

Funchal

Caniço

**Funchal und
Südosten** → S. 36

Schlittenfahrten, fantastische
Tauchreviere und zauberhafte
Gärten – für Kulturliebhaber
und Pauschaltouristen

Für die Abkühlung zwischendurch: Badestelle am Forte de São Tiago in Funchal

Funchal und Südosten

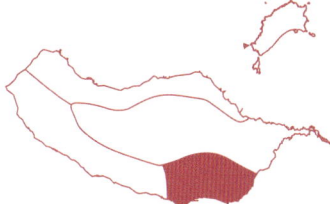

SCHLITTENFAHRTEN, FANTASTISCHE TAUCHREVIERE UND ZAUBERHAFTE GÄRTEN

Funchal hat seinen besonderen Charme erhalten, weil die Stadtväter einst so schlau waren, ein neues Hotelviertel westlich der pittoresken Altstadt zu errichten. Und so ist die altehrwürdige Hauptstadt Madeiras von Bettenburgen überwiegend verschont geblieben. Diverse thematische Stadtspaziergänge, zahlreiche Parks und botanische Gärten und viel Kultur locken Touristen nach Funchal und ins etwas höher gelegene Monte. Dort wandelt man durch traumhafte Gartenanlagen und saust mit den weltberühmten Korbschlitten die steilen Straßen hinunter. An der Küste bei Caniço mit dem Meeresschutzgebiet Garajau findet man nach Funchal die zweitgrößte Ansiedlung an Hotels auf Madeira; mit einem umfangreichen Programm, das von Tauchen über Kajak-Touren bis hin zu Coasteering reicht.

MARCO POLO

OUTDOOR-HIGHLIGHTS ★

★ Unterwegs im Reserva Natural Parcial do Garajau
Kajaktour auf dem Atlantik und Schnorchelabenteuer im Meeresschutzgebiet → S. 40

★ Spaziergang durch einen Garten zum Träumen
Lustwandeln und genießen am Monte Tropical Garden mit seinen exotischen Pflanzen und Kunstobjekten → S. 42

★ Rauschendes Vergnügen im Rochão-Canyon
Abseilen an Wasserfällen, über Stromschnellen rutschen und in Badegumpen springen beim Canyoning → S. 44

★ Talfahrt mit dem Toboggan
Fahrt in traditionellen Korbschlitten von Monte aus in Richtung Funchal → S. 46

★ Tauchausflug im Meeresschutzgebiet Garajau
Schnuppertauchgänge mit Sauerstoffflasche am Hausriff von Manta Diving → S. 48

Spaziergang durch einen
Garten zum Träumen ★

Monte

Talfahrt mit dem
Toboggan ★

4,5 km, 15 Min.

Choupana

Boa Nova

Funchal

São Gonçalo

São Martinho

São Martinho

Eira da Cr

3
22
4
21 6
24
1
5 2 9
8
4
20 5 1
26 3 11
16 15
13 14
17
7 12
10

Ponta de São Lourenço

🚗 33 km, 40 Min.

Rochão

Santa Cruz

VR1

Camacha

Vale Paraiso

Gaula

Serralhal

🚗 10 km, 10 Min.

Moinhos

Porto Novo

Eiras

Caniço

Portinho

VR1

Garajau

Caniço de Baixo

28 🌿

Unterwegs im Reserva
Natural Parcial do Garajau ★

25 🚶

Tauchausflug im
Meeresschutzgebiet Garajau ★

Rauschendes Vergnügen
im Rochao-Canyon ★

ATLANTISCHER OZEAN

Unterwegs im Reserva Natural Parcial do Garajau ★

Fischfang ist im Meeresschutzgebiet Garajau komplett verboten, und die Schifffahrt unterliegt strengen Auflagen, um die Meeresbewohner im Reserva Natural Parcial do Garajau zu schützen. Erlaubt sind Touren mit dem Kajak und Schnorcheln. In genau dieser Kombination bist du unterwegs und siehst beim Abtauchen ins kristallklare Wasser Zackenbarsche, Papageienfische, Tintenfische und mit viel Glück sogar Mantas.

Wackelige Angelegenheit

So ein Kajak ist nun mal keine Fähre, die an der Pier festmacht und die man einfach über eine Gangway betritt. So ein Kajak ist gerade einmal gute 2 m lang und verdammt schmal. Es wippt in der Brandung auf und ab und verhält sich ungefähr so eigen wie ein störrischer Esel. Nur dass man dem Wind und Wellen ausgesetzten Kajak noch nicht einmal gut zureden kann. Sitzt man erst mal drin in der Plastikwanne, die sich offiziell „Sit-on-Top-Kajak" nennt, gewöhnt man sich auch relativ bald an das Gewackel. Vor allem, was soll schon passieren? Im schlimmsten Fall plumpst man halt ins Wasser.

Schöner Blick auf Funchal

Das mit dem Eintauchen und Führen des Paddels hat man schon relativ bald raus und liefert sich ein Wettrennen mit den anderen Kajaks. Wow, das geht ganz schön an die Kondition, aber nach dem kurzen Sprint gleitet man entspannt in Richtung der Ponta do Garajau, wo die erste Bade- und Schnorchelpause eingelegt wird. Das Meer glitzert in der Sonne wie eine Discokugel, du genießt die Ruhe und die Ausblicke auf die Felsküste und ganz leise plätschern die Wellen um das Kajak herum. An der Ponta do Garajau muss man einmal um die Ecke gucken, um den Ausblick auf die Bucht von Funchal zu genießen.

Fertig machen zum Schnorcheln im Atlantik bei Garajau: erst paddeln im Kajak (li.), anschließend geht's ins kühle Nass (re.)

Rendezvous mit Manta & Co.

Am Tauchziel angekommen, schälst du dich aus deiner Rettungsweste und setzt Taucherbrille und Schnorchel auf. Einmal tief Luft holen und dann heißt es abtauchen in die bunte Unterwasserwelt zu den Zackenbarschen, Papageienfischen, Streifenbrassen, Drückerfischen und den putzigen Trompetenfischen. Prustend und schnaufend taucht einer nach dem anderen wieder auf – mit einem seligen Lächeln auf den Lippen – oder sogar völlig aus dem Häuschen, weil er gerade das Riesenglück hatte, einen Manta zu sehen. Nach der ersten Schnorchelei geht es mit dem Kajak wieder zurück zur Basis am Lido Galomar. Dort hast du eine weitere Gelegenheit, ein weiteres Mal abzutauchen und die bunte, faszinierende Unterwasserwelt vor der Küste Madeiras hautnah zu erleben. Insider-Tipp Auch auf Porto Santo und an der Nordküste Madeiras kann man geführte Paddeltouren buchen.

Die Tour im Überblick

🤿 **Kajak- und Schnorcheltrip im Meeresschutzgebiet Garajau, ca. 2,5 Std.**

ⓘ *Treffpunkt bei Lokoloko in Caniço de Baixo | Bus 155 hält vor der Tür | Mit dem Auto ab Funchal auf der Via Rápida in 20 Min. | lokolokomadeira.com*

🕐 *Frühjahr bis Herbst; eventuelle Terminverlegung bei zu viel Wellengang*
⚙ *Kajak, Paddel, Schwimmweste, Neopren-Oberteil und Schnorchelausrüstung werden gestellt. Badesachen und evtl. Sonnenhut oder Cap selbst mitbringen*
📍 *32.642422, -16.832289 (Treffpunkt)*

✔ **DOWNLOAD GPX-Track**

Spaziergang durch einen Garten zum Träumen ★

Es ist wie eine Reise um die Welt, und du kannst sie an einem Vor- oder einem Nachmittag machen. In einem botanischen Garten, so schön, dass man manchmal sogar glaubt, in einer anderen Welt zu sein. Vielleicht bei den Elfen? Ein wenig erinnert der Monte Palace Tropical Garden tatsächlich an das legendäre Bruchtal aus „Herr der Ringe".

Für Gartenliebhaber und Kunstversteher

Prächtig, aber nicht protzig, bunt, aber nicht kitschig, vielfältig, aber nicht überladen. Der Monte Palace Tropical Garden ist ein Ort zum Lustwandeln, Wohlfühlen und Träumen – für Gartenliebhaber, Kunstversteher und Müßiggänger. Denn er verbindet auf wundervolle Weise Kunst und Natur und ist – trotz der vielen anderen Besucher – ein Ort der Ruhe und Harmonie.

Einst residierte man hier fürstlich im Monte Palace Hotel, ehe der portugiesische Unternehmer José Berardo 1987 den Park übernahm und ihn ab 1991 nach seinen Ideen gestalten ließ. Gleich zu Beginn staunt man über die großflächigen Azulejos, jene typisch portugiesischen Keramikfliesen, auf denen zahlreiche Könige Portugals abgebildet sind und die etwas über die Geschichte des Landes erzählen. Mehrere Museumsräume zeigen mehr als tausend Kunstwerke afrikanischer Künstler sowie eine der weltweit größten und schönsten Mineraliensammlungen.

Gärten aus China und Japan

Du spazierst über Brücken und verschlungene Pflasterwege an blühenden Azaleen, Hortensien und Hunderten von imposanten Baumfarnen vorbei und staunst über die kunstvoll gestalteten Gartenanlagen aus Japan und China mit ihrer reichen Auswahl an Skulpturen. Am großen Teich mit den stattlichen Kois, an Brunnen und plätschernden Wasserfällen kannst du wunderbar herunterkommen, anschließend die Aussicht auf Funchal genießen und deiner Liebsten oder deinem Liebsten auf der „Romeo-und-Julia-Veranda" einen Kuss geben.

Insider-Tipp Für Menschen, die nicht mehr so gut zu Fuß sind, bietet der Garten einen Shuttle (2 €) mit Golfcars wieder hinauf zum Ein- und Ausgang an.

Nach Monte mit dem Teleférico

Wer den Besuch des Botanischen Gartens mit dem Besuch des Monte Palace Tropical Garden an einem Tag verbinden möchte, kann auch ab dem Botanischen Garten mit dem Teleférico do Jardim Botânico hinauf nach Monte fahren.

Die Tour im Überblick

🚶 **Spaziergang durch den Monte Palace Tropical Garden, ca. 2 km, ca. 2–3 Std.**

ℹ️ *Nach Monte kommt man am besten mit dem Teleférico Funchal-Monte (madeiracablecar.com) | Alternativ ab Funchal Bus 20 | Mit dem Auto ab Funchal in ca. 15 Min. auf der kurvigen ER 103 | montepalacemadeira.com | €€*

🕐 *Ganzjährig geöffnet, insbesondere im Frühjahr empfehlenswert*
⚙️ *Normales Schuhwerk*
📍 *32.675913, -16.900937*

✔ **DOWNLOAD GPX-Track**

Im märchenhaften Monte Palace Tropical Garden (li.) gibt es neben kunstvollen Skulpturen (re. o.) auch die wunderschönen Keramikfliesen (re. u.)

Rauschendes Vergnügen im Rochão-Canyon ★

Wer vorm Canyoning nicht ordentlich Muffensausen hat, der muss im wahrsten Sinne des Wortes mit allen Wassern gewaschen sein. Beim Canyoning seilt man sich an rauschenden Wasserfällen ab, rutscht über Felsen und springt in die darunterliegenden Gumpen. Das Vertrauen in den Guide ist das A & O, und nach dem ersten Wasserfall hat man zumeist das Muffensausen überwunden.

Anspannung vor dem Start

Es regnet Bindfäden am Rochão-Canyon, aber was macht das schon? Das Wasser rauscht und plätschert beim Canyoning eh von allen Seiten auf einen ein. Und der Neoprenanzug schützt davor, bis auf die Knochen nass zu werden. Es ist still auf dem Fußmarsch zum Einstieg am Canyon. „Hab ich mir das wirklich gut überlegt", scheint sich ein jeder der Canyoning-Novizen zu denken. Da hilft es auch nicht viel, dass Guide Vito konsequent versucht, gute Laune zu verbreiten. Der Mann trägt ein ganzes Arsenal an Karabinerhaken und Seilen am Körper und ist die Ruhe selbst. Und dann geht es auch schon los, gleich mit einem

Abseilpunkt von fast 15 m. Der Guide knotet geschickt verschiedene Seile aneinander, die Haken klicken, er schreit noch ein kurzes Briefing gegen den Lärm der Wassermassen in die Runde und abwärts geht's.

Adrenalinkick am Wasserfall

Schön langsam, immer die Beine vorsichtig gegen die Felsen stemmen und nie die Körperspannung verlieren. Wer sich ein bisschen zu weit nach rechts abseilt, läuft Gefahr abgeduscht zu werden. Egal, die Spannung muss raus mit einem lauten Juchzer. Und es kommt genauso, wie es uns Vito versprochen hat: Nach dem ersten

Nasses Vergnügen: Canyoning im Rochão-Canyon (li.). So richtig Spaß macht es erst, wenn man unten in den Gumpen gelandet ist (re.)

Wasserfall und dem damit verbundenen Adrenalinkick rauscht es nicht nur den Hang hinunter, sondern auch im Kopf. Euphorie pur! Der Guide erzählt zwischen zwei Wasserfällen von der faszinierenden Flora im Canyon, von den endemischen Farnen, von den charakteristischen Bärten und Flechten, die sich auf den Bäumen breitmachen. Vom Fenchel, der einst der Hauptstadt Funchal seinen Namen gab.

Auf einmal bekommt man gar nicht mehr genug

Aber was erzählt der Mann da nur? Wo ist die nächste Rutsche, wo ist der nächste Sprung ins kühle Nass? Im letzten Bassin der Canyoning-Route wird es noch mal richtig nass von oben, es prasselt auf den Helm, noch ein lauter Schrei, es ist geschafft.

Die Tour im Überblick

🥾 **Vergleichsweise einfache Canyoning-Tour im Rochão-Canyon bei Camacha, 4 Std.**

ℹ️ *Treffpunkt ist bei Lokoloko in Caniço de Baixo | Transfers von Funchal und Machico möglich | Bus 155 hält vor der Tür | Mit dem Auto ab Funchal auf der Via Rápida in 20 Min. | lokolokomadeira.com*

🕐 *Ganzjährig*
⚙️ *Neoprenanzug, Canyoning-Schuhe, Helm, Wasser und Snacks werden gestellt, Badesachen selbst mitbringen*
📍 *32.642422, -16.832289 (Treffpunkt)*

✓ **DOWNLOAD GPX-Track**

Talfahrt mit dem Toboggan ★

Schlittenfahren ohne Schnee, bei 25 Grad und Sonnenschein, das geht wohl weltweit nur auf Madeira. Gesteuert von zwei Carreiros mit den typischen Strohhüten auf dem Kopf rast du mit einer Geschwindigkeit von bis zu 40 km/h ins Tal. Die Fahrten im Korbschlitten führen von Monte über eine Distanz von 2 km bis in den Ortsteil Livramente.

Bergab im Korbschlitten

Ein bisschen mulmig wird es vielen beim Einsteigen in den traditionellen Korbschlitten, den „Carro de cesto", schon. Schließlich werden die Dinger von den „Chauffeuren" nur mit ein paar Seilen und mit den Füßen gelenkt und gebremst. Dafür tragen die „Carreiros" ganz besondere, speziell für sie angefertigte Stiefel mit dicken Gummisohlen. Also Augen zu, auf drei geht's los. Langsam zunächst, es schlingert ein wenig, die Straße ist verdammt eng. Der Schlitten nimmt Fahrt auf, man schliddert gefährlich nah auf eine Hauswand zu. Aber die Carreiros verstehen ihren Job, lenken den Schlitten sicher um die Kurve und auch dem Lieferwagen am Straßenrand weichen sie geschickt aus.

Transportmittel aus dem 19. Jh.

Ein bisschen Kreischen oder Juchzen ist erlaubt, den Carreiros ist das sowieso vollkommen egal. Was für die Touristen ein Heidenspaß ist, ist für sie Alltag. Bisweilen unterhalten sie sich auf der Talfahrt über Fußball oder über das Wetter. Besonders freundlich sind die Männer in der Regel nicht, aber davon sollte man sich den Spaß nicht verderben lassen. Einst waren Schlitten ein gängiges Transportmittel auf den Kopfsteinpflasterstraßen Madeiras, in der Stadt wurden sie von Ochsen gezogen. Mitte des 19. Jhs. kam dem Engländer Russel Manners eine geniale Idee: Um Waren und die Bewohner Montes hinunter nach Funchal zu bringen, ließ er die Korbschlitten (Toboggans) bauen und feilte mit den Carreiros an der Technik, die Fahrgäste sicher ins Tal zu bringen. Das ist nicht immer gut gegangen, zumal es früher beinahe so etwas wie Omnibus-Schlitten waren, die bis zu zehn Personen Platz boten. Heute haben bis zu drei Personen Platz in einem Toboggan. Und je nachdem, wie gut der Schlitten läuft, ist man in 5–10 Minuten am Ziel.

==Insider-Tipp== Am Ende der Fahrt bieten einem die Carreiros ein Foto zum Preis von 10 € an. Ein erstes freundliches „No, obrigado" reicht oft nicht, die Korbschlittenlenker können recht aufdringlich werden. Aber natürlich muss man es nicht kaufen, wenn man nicht will.

Die Tour im Überblick

🎿 **Korbschlittenfahrt von Monte nach Livramente, ca. 2 km, 10 Min.**

ℹ️ *Ab Funchal mit dem Teleférico oder dem Bus 20. Ab Livramente Bus 19 oder Taxi | Zu Fuß steil bergab 45 Min. | Ab Funchal in 20 Min., Monte ist gut ausgeschildert | carreirosdomonte.com | €€€ (Kinder unter 5 J. in Begleitung eines Erw. frei)*

🕐 *Ganzjährig*
⚙️ *Wartezeit einplanen*
📍 *32.675462, -16.902518 (Start der Korbschlitten), 32.664317, -16.904646 (Ende der Strecke)*

✔ **DOWNLOAD GPX-Track**

Schlittenfahren geht auf Madeira auch im Sommer (li.). Mit bis zu 40 km/h geht es bergab. Die Carreiros tragen Spezialschuhe zum Lenken und Bremsen (re.)

Tauchausflug im Meeres-
schutzgebiet Garajau ★

Wer schon immer davon geträumt hat, einmal *richtig* zu tauchen, der kann sich
seinen Traum bei Manta Diving erfüllen. Die Tauchbasis bietet Schnupperkurse für
Anfänger an. Nach einem Briefing und ersten Übungen im Pool geht es an der Hand
des Tauchlehrers zum ersten Tauchgang mit Sauerstoffflasche im Meeresschutzgebiet Garajau - ein unvergessliches Erlebnis.

Atmen und Druckausgleich

Regel Nummer eins, sagt Tauchlehrer Francesco: Atmen, immer weiter atmen, egal was auch
kommt. Klingt logisch und klingt einfach und
ist – wie sich herausstellen wird – leider gar nicht
so einfach. Regel Nummer zwei: Druckausgleich
beherzigen, denn beim Sporttauchen nimmt der
Druck mit jedem Meter, den man tiefer taucht, zu.
Und das geht u. a. auf die Ohren. Geübt wird erst
einmal im Pool, und wenn alles so weit klappt und
wenn man sich die Handzeichen gemerkt hat, die
unter Wasser zur Kommunikation gelten, dann
geht es an der Hand des Tauchtrainers hinein bzw.
hinunter in die Wunderwelt am Hausriff.

Francesco, der Tauchlehrer, hat einen sehr kreati-
ven Begriff dafür: Er nennt es „Abtauchen in den
Wackelpudding". Man bewegt sich jedenfalls in
einer anderen, bislang unbekannten Dimension
und glaubt zu schweben. So ungefähr müssen sich
auch die Astronauten in der Schwerelosigkeit vorkommen. Dass man feuchte Hände bekommt, ist
vielleicht in diesem Fall der falsche Ausdruck. Aber
man ist angespannt und genau deshalb funktioniert das mit Regel eins nicht mehr so gut – weil
man vor lauter Aufregung die Luft anhält. Und so
mancher Tauchnovize, so erzählt es der Tauchlehrer, hätte vor lauter Anspannung auch schon mal
sein Mundstück zerbissen.

Abtauchen in eine andere Welt

Aber so langsam, aber sicher entspannt man sich und nimmt mehr und mehr die Umgebung wahr. Es ist so, wie du es bei abgefahrenen Tierfilmen im Fernsehen gesehen hast, nur natürlich noch viel, viel großartiger. Denn du selbst bist es, der Aug' in Aug' mit den Papageien- und Trompetenfischen, den Kraken und Zackenbarschen durchs Wasser gleitet. Du wirst ruhiger, atmest entspannt, es fühlt sich bald an wie Unterwasser-Yoga. Wenn da nur nicht der Druck auf den Ohren wäre. Es macht überhaupt keinen Sinn, hier den starken Maxe zu markieren: **Insider-Tipp** Wenn der Druck zu groß wird, gibt man dem Tauchlehrer ein Zeichen und bläst die sogenannte Tarierweste ein wenig auf. Dadurch steigt man sachte etwas auf und kann die traumhafte Unterwasserwelt weiter ohne den fiesen Druck auf den Ohren genießen.

Die Tour im Überblick

🤿 Tauch-Schnupperkurs mit Sauerstoffflasche bei Manta Diving, ca. 2–3 Std.

ⓘ *Manta Diving am Lido Galomar in Caniço de Baixo | Bus 155 hält ganz in der Nähe | Mit dem Auto ab Funchal in ca. 20 Min. | Erfahrenen Tauchern bietet Manta Diving diverse Touren an, u.a. am „Blue Hole" und am Wrack „Afonso Cerqueira" | mantadiving.com | €€€*

🕑 *Ganzjährig, im Jan. und Feb. geschl.*
⚙️ *Badesachen mitbringen, Tauchequipment wird gestellt.*
📍 *32.641202, -16.832952*

✓ **DOWNLOAD GPX-Track**

Im Meeresschutzgebiet Garajau kannst du die faszinierende Unterwasserwelt bei einem Tauchgang erleben. Sicher siehst du auch einen der bunten Papageifische (re.)

Flohmarkt in der Zona Velha von Funchal

Madeiras Hauptstadt Funchal lockt mit viel Kultur, wunderschönen Parks, zahlreichen Freizeitmöglichkeiten und ganz speziellen Badeanstalten. Bei thematischen Spaziergängen erfährt man Wissenswertes über die Historie der Stadt und kann auf Schlemmertouren die madeiresischen Spezialitäten wie den Madeirawein, Espada oder Bolo de Miel probieren.

FUNCHAL
Schnäppchen auf dem Eidechsenmarkt

1 🚶 Spaziergang durch Funchal mit Flohmarktbesuch, ca. 1 Std., 300 m

Alte Werbeschilder, selbstbemalte Fliesen oder Postkarten, bestickte Tücher, zerbeulte Kupferkessel und alte Münzen, edles Geschirr, Nippes oder einen antiken Caralhinho, mit dem man Poncha verquirlt: Auf dem Flohmarkt namens „Feira da Lagartixa" an der Talstation des Teleférico nach Monte, was so viel wie Eidechsenmarkt bedeutet, kann man nach Herzenslust nach Mitbringseln stöbern, die man in den offiziellen Souvenir-Shops nicht findet. Häufig sind es ältere Menschen, die hier mehrmals pro Woche

ihre Schätze verkaufen und die meistens auch kein Englisch sprechen. Gehandelt wird natürlich auch auf dem Eidechsenmarkt, und wenn man eine der Raritäten erwerben möchte, muss man sich halt mit Händen und Füßen verständigen. Auch im Jardim Municipal do Funchal an der Avenida Arriaga finden freitags regelmäßig Trödelmärkte statt.
ℹ️ *Bus 19, 22, 31, 32 bis Haltestelle Praça da Autonomia D bzw. Rua dos Profetas | Parkhaus am Teleférico nach Monte* 🕐 *Ganzjährig*
📍 *32.647466, -16.902497*

Street-Art in der Altstadt von Funchal

2 🚶 Spaziergang und Besichtigung eines Kunstprojekts in der Zona Velha, ca. 1,5 km, 1,5 Std.

Abends platzt die Rua de Santa Maria in Funchal aus allen Nähten: Restaurant reiht sich an Restaurant, Funchals älteste Straße ist einer der Hotspots für Touristen. Absolut empfehlenswert ist ein Besuch am frühen Vormittag, wenn die Gasse noch nicht wirklich wieder zum Leben erwacht ist – wenn die Pforten der Bars und Restaurants noch geschlossen sind. Denn die Türen in den schmalen Gassen sind

Bunt bemalte Türen in Funchals Altstadtgassen

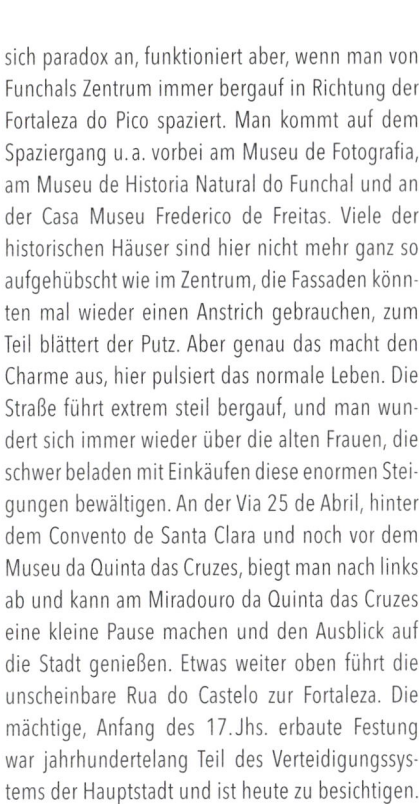

Die Fortaleza de São João Baptista do Pico aus dem 17. Jh.

definitiv die Schmuckstücke des Altstadtviertels. Hunderte von ihnen wurden im Rahmen des „Projecto artE pORtas abErtas" (Projekt Kunst der offenen Türen) ab 2010 bemalt und machten aus dem etwas heruntergekommenen Quartier ein buntes Freilichtmuseum. Vorbild für Initiator José Maria Montero Zyberchema war damals übrigens das kleine italienische Dorf Valloria in den ligurischen Bergen. Die Verantwortlichen in Funchal fanden die Idee so gut, dass sie den Künstlern sogar Farbe und sonstige Materialien kostenfrei zur Verfügung stellten.

Insider-Tipp Wer nach einem Spaziergang in der Zona Velha mehr über die Geschichte Madeiras und Funchals erfahren möchte, der macht einen Abstecher ins Madeira Story Center.

ℹ️ *Rua de Santa Maria in der sogenannten Zona Rua Velha von Funchal am östlichen Ende der Avenida do Mar | Bus 19, 22, 31, 32 bis Haltestelle Praça da Autonomia D bzw. Rua dos Profetas | Parkhaus am Teleférico nach Monte* 🕐 *Ganzjährig, am besten morgens* 📍 *32.648087, -16.903790 (Treffpunkt), 32.647007, -16.897770 (Ziel)*

Sightseeing abseits der Touripfade

3 🚶 **Spaziergang und Museumstour zur Fortaleza do Pico, 2,5 km, ca. 2 Std.**
Die ausgetretenen Touristenpfade verlassen und trotzdem auf Sightseeing-Tour gehen: Das hört

sich paradox an, funktioniert aber, wenn man von Funchals Zentrum immer bergauf in Richtung der Fortaleza do Pico spaziert. Man kommt auf dem Spaziergang u. a. vorbei am Museu de Fotografia, am Museu de Historia Natural do Funchal und an der Casa Museu Frederico de Freitas. Viele der historischen Häuser sind hier nicht mehr ganz so aufgehübscht wie im Zentrum, die Fassaden könnten mal wieder einen Anstrich gebrauchen, zum Teil blättert der Putz. Aber genau das macht den Charme aus, hier pulsiert das normale Leben. Die Straße führt extrem steil bergauf, und man wundert sich immer wieder über die alten Frauen, die schwer beladen mit Einkäufen diese enormen Steigungen bewältigen. An der Via 25 de Abril, hinter dem Convento de Santa Clara und noch vor dem Museu da Quinta das Cruzes, biegt man nach links ab und kann am Miradouro da Quinta das Cruzes eine kleine Pause machen und den Ausblick auf die Stadt genießen. Etwas weiter oben führt die unscheinbare Rua do Castelo zur Fortaleza. Die mächtige, Anfang des 17. Jhs. erbaute Festung war jahrhundertelang Teil des Verteidigungssystems der Hauptstadt und ist heute zu besichtigen.

Sightseeing in Funchals Zona Velha

Insider-Tipp Der Eintritt in die Fortaleza ist frei. Auch der schöne Garten der Quinta das Cruzes, in dem angeblich der Entdecker Madeiras, João Gonçalves Zarco, gelebt haben soll, ist kostenlos zu besichtigen.

ⓘ *Bus 12, 17, 20 bis Haltestelle Esfera | Parkhaus an der Shopping-Mall La Vie, ca. 10 Min. Fußweg* 🕐 *Ganzjährig* 📍 *32.648233, -16.908500 (Start), 32.650991, -16.916383 (Ziel)* ✔ *Download GPX-Track*

Freewalking durch Funchal

4 🚶 **Geführter Spaziergang durch Funchal, ca. 2,5 km, 2,5 Std.**

Den unvermeidlichen Regenschirm hat Lisa Camacho auch dabei. Den braucht es anscheinend wirklich, um bei Stadtführungen die Aufmerksamkeit der Touristen zu bekommen. Eines allerdings ist anders als bei den üblichen geführten Touren durch Funchal: Die Fremdenführerin bietet den Rundgang durch die Hauptstadt Madeiras „for free" an, bezahlt wird bei der Freewalking-Tour hinterher, und jeder entscheidet selbst, wie viel ihm die Führung wert war. Bei einem Blick in den prall gefüllten Hut, den die Fremdenführerin am Ende der Tour he-

rumgehen lässt, kann man sich ziemlich sicher sein, dass es allen gut gefallen hat. Es macht Spaß, mit Lisa Camacho unterwegs zu sein. Man erfährt Hintergründiges zum Palácio de São Lourenço oder zur Zona Velha und bekommt Tipps, wo man das beste Brot kaufen und den besten Poncha trinken kann.

ⓘ *Bus 1, 2, 4, 9, 10, 11 bis Haltestelle R J Dias Leite Rotunda | Parkhaus im Einkaufszentrum La Vie | Eine Freewalking-Tour führt vom Parque de Santa Catarina bis zur Igreja de Santa Maria östlich der Zona Velha, die andere u.a. zum Jardim Municipal und zur Kathedrale, Buchung unter freewalking toursfunchal.com* 🕐 *Ganzjährig* 📍 *32.645706, -16.913260 (Start), 32.647171, -16.897785 (Ziel Igreja de Santa Maria)*

Schlemmertour durch die Hauptstadt

5 🚶 **Spaziergang für Feinschmecker durch Funchal, ca. 2,5 km, 4 Std.**

Wer kennt die lokalen Spezialitäten auf Madeira am besten? Natürlich die „Locals", und die wissen auch genau, wo man in die „Tourifalle" tappt und wo nicht. Die Guides der Food-on-Foot-Tour lieben die madeirensische Küche, haben reichlich Hin-

Fangfrisch aus dem Antlantik: Fischverkauf im Mercado dos Lavradores

tergrundwissen zu den typischen Gerichten und können so einige Anekdoten erzählen. Jaqueline und ihr Team führen Feinschmecker und alle, die es werden wollen, auf einer vierstündigen Food-on-Foot-Tour einmal quer durch Funchal. Man kauft gemeinsam im Mercado dos Lavradores ein, probiert die exotischen Früchte, testet den besten Bolo de Miel und geht über zu den Hauptgerichten. Natürlich dürfen Espada, der Schwarze Degenfisch, und Espetada, über Holzkohle gegrillte Rindfleischbrocken, nicht fehlen. Und wer es noch nicht wusste, erfährt die Geschichte, wie ein Fischer einst durch Zufall einen dieser Degenfische aus einer Tiefe von 1000 m aus dem Meer geholt hat. Wenn die Guides dann erzählen, wie der Madeirawein eher zufällig entdeckt wurde, hat der eine oder andere schon einen kleinen Schwips, aber was man definitiv behält, sind die Restaurant-Tipps der Experten. Denn nach einer solch gelungenen Schlemmertour möchte man auf keinen Fall im weiteren Verlauf in einer „Tourifalle" mit schlechtem oder überteuertem Essen landen – denn die gibt es leider definitiv auch auf Madeira.

Frühstücken sollte man nur spärlich vor den Food-on-Foot-Touren, auf denen man insgesamt 15 Spe-

zialitäten inklusive Getränken verkosten kann. Man ist höchstens zu zwölft unterwegs, sodass man in überschaubarer, geselliger Runde schlemmen kann. Die Führung ist in der Regel auf Englisch, Food-on-Foot-Touren auf Deutsch muss man vorab reservieren *(foodonfoot.com)*.

ⓘ *Buslinien Nr. 12, 17, 20 bis Haltestelle Esfera | Parkhaus an der Shopping-Mall La Vie, ca. 10 Min. Fußweg* ⏱ *Ganzjährig* ◉ *32.648519, -16.907259 (Start und Ziel)*

Auf alten Pfaden ins Tal

6 🚶 **Wanderung von Monte nach Funchal, ca. 6 km, 2,5 Std.**

Auf die unterschiedlichsten Arten und Weisen sind die Menschen in früheren Zeiten von Funchal nach Monte oder von Monte nach Funchal gelangt. Die Reichen und Schönen wurden in Sänften getragen, man nahm die Zahnradbahn hinauf und hinunter, man raste mit den weltberühmten Korbschlitten ins Tal, man ritt auf dem Esel – oder man ging ganz einfach zu Fuß. Und genau das geht natürlich auch heute noch. Die Wanderung auf den alten Pfaden startet an der Bergstation des Teleférico Jardim Botânico und führt weiter auf altem Kopfsteinpflaster

Beliebte Joggingstrecke: die Promenade in Funchals Hotelviertel

Einmal über der Stadt schweben: Teleférico von Funchal nach Monte

⊚ 32.677468, -16.898041 (Start), 32.648579, -16.904237 (Ziel Mercado dos Lavradores)
✎ Download GPX-Track

in das Tal des Baches João Gomes und schließlich auf den Weg an die Levada do Bom Successo, die zum Teil in steilen Treppen talwärts führt. „Bom successo" bedeutet so viel wie „viel Erfolg" und das kann man nur wünschen, denn der Weg ist im weiteren Verlauf durchaus tricky und anspruchsvoll. Nach rund 3,5 km unterquert man westlich des Botanischen Gartens die Via Rápida und kommt langsam aber sicher in urbane Regionen. Okay, man läuft dort nicht mehr durch grandiose Naturlandschaften, aber dafür durch Straßenzüge, wo die ganz normalen Madeirenser leben – und das ist durchaus auch spannend.

ⓘ *Hinauf nach Monte am bequemsten und schnellsten mit dem Teleférico ab der Zona Velha in Funchal | Alternativ mit Bus 20 | ca. 15 Min. mit dem Auto; großer Parkplatz etwas oberhalb des Ortes* ⊙ *Ganzjährig* ⚙ *Festes Schuhwerk ist für die Tour unerlässlich und man sollte definitiv trittsicher sein. Es geht zum Teil extrem steil bergab, nichts für Menschen mit Knieproblemen*

7 🏃 Laufen am Lido

Joggen mit Meerblick von Funchal bis Câmara de Lobos, 11 km, je nach Fitness 0,5–1,5 Std.

Viele der Hotels in Funchals Hotelviertel besitzen einen Fitnessbereich. Aber wieso sollte man sich auf ein Laufband stellen und die Wand anstarren, wenn man gleich vor dem Hotel eine astreine Joggingpiste hat? Der Arbeitstag beginnt auf Madeira etwas später als bei uns zu Hause. Aber man wird staunen, wie sportiv die Madeirenser schon am frühen Morgen sind. Treffpunkt für viele einheimische Jogger ist der Lido im Hotelviertel. Ein bisschen dehnen, ein bisschen stretchen und auf geht's in Richtung Câmara de Lobos, immer am Atlantik entlang. Kurz hinter den Piscinas Naturais da Doca do Cavacas durchquert man einen Tunnel, rennt vorbei an der Praia Formosa und weiter auf dem Passeio Público Marítimo nach Câmara de Lobos. Dort schaut man einmal kurz an der Winston-Churchill-Statue vorbei – dessen Motto war bekanntlich „No sports" – und läuft auf demselben Weg zurück. Es gibt eigentlich nur eine Regel: So weit es geht, immer in Richtung Atlantik schauen, denn auf der Landseite sieht man doch die eine oder andere architektonische Entgleisung unter den zahlreichen „Bettenburgen".

Garantiert ohne Steigungen: Rennrad-
fahren an der Avenida do Mar

🛈 *Bus 2 bis Haltestelle Lido | zwei Parkhäusern oberhalb des Lido | Die Laufstrecke ist insgesamt rund 11 km lang, wer sich nicht so fit fühlt, kann natürlich früher umkehren; der Untergrund ist überwiegend eben* 🕓 *Ganzjährig* 📍 *32.636116, -16.934054 (Start und Ziel)*
✓ *Download GPX-Track*

Flachetappe am Meer

8 🚲 **Leichte Fahrrad-/Rennradtour entlang der Promenade in Funchal, 20–50 km, 1–3 Std.**
Rennradfahren auf Madeira ist echt der Hammer. Bei fast jeder längeren Tour auf der Insel kommen so viele Höhenmeter zusammen wie bei einer Königsetappe auf der Tour de France. So mancher Rennrad-Verleiher hat es schon erlebt, dass Kunden nach kurzer Zeit mit Tränen in den Augen das Leihrad zurückgebracht haben – weil sie an den brutalen Anstiegen gescheitert sind. Und auch die „Locals" haben ganz offensichtlich keine Lust, sich auf jeder Ausfahrt zu quälen. Was machen sie also? Sie fahren einfach an den Sonntagen in Funchal die Avenida do Mar immer rauf und runter, immer am Meer entlang, immer schön flach. Von der Pra-ça da Autonomia unterhalb der Markthalle bis zur Rotunda do Porto – wo sich übrigens Cristiano Ronaldo eine Villa hat bauen lassen. Manche fahren richtig Tempo, andere finden sich spontan auf der knapp 3 km langen Runde zu kleinen Gruppen zusammen und quatschen munter.

Insider-Tipp Im Rahmen der Taça da Madeira wird genau auf dieser Strecke ein Rennen ausgetragen. Infos über die Veranstaltung in Funchal, aber auch über die anderen Rennen im Rahmen dieser Serie findet man auf: *acmadeira.pt*

🛈 *Bus 1, 2, 4, 8 bis Haltestelle Avenida do Mar | Parkhaus in der Shopping-Mall La Vie oder am Teleférico nach Monte | Sehr gute Rennräder kann man bei E-Bike Madeira an der Estrada Monumental (ebikemadeira.com) oder bei Happy Bikes (happybikes.pt) direkt oberhalb der Rotunda do Porto ausleihen* 🕓 *Ganzjährig* 📍 *32.646858, -16.909101*

Rasend bergab auf zwei Rädern

9 🚲 **Anspruchsvolle Radtour auf dem Santo António-Downhill-Trail, ca. 3 km, ca. 15 Min.**
Einmal durchatmen, den Helm und Knie- und Ell-

Ein kleiner Tunnel verbindet die Praia Formosa mit der Zona Balnear das Poças do Gomes

Madeira ist ein El Dorado für wagemutige „Downhiller"

bogenschoner zurechtruckeln, zum x-ten Mal die Bremsen checken, noch mal tief Luft holen, und dann geht es auch schon ab. Als Radfahrer träumt man schließlich davon, dass es immer nur bergab geht. Aber wenn man sich bei YouTube oder sonstwo mal anschaut, wie diese Downhiller die Trails runterknallen, dann kann man vorher auch schon mal Albträume bekommen. Aber kneifen gilt nicht. Und wer jahrelang auf dem Rennrad oder dem Mountainbike gesessen hat oder vorher im Bikepark geübt hat, der kann es durchaus wagen, sich auf Madeira die Berge hinunterzustürzen. Auf Trails, die kaum breiter sind als ein Handtuch. Adrenalin pur: In engen Serpentinen geht es bergab mit Tempo 40 km/h und mehr, über Baumwurzeln und Steine, kleine Sprünge inklusive. Immer dranbleiben am Guide und trotzdem darauf achten, das eigene Tempo zu fahren. Locker sein und trotzdem voll konzentriert, das ist genau die Mischung, die es braucht für Downhill-Touren auf Madeira. Madeira gilt als eine der besten Destinationen weltweit für diese halsbrecherische Sportart.

ⓘ Bei der Buchung wird ein Pick-up-Point vereinbart | Shuttle zum Start inklusive | radwallmadeira.com ⏱ Ganzjährig ⚙ Ausrüstung (Protektoren, Fullface-Helm und Rad) kann man beim Veranstalter ausleihen. Handschuhe mit reichlich Grip und eine Brille sollte man dabeihaben ⓥ 32.651333, -16.891373 (Radwall)
✔ Download GPX-Track

Schöner baden in der Hauptstadt

10 ≋ **Baden an der Zona Balnear das Poças do Gomes**

Der Spaziergang von Funchal durchs Hotelviertel in Richtung Westen zählt sicherlich nicht zu den schönsten der Insel, dazu stehen dort einfach zu viele Betonklötze herum. Also immer schön aufs Meer schauen. Nach rund einer Stunde erreicht man die wohl schönste Badeanstalt der Hauptstadt, die Zona Balnear das Poças do Gomes, auch Doca do Cavacas genannt. Man kann in den Naturschwimmbecken zwischen den Felsen herumplanschen oder einfach nur aus dem Liegestuhl heraus die Aussicht auf den Atlantik und das Cabo Girão genießen. Wem es zwischen den Felsen zu eng wird, der geht durch einen kleinen Tunnel weiter an die Praia Formosa, einen breiten Kiesstrand, an dem vor allem auch die Madeirenser baden gehen. Oder man genießt die

Baden in Funchal mit Blick auf die Kreuzfahrtschiffe

erstaunlich guten Fischgerichte und Lapas auf der Aussichtsterrasse des Restaurants.

🛈 *Bus 2 und 9 bis Haltestelle Ponta da Cruz | Zu Fuß ab dem Hotelviertel in ca. 25 Min. | Mit dem Pkw ab Funchal in ca. 10 Min., Parkplätze im Einkaufszentrum Forum Madeira* 🕓 *Ganzjährig* 📍 *32.635248, -16.948060*

Plauschen und planschen

11≋ **Baden in Funchal im Complexo Balnear da Barreirinha**

Sie haben es schon verdammt gut, die Einwohner von Funchal. Sie nehmen in der Mittagspause mal eben zwischendurch ein Bad im Atlantik und chillen ein wenig in der Sonne. Und das auch noch fast das ganze Jahr über. Aber bevor Neid aufkommt, zumindest im Madeira-Urlaub kann man es ihnen doch gleichtun und ein paar entspannte Stunden in der Badeanstalt Barreirinha östlich der Fortaleza de São Tiago verbringen. Der in die Felsen gebaute Complexo Balnear da Barreirinha ist irgendwie aus der Zeit gefallen. Vielleicht gehen auch deshalb viele ältere Madeirenser dorthin, halten ein Pläuschchen mit dem Bademeister oder dem Nachbarn. Viele von

ihnen haben hier Schwimmen gelernt. Das Wasser am Complexo Balnear da Barreirinha bekommt trotz der Nähe zum Kreuzfahrtterminal Jahr für Jahr das Siegel „Blaue Flagge" für erstklassige Wasserqualität. Das heißt, man kann nicht nur schwimmen, sondern auch im kristallklaren Wasser schnorcheln und wird erstaunt sein, wie viele Fische in unmittelbarer Umgebung der Hauptstadt zu sehen sind.

==Insider-Tipp== ==Liegestühle können für kleines Geld ausgeliehen werden. Es gibt eine Tischtennisplatte und einen Kiosk, aber man kann auch sein eigenes Picknick mitbringen.== Oder man geht nach dem Baden in die oberhalb gelegene Bar Barreirinha.

🛈 *Bus 40 und 82 bis Haltestelle Forca | Parkhaus am Teleférico nach Monte | € 🕓 Ganzjährig* 📍 *32.646800, -16.897300*

Saltos und Kopfsprünge am Lido

12≋ **Baden am Complexo Balnear do Lido**

Was machen pubertierende Jungs weltweit, wenn sie in der Badeanstalt sind? Sie versuchen mit allen erdenklichen Mitteln, den gleichaltrigen Mädchen zu imponieren. Am besten in Funchal ist das an der öffentlichen Badestelle unterhalb des

Aida meets Aida: viel Kreuzfahrtbetrieb
vor Funchals Küste

Selbst springen oder einfach nur dem
jugendlichen Imponiergehabe zusehen

ⓘ *Bus 2 bis Haltestelle Lido | Ab Funchal mit dem Pkw in ca. 10 Min., Parkplätze im Einkaufszentrum Forum Madeira | € ⏱ Ganzjährig ⦿ 32.635673, -16.934028*

13 ≋ Kreuzfahrer-Ahoi

Kreuzfahrtschiff-Spotting beim Forte de São José

Nirgendwo sonst kann man die ein- und auslaufenden Ozeanriesen in Funchal besser beobachten als vom Forte de São José direkt am Hafen. Eine steile Treppe führt nach oben, quasi aufs Dach der ehemaligen Festung. Wann Kreuzfahrtschiffe an- oder ablegen, kann man vorher im Internet recherchieren. Und selbst wenn man sich so gar nicht für die riesigen „Pötte" interessiert, kann man hier nach einem Stadtbummel auf einer der Bänke relaxen. Bis zur Insolvenz 2017 übrigens war der Lehrer Renato Barros alias Prinz Dom Renato Barros I. der „Herrscher" über das Territorium, das er im Jahr 2000 für 25 000 Euro gekauft und zu einem souveränen Staat erklärt hatte. Anerkannt wurde das „Fürstentum Pontinha" – wie man sich vorstellen kann – von keinem anderen Staat. Dafür erkannte Barros Tibet als souveränen unabhängigen Staat an. Inzwischen gehört das Areal wieder dem portugiesischen Staat.

ⓘ *Das Fort liegt an der Mole, wo die Schiffe nach Porto Santo ablegen | Bus 1, 2, 8, 9 bis Haltestelle Hotel Savoy, dann ca. 10 Min. zu Fuß | Parkhaus der*

Fortim do Lido zu beobachten. Wirklich unglaublich, was die Jungs für Kunststücke veranstalten, um die Auserwählte zu beeindrucken. Tollkühne „Köpper", Saltos und natürlich schnöde Arschbomben werden geboten, während die „Mädels" versuchen gelangweilt zu gucken und sich anscheinend so gar nicht für die Darbietung interessieren. Das Handtuch – oder besser eine Isomatte – breitet man auf der Betonplattform aus, wer keine Lust hat zu springen, geht über Treppen ins Wasser. Und wen das Theater der Pubertierenden dann doch eher nervt, der geht einfach ein paar Schritte weiter in den Complexo Balnear do Lido, die offizielle und überwachte Badeanstalt im Hotelviertel. ==Insider-Tipp== Dort kann man übrigens nicht nur baden, sondern auch die Fußballtennis-Plätze an der Promenade mieten. Das Spiel übers Netz mit Kopf und Fuß heißt hier übrigens „Madeira-Ball".

Die „Lobo Marinho" vor Porto Santo

Shopping-Mall La Vie (Fußweg ca. 15 Min.) | Ankünf-
te und Abfahrten der Kreuzfahrtschiffe erfährt man
auf der Website kreuzfahrt-ticket.de/hafen/funchal
🕐 *Ganzjährig* 📍 *32.641249, -16.917699*

Ausflug mit dem Schiff nach Porto Santo

14 ≋ **Tagesausflug mit dem Schiff zur Schwes-**
terinsel Porto Santo
Es ist morgens 8 Uhr, Funchal scheint noch zu schla-
fen. Die „Lobo Marinho" verabschiedet sich von
Funchal mit einem lauten Tuten und stampft entlang der Küste in Richtung Osten. Wer gerne Schiff
fährt, für den lohnt sich ein Tagesausflug auf Madeiras kleine Schwesterinsel Porto Santo. Gut zwei
Stunden braucht die Fähre. Von Bord aus hat man
tolle Ausblicke auf Madeiras Südküste, erst hinter
der Ponta de São Lourenço geht es hinaus aufs
offene Meer, wobei bei guter Sicht schon bald die
Vulkankegel von Porto Santo zu erspähen sind. Oft
hat man bei Tagesausflügen ein wenig Stress, weil
man all die Sehenswürdigkeiten „abhaken" möchte,
aber auf Porto Santo gibt es nur wenige kulturelle

Highlights und außerdem ist der goldgelbe Sand-
strand so verlockend, dass man astrein den ganzen
Tag dort verbringen kann. Wer so viel Faulenzen
und Beachlife nicht aushält, der kann eine geführte
Tour über die Insel buchen, sich ein Auto oder ein
E-Bike ausleihen und Porto Santo auf eigene Faust
erkunden. Zeit genug hat man, erst abends um
18 Uhr geht es zurück nach Madeira.
🛈 *Bus 1, 2, 8, 9 bis Haltestelle Hotel Savoy, dann*
ca. 10 Min. zu Fuß | Parkhaus der Shopping-Mall La
Vie (Fußweg ca. 15 Min.) | Vom Fährterminal auf
Porto Santo fahren Busse und Taxis in die Haupt-
stadt Vila Baleira | An der Hauptstraße kurz vor der
Pier Touristinfo und einige Mietwagen-Verleiher.
Fahrräder kann man bei Auto Acessórios Colombo
leihen (aacolombo.com) | €€€ 🕐 *Ganzjährig*
📍 *32.641394, -16.916675 (Abfahrt Funchal),*
33.058629, -16.311958 (Hafen Porto Santo)

Auf Kolumbus' Spuren

15 ≋ **Bootstour mit dem Nachbau der „Santa**
Maria", Badepause inklusive, ca. 3 Std.
Die weißen Segel mit dem markanten roten Kreuz

Unterwegs auf dem Atlantik mit einer Nachbildung von Kolumbus' „Santa Maria"

Auf der Suche nach Zackenbarsch, Papageifisch & Co.

flattern im Wind, hoch oben in den Masten klettern Matrosen in historischen Kostümen herum. Die Kanonen an Bord der „Santa Maria de Colombo" werden nicht mehr gebraucht, und der Kapitän ist auch kein Genueser und Weltentdecker namens Christoph Kolumbus, sondern ein nach Madeira ausgewanderter Niederländer. Er hat vor gut 25 Jahren im Hafen von Câmara de Lobos das Flaggschiff von Kolumbus, die „Santa Maria", originalgetreu nachgebaut und schippert mit dem 22 m langen Schiff die Südwestküste entlang. Winzig ist es im Vergleich zu den riesigen Kreuzfahrtschiffen, die gleich gegenüber an der Reede liegen. Kaum zu glauben, dass Kolumbus und seine Crew mit dieser Nussschale einst den Atlantik überquert haben. Mit ein bisschen Glück schwimmen Delfine neben dem Boot und vollführen ihre tollkühnen Sprünge, und bei gutem Wetter legt der Käpt'n eine Badepause ein.

ⓘ *Bus 49 bis Haltestelle Palácio São Lourenço, Bus 19, 26, 28 bis Haltestelle Marina | Parkhaus Shopping-Mall La Vie (Fußweg ca. 15 Min.) | Abfahrt zur dreistündigen Tour entlang der Südküste täglich um 10.30 und 15 Uhr von der Marina in Funchal | €€€ ⏱ Ganzjährig ⑨ 32.645906, -16.908771*

Fenster zum Atlantik

16 ≋ **Glasbodenboot-Tour Richtung Meeresschutzgebiet Garajau, optional mit Schnorcheln, 3 Std.**

Die grandiose Unterwasserwelt vor der Küste Madeiras live erleben, ohne auch nur den kleinen Finger oder den kleinen Zeh nass zu machen – wie bitteschön soll das gehen? Ganz einfach: mit einem Glasbodenboot. Der Trimaran, mit dem man ab Funchal in Richtung des Meeresschutzgebiets Garajau schippert, ist quasi ein schwimmendes Aquarium. Durch insgesamt acht Fenster kann man Drückerfische, Zacken- und Riffbarsche beobachten, vielleicht sogar die etwas zwielichtigen und gemein ausschauenden Muränen oder Mantarochen, die durchs Wasser gleiten. Weiter draußen hat man vom Glasbodenboot aus die Chance, Delfine oder Meeresschildkröten zu sehen. Und wer dann doch Lust hat auf Schnorcheln, kann dies am Ende der Bootstour auch noch machen.

ⓘ *Bus 49 bis Haltestelle Palácio São Lourenço, Bus 19, 26, 28 bis Haltestelle Marina | Parkhaus*

Kabbelige Wellen, strammer Wind: Windsurfen vor Funchal

Shopping-Mall La Vie (Fußweg ca. 10 Min.) | Die Touren mit dem Glasbodenboot starten täglich um 11 und 15.30 Uhr ab der Marina in Funchal | lokolokomadeira.com, seabookings.com | €€€
🕐 Ganzjährig ⚙ Badesachen und Sonnencreme nicht vergessen 📍 32.646085, -16.909885 (Start)

Raus aus der Komfortzone, rauf aufs Wasser

17 ≈ **Wind- oder Kitesurfen in der Bucht von Funchal und an der Praia Formosa**

Madeiras Südküste ist ein fantastisches Revier für Windsurfer: für Anfänger, für Fortgeschrittene und für Könner. Nur wenn man ein absoluter Ausnahmekönner ist, wie João Rodrigues, dann muss man offensichtlich mal über sein Revier hinaussurfen. Der in Funchal geborene Windsurfer und siebenmalige Olympia-Teilnehmer startete an seinem 40. Geburtstag zwar an Madeiras Küste, aber er fuhr gleich mal knapp 300 km weiter südlich auf seinem Board über den offenen Atlantik zu den Ilhas Selvagens, den „Wilden Inseln". Sollte man lieber nicht nachmachen, diesen wilden Ritt, aber dort wo João Rodrigues als Elfjähriger seine ersten Stehversuche auf dem Board machte, kann man bei zumeist kleinen bis kabbeligen Wellen und konstanten Winden viel Spaß haben. Die besten Bedingungen hast du als Windsurfer an der Praia Formosa bei Westwind. Am heftigsten weht der Wind im Juli und August sowie von Dezember bis Februar. Wie heißt es so schön bei der Windsurfschule Around Freedom: „Life begins at the end of your Comfort Zone." Gute Verhältnisse für Windsurfer herrschen auch in der Bucht von Funchal, wo du im Schatten der riesigen Kreuzfahrtschiffe deine Manöver fährst, sowie vor Machico. **Insider-Tipp** Kitesurfer sind an der Praia Formosa am besten aufgehoben.
ℹ *Citybus 1 und 2 | Mit dem Pkw in ca. 10 Min. ab Funchal, Parkplätze direkt am Strand | Bretter, Segel und alles, was dazugehört, können u.a. bei Around Freedom ausgeliehen werden (aroundfreedom.pt) oder bei der On Water Academy Madeira (Tel. +35 19 64 83 85 35)* 🕐 *Ganzjährig* 📍 *32.638098, -16.949784 (Praia Formosa)*

Wird im Volksmund „O Caldeirão" (der Kessel) genannt: Estádio do Marítimo in Funchal

Kleines Sportparadies in Funchal: der Stadtpark Quinta Magnolia

1:0 für Marítimo

18 🏃 Besuch eines Ligaspiels im Estádio dos Barreiros bei Marítimo Funchal

Am Ende der Saison 2022/23 war es so weit: Marítimo Funchal stieg aus der Primeira Liga Portugal ab. Die Fans waren traurig, gleichzeitig aber auch voller Vorfreude. Denn seitdem gibt es auf Madeira wieder die Derbys gegen Nacional Funchal, den zweiten Profi-Klub aus Madeiras Hauptstadt. Der Besuch eines Ligaspiels ist schon etwas Besonderes, die Fans feiern jeden Sieg gegen die großen Festlandklubs, als wäre es die Meisterschaft. Die liegt für Marítimo allerdings schon rund 100 Jahre zurück – und es war die einzige. Vielleicht ist es ja die Tradition, die die Klubs von der kleinen Insel beflügelt. Denn in Camacha auf Madeira fand 1875, organisiert von dem Briten Harry Hinton, das erste Fußballspiel auf portugiesischem Boden statt.

Insider-Tipp Wer nur mal ein bisschen reingucken möchte beim Fußball, der geht die Ladeira da Casa Branca hoch und kann von dort aus ohne Eintritt zu zahlen fast das komplette Spielfeld sehen.

ℹ️ *Bus 45 und 50 bis Central Barreiros | Parkplätze am Stadion vorhanden | Tickets bekommt man*

meistens noch kurzfristig | csmaritimo.pt | €€
🕐 *Ganzjährig* 📍 *32.645670, -16.928459*

Vorteil Jardim Quinta Magnolia

19 🏃 Tennis im Stadtpark Quinta Magnolia

Auf Platz eins bekommt ein madeirensisches Talent vom Trainer gerade einen Einlauf, weil er wieder nicht richtig zum Ball steht. Auf dem Platz gleich daneben spielen ein paar polnische Touristen ein sehr flottes Tennismatch, während auf den Rasenflächen des Gartens rund um die Quinta Magnolia Hunderte von Kindern bei einer Rallye umhertollen. Auf dem Padel-Tennis-Court treffen ein paar Briten keinen Ball – was wahrscheinlich daran liegt, dass sie zwischen jedem Ballwechsel Bier trinken. Inmitten des herrlichen öffentlichen Parks kann man auch Squash spielen und Golf-Fans können auf einer Driving Range ein paar Bälle abschlagen. Nach dem Sport trinkt man in der Bar gemeinsam ein Bierchen oder – wer einen großen Sieg zu feiern hat – trifft sich im noblen Restaurante Quinta Magnolia by Eatwell zum Dinner.

Guter Ort zum Relaxen: der Parque de Santa Catarina

ⓘ *Der Garten liegt an der Rua Dr. Pita, die von der Estrada Monumental abzweigt, etwas unterhalb des Estádio dos Barreiros | Fußläufig zu erreichen vom Zentrum und vom Hotelviertel aus | Bus 8, 24, 25 bis Haltestelle Quinta Magnólia | Auf dem Gelände am Übergang zwischen Altstadt und Hotelviertel gibt es Parkplätze | Platzmiete und Ausleihe von Schlägern kosten kleines Geld, €–€€ ⊙ Ganzjährig ⊙ 32.643519, -16.925023*

Pause unter Palmen

20 🏛 **Besuch des Santa Catarina Park**

Eine Statue von Heinrich dem Seefahrer wacht über den Eingang an der Rotunda do Infante und Christoph Kolumbus schaut entspannt aufs Meer, wo gerade ein Nachbau seiner „Santa Maria" mit ein paar Touristen an Bord vorbeischippert. Der Parque de Santa Catarina, gelegen zwischen der Altstadt, dem Hotelviertel und dem Meer, ist ein idealer Ort, um nach dem ausgiebigen Stadtbummel eine Pause einzulegen. In Deutschland würde man den Park wahrscheinlich als „Naherholungsgebiet" bezeichnen. Viele Madeirenser machen in dem Park unter Palmen oder anderen exotischen Bäumen ihre Mittagspause. Auf dem See dümpeln ein paar Enten und Schwäne zwischen den Fontänen herum, während eine Schulklasse auf der großen Rasenfläche oberhalb der Kapelle Santa Catarina Fußball spielt – die Hälfte von ihnen natürlich im Cristiano-Ronaldo-Trikot. Im Santa Catarina Café beim Kinderspielplatz sitzt man wunderbar im Schatten der Bäume, die schönere Aussicht auf den Hafen von Funchal bis hinüber zur Ponta do Garajau genießt man jedoch im Santa Catarina Caffè Garden oberhalb des CR7-Hotels. Viel Grün und ein paar Fitnessgeräte – die allerdings nicht besonders gut funktionieren.

ⓘ *Bus 1, 2, 8, 9 bis Parque Sta Catarina | Parkhaus unterhalb des Einkaufszentrums La Vie ⊙ Ganzjährig, im Frühjahr am schönsten ⊙ 32.645383, -16.914876*

Stadtparkidylle

21 🏛 **Besuch des Parque Leite Monteiro oberhalb von Funchal**

In Monte, gut 500 bis 600 m oberhalb von Funchal, wohnten und lebten bereits im 19. Jh. die

Nur etwas für topfitte Cracks: Trailrunning auf Madeira

Im Frühjahr blühen die Azaleen in den schönsten Farben

„Schönen und Reichen" der Blumeninsel. Kein Wunder also, dass sie sich einen wunderschönen Stadtpark gegönnt haben, den Monte-Park oder auch Parque Leite Monteiro. Der höchst idyllische Stadtpark mit seinen zahlreichen exotischen Pflanzen und jahrhundertealten Bäumen wurde Ende des 19. Jhs. angelegt und zieht sich eine Schlucht entlang, ein kleiner Bach plätschert zwischen Farnen, Azaleen und Hortensien und geht weiter südlich in einen Wasserfall über. Im Schatten der mächtigen Platanen am Largo da Fonte steht ein Marmorbrunnen, in dessen Nische ein Bildnis der Nossa Senhora do Monte Platz gefunden hat. Inmitten des Sees im Parque Leite Monteiro erkennt man eine steinerne, historische Landkarte von Madeira. Früher übrigens zog sich die Trasse einer Zahnradbahn durch den Park, die bis 1943 von Funchal via Monte ins noch etwas höher gelegene Terreiro da Luta führte.

ℹ️ *Der Stadtpark befindet sich etwas westlich von den übrigen Attraktionen in Monte | Bus 21 und 48 bis Haltestelle Largo da Fonte (direkt am Park) | Mit dem Pkw ab Funchal in 10–15 Min., Parkplatz etwas oberhalb des Ortes | Wer mit dem Teleférico kommt, hat noch rund 10 Min. Fußweg bis zum Park* 🕐 *Frühjahr* 📍 *32.676553, -16.903204*

Ökopark hoch über Funchal

22 Wandern und Trail-Running im Parque Ecológico do Funchal

Eigentlich ist der hoch oben über Monte und Funchal gelegene Parque Ecológico do Funchal ein einsamer Ort. Aber zumindest am Vormittag kann es gut sein, dass man sich zunächst einmal an Horden von schnatternden Schulkindern vorbeidrängeln muss. Denn der bereits 1994 gegründete Ökopark ist ein beliebtes Ziel für Schulausflüge, können die jungen Madeirenser in dem Naturpark doch so einiges über die einheimische Flora und Fauna lernen. Und sie können sehen, welche Anstrengungen unternommen wurden und werden, um das bei einem Brand im Jahr 2010 weitgehend zerstörte Gebiet wieder aufzuforsten. Auch als Tourist lernt man nie aus und kann u. a. am Poço da Neve ein 1813 errichtetes Iglu besichtigen, das einst in den Wintern zur Speicherung von Eis diente. Aber vor allem kann man hier wunderbar wandern und vom 1129 m hohen Miradouro do Pico Alto den vielleicht schönsten Panoramablick über die Bucht von Funchal genießen. Für die ganz Sportlichen wurde eine 18 km lange Trailrunning-Strecke angelegt, die am Chão da Lagoa beginnt.

Ausblick vom Pico dos Barcelos auf die Inselhauptstadt Funchal

🛈 *Bus 56, 103, 138 bis Haltestelle Ribeira das Cales, von da ca. 15 Min. zum Eingang des Parque Ecológico do Funchal | Mit dem Auto über die kurvenreiche ER 103 via Monte zum Ökopark* ◐ *Ganzjährig* 📍 *32.701058, -16.903160*

Cristiano Ronaldos Hausberg

23 🔟 **Aussichtspunkt oberhalb von Funchal, besonders am Abend zu empfehlen**

Ob der Weltstar Cristiano Ronaldo schon als Kind auf dem Miradouro des Pico dos Barcelos gesessen und von seiner Karriere als Profifußballer geträumt hat, ist nicht überliefert. Aber man weiß, dass der mehrfache Weltfußballer sich später an diesem Ort mit all seinen Trophäen hat ablichten lassen. Der Mann ist eben heimatverbunden trotz all seiner Erfolge und seiner Abermillionen, die er als Fußballer verdient hat. Der 355 m hohe Pico dos Barcelos liegt nämlich unweit seines Elternhauses in Santo António und ist quasi so etwas wie sein Hausberg. Und der Bolzplatz, wo er das Kicken gelernt hat, liegt auch nur einen Weitschuss entfernt vom Miradouro. Der Blick nach

Westen ist eher unspektakulär, auch das Geburtshaus von CR7 kann man nicht mehr erspähen, es wurde längst abgerissen. Aber die Aussicht über Funchal mit den Ilhas Desertas im Hintergrund ist dafür umso gigantischer, besonders am Abend, wenn die Lichter der Hauptstadt mit den Sternen um die Wette funkeln. Und richtig voll wird es auf dem Pico dos Barcelos, wenn an Silvester das große Feuerwerk in der Hauptstadt abgebrannt wird.

Insider-Tipp Es empfiehlt sich, den Pico dos Barcelos nach einer Tour nach Curral das Freiras zu besuchen, das liegt mehr oder minder auf dem Weg.

🛈 *Bus 48 bis Haltestelle Pico dos Barcelos | Anfahrt mit dem Auto auf den Pico dos Barcelos gut ausgeschildert* ◐ *Ganzjährig* 📍 *32.658706, -16.939422*

Die Welt in einem Garten

24 🔟 **Besuch des Botanischen Gartens oberhalb von Funchal**

Im Jardim Botânico de Madeira staunt man alle paar Meter aufs Neue, was „Mutter Natur" alles

Der Jardim Botânico de Madeira mit seiner faszinierenden Pflanzensammlung

zu bieten hat. Die Vielfalt der Pflanzen aus aller Welt ist der Hammer und dürfte selbst Menschen beeindrucken, die so gar keinen grünen Daumen haben. Man lustwandelt zwischen endemischen Pflanzen, also Arten, die nur auf Madeira vorkommen, vorbei an Bäumen, die ursprünglich aus dem Himalaya stammen, und landet bei den vielfach aus Südamerika stammenden Sukkulenten. Zu diesen Pflanzen, die vereinfacht gesagt besonders gut Wasser speichern können, gehören u. a. die Aloe Vera und Kakteengewächse. Palmen spenden Schatten, tropische Früchte und Arzneipflanzen duften um die Wette, und obendrein hat man auch noch einen grandiosen Ausblick auf die Bucht von Funchal.

ⓘ *Caminho do Meio | Mit den Bussen 29, 30 oder 31 ab Funchal | Schöner ist es, den Teleférico nach Monte zu nehmen und von dort aus umzusteigen in die Seilbahn zum Botanischen Garten | Mit dem Pkw ab Zentrum Funchal in gut 10 Min. über die Rua Dr. Pestana Júnior oder Abfahrt 13 der Via Rápida, der Botanische Garten ist gut ausgeschildert | €€ ⏱ Frühjahr ⏺ 32.662041, -16.894229*

CANIÇO DE BAIXO/GARAJAU
Fußreflexzonenmassage mit Meerblick

25 🚶 **Spazieren auf einem Barfußpfad in Caniço de Baixo**

Madeira mit allen Sinnen erleben – das ist sowieso das Motto für einen Urlaub auf der Blumeninsel. Auf dem kleinen Barfußpfad an der Ponta da Oliveira heißt es: Schuhe und Socken aus und die verschiedenen Untergründe mit den Füßen erspüren. Am besten machst du das zu zweit, schließt die Augen und lässt dich auf den Wegen über Sand, über groben Kies, über Steine aller Größen und andere durchaus überraschende Untergründe führen. Es mag mal ein bisschen piksen, aber es ist ein besonders Erlebnis – und gleichzeitig eine wohltuende Fußreflexzonenmassage. Hast du den Parcours geschafft, genießt du anschließend auf einer der Bänke die Aussicht über das Meeresschutzgebiet Garajau.

ⓘ *Der kleine Barfußpfad befindet sich nahe dem Hotel Sentido Galomar am Ende der Tv. Cais da Oliveira | Bus 155 und 157 | Mit dem Auto ab Funchal in ca. 20 Min. über die Via Rápida, Abfahrt*

*Fühlt sich wohl vor der Küste Madeiras:
die Unechte Karettschildkröte*

Nr. 16, Caniço de Baixo ⏱ *Hauptsaison; außerhalb der Hauptsaison ist der Barfußpfad nicht besonders gepflegt, lohnt sich aber trotzdem* ⊙ *32.641537, -16.831917*

Zu den verlassenen Inseln

26≋ **Bootstour mit historischem Segler zu den Ilhas Desertas**

Betreten streng verboten gilt für die Ilhas Desertas. Die drei unbewohnten Inseln, 18 km vor der Südküste Madeiras gelegen, sind Naturreservate und insbesondere ein Schutzgebiet für die vom Aussterben bedrohten Mönchsrobben. Einst gab es sie zu Tausenden vor der Küste Madeiras, aber weil die Fischer sie für Fischräuber hielten, schlachteten sie die Mönchsrobben (Lobo Marinho) regelrecht ab. Und heute soll es gerade noch ein Dutzend von ihnen geben. Mit einem historischen Segler von Funchal aus herüberschippern, das ist hingegen erlaubt. Auf der Bootstour mit der „Margarita Sunset" erfährt man so einiges über die Flora und Fauna dieser kargen Felsklötze im Atlantik: dass die Ilhas Desertas, was übersetzt „Verlassene Inseln" bedeutet, z. B. auch die Heimat einer verdammt giftigen Spinne sind. Die Desertas-Tarantel, eine Wolfsspinne mit

bis zu 14 cm Beinspannweite, lebt ausschließlich auf der größten der drei Inseln, der Deserta Grande. Und weil Betreten eben verboten ist, muss man auch keine Angst vor ihnen haben. Dafür kann man im kristallklaren Wasser vor den Inseln baden und schnorcheln. Unterwegs sieht man mit ein bisschen Glück Delfine oder Meeresschildkröten.

ℹ *Abfahrt an der Marina Nova do Funchal, Cais Nr. 8 | Citybusse 1 und 2 | Parkhaus unterhalb des Einkaufszentrums La Vie (ca. 10 Min. Fußweg) | Die Tour dauert, inkl. Mittagessen an Bord, 9 Std. | bonitadamadeira.com, €€€* ⏱ *Ganzjährig Mi und Sa* ⊙ *32.645953, -16.910379*

Garten Eden auf der Blumeninsel

27🌱 **Besuch der Palheiro-Gärten rund um eine Quinta aus dem 19. Jh.**

Vor mehr als 200 Jahren hat der Graf von Carvalhal in den Gärten der Quinta do Palheiro eine Allee aus Kamelien erschaffen. Und wenn nicht gerade ein Gärtner die Buchsbäume mit seiner elektrischen Heckenschere in Form trimmt, fühlt man sich in diesem Zaubergarten auch heute noch in längst vergangene Zeiten zurückversetzt. Die Kamelien sind am besten im madeirensischen Winter von Novem-

Altehrwürdige Quinta im Palheiro Garden östlich von Funchal

Fast wie die weltberühmte Statue in Rio de Janeiro: Christusstatue in Garajau

ber bis April zu bewundern, aber irgendetwas blüht auch hier immer: das satte Lila der Jacarandabäume, das zarte Rot-Orange der afrikanischen Tulpenbäume oder der Korallenbäume. Auf den Wiesen zwischen den in Form getrimmten Buchsbäumen blühen die edlen weißen Callas wie in unseren Breitengraden die Gänseblümchen. Schmetterlinge schwirren umher, Brunnen und kleine Bäche plätschern und in den Teichen tummeln sich zwischen den Seerosen stattliche Kois. Nicht umsonst werden die Gärten rund um die Quinta do Palheiro, seit 1885 im Besitz der Familie Blandy, auch als „Garten Eden" bezeichnet. ==Insider-Tipp Beim Eingang zum Palheiro Garden beginnt die Wanderung in Richtung Monte entlang der Levada dos Tornos.==

🛈 *Bus 37 (horariosdofunchal.pt) hält direkt vor dem Eingang | Mit dem Auto ab Funchal gute 20 Min. | Im Teehaus werden Snacks und Getränke serviert | €€ ⏱ November bis April*
📍 *32.662907, -16.868553*

Fast wie in Rio

28 🔟 **Aussichtspunkt mit Christusstatue hoch über dem Meer in Garajau**

Segnend breitet sie die Arme aus, hoch über dem Atlantik. Die Christusstatue in Garajau (Cristo Rei

do Garajau) kommt wie ein kleiner Bruder der weltberühmten Statue in Rio de Janeiro daher. Kleiner Bruder, weil sie nur knapp halb so groß ist wie die in der brasilianischen Metropole. Allerdings wurde die Statue an Madeiras Südküste bereits 1927 errichtet und ist damit vier Jahre älter als die in Rio. Die Aussicht von dem Plateau ist grandios: Richtung Osten erstreckt sich die Felsküste entlang des Meeresschutzgebiets Garajau, westwärts erblickt man das Häusermeer von Funchal, und bei guter Sicht tauchen die kargen Felsinseln der Ilhas Desertas in der Ferne auf. Ein steiler gepflasterter Treppenweg führt von dem Platz mit der Statue ans Ende der Ponta do Garajau, runter geht's fix, rauf ist's ganz schön anstrengend – und die Aussicht von oben ist genauso schön.

🛈 *Von Funchal aus fahren verschiedene Busse, Haltestelle entweder am Hotel Dom Pedro oder hinterm Kreisel gegenüber der Bar O Camarão, von dort kurzer Fußmarsch | In ca. 15 Min. mit dem Auto ab Funchal, Abfahrt 15 Via Rápida (Garajau), Parkplatz am Teleférico (5 Min. Fußweg) ⏱ Ganzjährig*
📍 *32.638441, -16.850680*

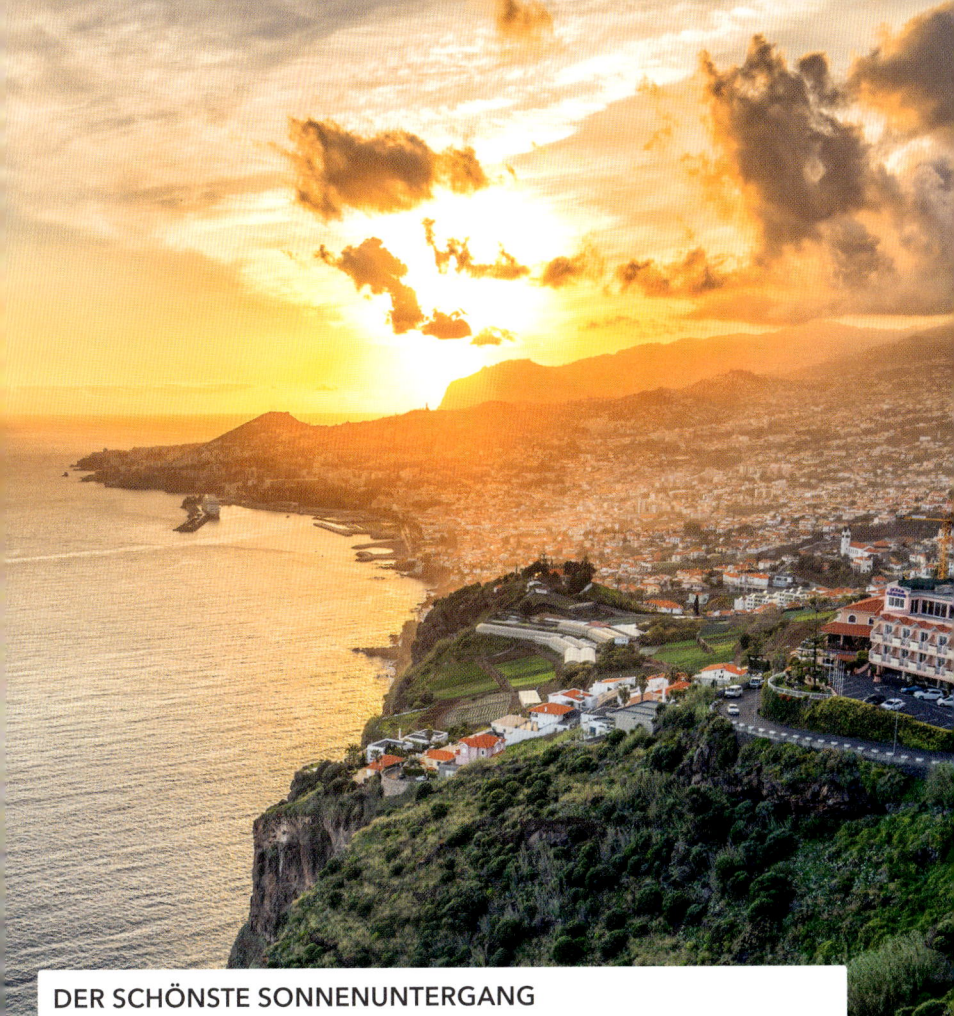

DER SCHÖNSTE SONNENUNTERGANG
Funchal im Fokus

29 **Wanderung zum Miradouro do Pináculo**

„Vordergrund macht Bild gesund" lautet eine alte Fotografenweisheit. Das heißt, man nimmt ein paar Blümchen oder etwas anderes Schmückendes in den Vordergrund des Bildes. So bekommt das Foto eine gewisse räumliche Tiefe. Am Miradouro do Pináculo etwas östlich von Funchal klappt das bestens, da der Aussichtspunkt auf einer knapp 300 m hohen Klippe die meiste Zeit des Jahres von einer prächtigen Bougainvillea bewachsen ist. Zur richtigen Jahreszeit erlebt man hier prächtige Sonnenuntergänge und hat dabei noch einen der schönsten Ausblicke auf die Bucht von Funchal.

ℹ️ *Zu Fuß vom Zentrum Funchals etwas mehr als eine Stunde, der Weg ist allerdings nicht besonders lauschig | Bus 38 hält einen Katzensprung vom Miradouro entfernt | Mit dem Auto ca. 15 Min. | Auch von der Terrasse des nahe gelegenen Restaurante Montanha genießt man einen tollen Blick auf Funchal* 🕐 *Ganzjährig* 📍 *32.645351, -16.870638*

Das traditionelle Bolo do Caco wird im Steinofen gebacken und zumeist als Vorspeise serviert

So etwas wie „Haute cuisine" findet man in den Restaurants auf Madeira eher selten, stattdessen deftige Eintöpfe - meistens sehr fleischlastig - und einfache Snacks wie das Picado und natürlich das allgegenwärtige Fladenbrot Bolo do Caco.

Madeirensische Fladen
1 **Bolo do Caco**

Als Beilage in fast jedem madeirensischen Restaurant wird dieses Fladenbrot gereicht, traditionell hergestellt aus Mehl und Süßkartoffeln. Außen knusprig und innen noch ein bisschen weich - so muss es sein.

ⓘ *Gut schmeckt es bei* **A Cuba**. *Wie ein Weinlager sieht diese lauschige Adega aus, ein paar Tische stehen sogar im Inneren eines riesigen Weinfasses. In rustikaler Atmosphäre gibt's Madeiras typische Köstlichkeiten und eben: Bolo do Caco | Rua do Bispo 28, Funchal | facebook.com/ acuba.restaurante | €€*

Essen mit dem Zahnstocher
2 **Picado**

Die Madeirenser teilen sich im Restaurant gerne mal ein Picado. Das sind kleine, mit Knoblauch und Gewürzen gebratene Fleischstückchen auf einem Bett von Pommes frites. Viele Läden servieren dazu eine spezielle Sauce, die aber - ehrlich gesagt - nicht selten aus Ketchup und Mayo besteht. Gegessen wird das Picado nicht selten mit einem Zahnstocher, auf Portugiesisch Palito de dente.

ⓘ *Im* **O Regional** *schmecken nicht nur die Fischgerichte, sondern auch das Picado | Rua de Dom Carlos I 54, Funchal | restauranteoregionalfunchal. com | €€*

Bica & Co.
3 **Kaffespezialitäten**

Die Bica muss sich vor dem italienischen Espresso nicht verstecken. Kaffeetrinken ist den Festlandportugiesen wie auch den Madeirensern geradezu heilig. Der kleine Schwarze ist stark, meistens eine

Mischung aus Arabica- und Robusta-Bohnen. Mit einem Schuss Milch wird die Bica zum Garota. Der Milchkaffee, inzwischen oft mit aufgeschäumter Milch, heißt auf Madeira Chinesa.

ⓘ *Egal ob Bica oder Chinesa, im* **Abrigo do Poiso** *verstehen sie sich darauf, erstklassigen Kaffee zu servieren | ER103, Poiso-Via pico do Arieiro | facebook.com/poisomadeira | €*

Rustikales vom Land

4 🍴 **Traditionelle Eintopfgerichte**

Auf Madeira werden gerne mal deftige Eintöpfe gegessen, z. B. „Cozido à Portuguesa à Moda Antiga", ein traditionelles Eintopfgericht mit verschiedenen Fleisch- und Wurstsorten, Gemüse und Kartoffeln. Probier auch mal einen Eintopf mit Lamm, Caldeira de Cordeiro.

ⓘ *Besonders gut schmeckt der z. B. im* **Abrigo do Pastor** *in Camacha | Estrada das Carreiras, Camacha | abrigodopastor.com | €€*

Hier findest du alles

6 🍴 **Fábrica Santo António**

Hausgemachte Bonbons, Konfitüren, Sorbets und Plätzchen – in diesem historischen Laden findest du sämtliche Süßigkeiten Madeiras. Schon seit über 130 Jahren werden sie in der Fabrik, die sich im selben Gebäude befindet, hergestellt.

ⓘ *Travessa do Forno 27–29, Funchal | fabricastoantonio.com | €€*

Die deftige Cozido à portuguesa ist ein typisches Wintergericht

Eine Straße zum Encumeada-Pass im Inselzentrum im Gelb der Ginsterblüte

Inselzentrum und Osten

PICOS, LORBEERWÄLDER UND DER WILDE OSTEN

Das zentrale Gebirge Madeiras mit seinen mehr als 1800 m hohen Picos ist eine gewaltige Naturlandschaft. Die Zacken, Zinnen und Felsnadeln, die im Licht der Abendsonne oder bei Sonnenaufgang zu glühen scheinen, sind zum Niederknien schön. Ein Highlight ist die Wanderung zwischen dem Pico do Arieiro (1818 m) und dem Pico Ruivo. Die Aussicht vom mit 1862 m höchsten Gipfel Madeiras ist atemberaubend, insbesondere wenn die Sonne scheint und gleichzeitig dichte Nebelschwaden die Hänge hinaufkriechen. Hunderte von Levadas, die berühmten künstlichen Wasserläufe der Blumeninsel, durchziehen die dichten Lorbeerwälder wie im Rabaçal oder im Parque Natural Ribeiro Frio und laden ebenfalls zu fantastischen Wanderungen ein. Wanderer und Naturliebhaber zieht es an den östlichsten Zipfel Madeiras auf die karge und oft windumtoste Ponta de São Lourenço.

Porto Moniz

Seixal

Ponta do Pargo

Wanderung durch den Zauberwald am Fanal ★

27

São Vicente

Fanal

14,5 km, 25 Min.

Fajã da Ovelha

Wandern auf dem Schwanz des Drachens

Paul do Mar

Rabaçal

24   23

Encumeada-Pass

Waldbaden im Laurisilva des Rabaçal

26

Paul da Serra

28

Gipfeltour vom Pico do Arieiro zum Pico Ruivo

25

Serra de Água

Calheta

Ponta do Sol

Ribeira Brava

★ Wanderung durch den Zauberwald am Fanal
Mystische, in Nebel getauchte Naturlandschaft mit uralten Lorbeerbäumen
→ S. 76

★ Aufstieg zum Miradouro Eira do Serrado
Fantastische Ausblicke auf das Nonnental und Curral das Freiras → S. 78

★ Waldbaden im Laurisilva des Rabaçal
Levada-Wanderung zu den 25 Fontes und dem Risco-Wasserfall → S. 80

★ Vom Ribeiro Frio zum Balkon mit bester Aussicht
Levada-Spaziergang zu einem der schönsten Aussichtspunkte → S. 82

★ Gipfeltour vom Pico do Arieiro zum Pico Ruivo
Geführte Wanderung auf schmalen Pfaden zum höchsten „Pico" der Insel → S. 84

★ Wandern auf dem Schwanz des Drachens
Bizarre Gesteinsformationen an Madeiras karger Landspitze ganz im Osten → S. 86

★ Mountainbike-Tour vom Poiso-Pass ans Meer
Auf schmalen Trails durch die vielfältige Landschaft der Blumeninsel → S. 88

OUTDOOR-HIGHLIGHTS
*DIE BESTEN ERLEBNISSE DRAUSSEN

Wanderung durch den Zauberwald am Fanal ★

Im Zauberwald Fanal würde man sich wohl noch nicht einmal groß wundern, wenn plötzlich hinter einem Baum Gandalf, der weiße Zauberer aus „Herr der Ringe", mit einem Gefolge von Hobbits auftauchte. Hier an diesem magischen Ort findet man die ältesten Lorbeerbäume Madeiras.

Knorrige Gesellen im Nebel

Zunächst sieht man nur ein paar einzelne dieser beeindruckenden Bäume, verteilt auf sattgrünen Weiden. Sie kommen einem beinahe wie Lebewesen aus uralten Zeiten vor, als würden diese knorrigen Gesellen gleich losmarschieren wie Baumbart, der Hüter des Waldes in der „Herr der Ringe"-Trilogie. Ab dem Forsthaus und einem kleinen Picknickplatz geht es über Treppen hinauf auf die Hochebene, wo man einfach ein bisschen querbeet herumspazieren und die Ausblicke genießen kann – wenn nicht mal wieder dichter Nebel über dem Fanal liegt. Das kommt häufig vor hier, wenn die Passatwinde aus dem Norden Feuchtigkeit mitbringen. Sobald du in den eigentlichen Zauberwald gelangst, verleihen diese dichten Nebelschwaden dem Fanal eine geradezu mystische Atmosphäre.

Bäume voller Moose und Flechten

Manchmal muss man den Kopf einziehen, weil die Äste der Stinklorbeerbäume, bewachsen von Moosen und Flechten, quer über den Weg wachsen – fast so, als ob sie nach den Wanderern greifen wollten. Aber irgendeine Fee scheint deinen innigen Wunsch gehört zu haben, dass die Sonne doch bitte den Nebel verdrängt. Binnen Sekunden fast klart der Himmel auf, die Sonnenstrahlen dringen durchs dichte Astwerk, tauchen die Kulisse in ein silbriges Licht und die Tropfen an den Blättern der Lorbeerbäume glitzern im Sonnenschein um die Wette.

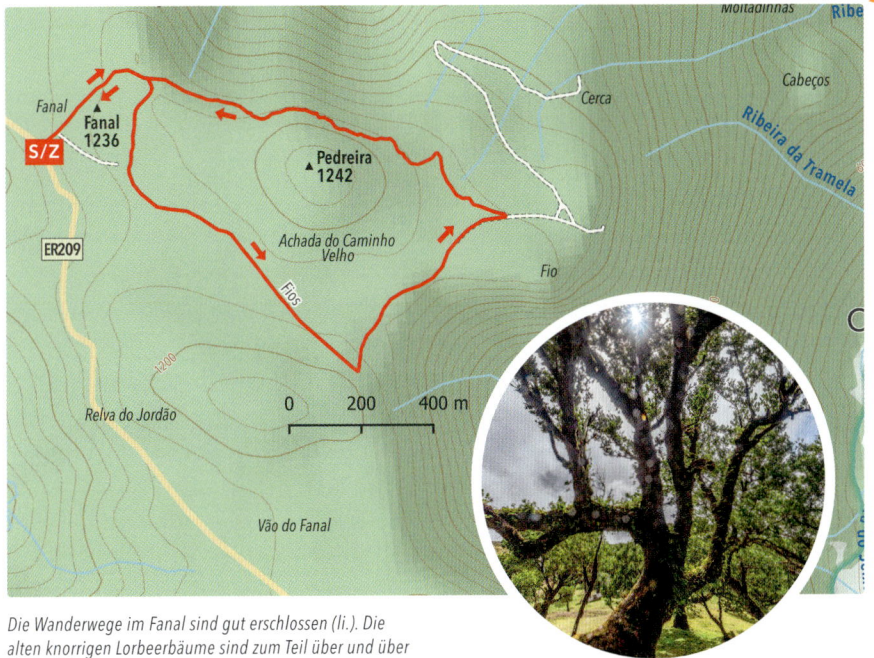

Die Wanderwege im Fanal sind gut erschlossen (li.). Die alten knorrigen Lorbeerbäume sind zum Teil über und über mit Moosen und Flechten bewachsen (re.)

Achtung, Aufnahme

Zurück auf der Hochebene strahlt ein wolkenloser, blauer Himmel über dem Fanal. Und das verspricht noch einmal großartige Ausblicke bis auf den Atlantik. Also schnell noch einmal hinüber zum Miradouro do Fio, ehe die Wolken wieder alles verschleiern. **Insider-Tipp** Von dort kannst du auch die ausgeklügelten alten Transportseilbahnen bewundern, die die Bauern angelegt hatten, um Holz aus dem Fanal hinunter nach Chão da Ribeira oder Seixal zu transportieren. Zurück zum Posto Florestal kannst du einfach querbeet über die Weiden laufen, auf denen ein paar friedliche Rinder zwischen den Zauberbäumen grasen. 2023 mussten die Kühe übrigens kurzfristig evakuiert werden, weil am Fanal gedreht wurde – allerdings nicht der „Herr der Ringe", sondern der neueste Film der „Star Wars"-Reihe.

Die Tour im Überblick

🚶 **Einfache Wanderung durch den Zauberwald am Fanal, ca. 4 km, 2 Std.**

ℹ️ *Mit dem Auto ab Funchal via Ribeira Brava und São Vicente (VE4) in Richtung Porto Moniz. Bei Ribeira da Janela zweigt die ER 209 nach Fanal ab. Parkplätze an der Straße oder direkt beim Forsthaus Posto Florestal do Fanal*

🕐 *Ganzjährig, häufig hüllt sich der Fanal jedoch in dichten Nebel*
☼ *Wander-/Turnschuhe, Wind- bzw. Regenjacke, Getränke und Snacks*
📍 *32.808289, -17.142041 (Start)*

✓ DOWNLOAD GPX-Track

Aufstieg zum Miradouro Eira do Serrado ★

Als Hobbyfotograf ohne Bilder von Curral das Freiras nach Hause fliegen? Das geht gar nicht. Das kleine Dorf liegt in einem Talkessel inmitten einer atemberaubenden Berglandschaft und ist eines der Postkartenmotive schlechthin auf Madeira. Die besten Bilder vom Nonnental macht man vom Miradouro Eira do Serrado.

Flucht in die Berge

Als französische Korsaren Mitte des 16. Jhs. Madeiras Hauptstadt Funchal überfielen und dort mordeten und brandschatzten, flüchteten die Nonnen des Klosters Santa Clara in die Berge, geschützt vor den Blicken der Piraten: in einen fast kreisrunden Talkessel, umgeben von den mehr als 1000 m hohen Bergen des Zentralgebirges. Sie versteckten sich in den Ställen der dort ansässigen Bauern – und der Name für den Ort war geboren: Curral das Freiras bedeutet übersetzt „Pferch der Nonnen" oder auch „Stall der Nonnen". Heute nennt man Curral das Freiras eher das Nonnental, obwohl es dort schon längst keine Nonnen mehr gibt, die sich vor irgendjemandem verstecken müssen.

Durch Erosion entstanden

Über die Entstehung des Talkessels waren sich die Wissenschaftler lange nicht einig. Man ging zunächst davon aus, dass es sich um einen Vulkankrater handelt, sehr viel wahrscheinlicher ist jedoch, dass das Tal durch Erosion entstanden ist. Vom Parkplatz an der Estalagem da Eira do Serrado mit ihrem durchaus empfehlenswerten Restaurant und den Souvenirshops braucht man gerade einmal fünf Minuten, um zu einem der spektakulärsten Aussichtspunkte auf Madeira zu gelangen. Aus einer Höhe von 1095 m schaut man schließlich hinunter auf den kleinen Ort, der auf rund 600 m „eingepfercht" zwischen gewaltigen Felswänden liegt und der auch für seine diversen leckeren Kastanienspezialitäten bekannt ist.

Fotoshooting im Nonnental

Westlich des Nonnentals fällt das Gelände steil zur Ribeira dos Socorridos ab. Schon auf dem rund 300 m langen Natursteinweg zur Aussichtsplattform kann man reichlich Fotos schießen. Am besten sucht man sich irgendetwas Blühendes als Vordergrund, beispielsweise die Blüten der Aloe Vera. Und der Hintergrund mit dem Dorf im grünen Tal, den schroffen Felsen und im Idealfall einem strahlend blauen Himmel ist sowieso zum Niederknien schön. **Insider-Tipp** Einen ähnlich schönen Blick auf den Talkessel hat man von den Miradouros do Paredão. Dazu biegt man auf dem Weg zur Eira do Serrado rechts ab in eine Forststraße. Nach knapp 3 km links kommen die Aussichtspunkte.

Die Tour im Überblick

🚶 **Leichte Wanderung zu einem der spektakulärsten Aussichtspunkte Madeiras, ca. 800 m, 30 Min.**

ℹ️ *Bus 81 bis Haltestelle Miradouro Eira do Serrado | Curral das Freiras ist an der Via Rápida ausgeschildert, vorm Tunnel zweigt die Straße zum Miradouro Eira do Serrado ab. Von Funchal ca. 20 Min.*

🕐 *Ganzjährig*
⚙️ *Handy oder Fotoausrüstung*
📍 *32.710354, -16.962391 (Parkplatz an der Estalagem), 32.710451, -16.965852 (Aussichtspunkt)*

✔ **DOWNLOAD GPX-Track**

Von der Estalagem Eira do Serrado führt ein Natursteinweg (re.) in vielen Serpentinen hinunter zum Talkessel nach Curral das Freiras (li.)

Waldbaden im Laurisilva des Rabaçal ★

Die Wanderung durch den Lorbeerwald des Rabaçal ist eine der beliebtesten Levada-Wanderungen auf Madeira. Der Laurisilva von Rabaçal, bereits 1999 von der Unesco zum Weltnaturerbe geadelt, hat mit den 25 Fontes und dem Risco-Wasserfall zwei Highlights zu bieten.

Gurgelnde Levadas

Wie ein dicker, schwerer Vorhang hängt der Nebel zwischen den Bäumen. Die Hand vor Augen kann man so gerade noch erkennen, alles andere verschwindet wie hinter einem Schleier. Andere Sinne sind also gefragt im Lorbeerwald des Rabaçal: Das stete Gurgeln der Levadas und das Rauschen von Wasserfällen untermalt die nebulöse Kulisse. Es regnet zwar nicht, aber ohne Regenjacke wäre man bald klitschnass. Waldbaden könnte man das nennen und hätte damit gleich eine neue Sportart erfunden. Dabei schien doch oben an der Straße auf der Paúl da Serra noch die Sonne. Vorsichtig macht man also einen Schritt nach dem nächsten durch die Nebelsuppe, weicht herabhängenden Ästen und Zweigen aus und springt mit ein wenig Herzklopfen über die Levadarinnen.

Wow-Moment am Risco-Wasserfall

Und dann, zack, als wäre ein Kulissenschieber am Werk gewesen, tut sich plötzlich wieder ein azurblauer Himmel auf und leuchtet den Laurisilva-Urwald in all seinen erdenklichen Grüntönen aus. Großes Kino! Pelzige Flechten bewuchern die knorrigen Zweige der Lorbeerbäume, Moose die Felsen, und zum Rauschen und Gurgeln gesellt sich nun das Zwitschern der Vögel. Gerade rechtzeitig hat die Sonne sich durchgesetzt, ansonsten hätte man den „Wow-Moment" verpasst: den Blick auf den Risco-Wasserfall, der sich rund 100 m ins Tal stürzt.

Der Wanderweg durch den Laurisilva des Rabaçal führt an knorrigen Bäumen vorbei (re.) zum spektakulären Risco-Wasserfall (li.) und zu den 25 Fontes

Baden an den 25 Fontes

Deutlich kleiner sind die Quellwasserfälle, die 25 Fontes, die sich in den kleinen, fast kreisrunden See ergießen. Und verzählt hat sich auch noch jemand, denn es sind deutlich weniger als 25. An der Schönheit dieses Ortes ändert das rein gar nichts. Wenn du dich bei Wassertemperaturen von höchstens 17 Grad wohlfühlst, kannst du in dem glasklaren Wasser auch noch ein erfrischendes Bad nehmen – und bekommst dafür sogar Applaus. Und wenn du schon im eiskalten Wasser Heldentaten vollbracht hast, dann wählst du für den Rückweg den Reitertunnel statt der Straße. Knapp 1 km geht's durchs Dunkle, ehe du etwas unterhalb der Hauptstraße wieder das Tageslicht erblickst.

Insider-Tipp Ab dem Parkplatz oben an der ER 110 verkehrt ein Shuttlebus bis zum Forsthaus Rabaçal. Damit verkürzt du die Gehzeit um gut eine Stunde.

Die Tour im Überblick

🚶 **Mittelschwere Levada-Wanderung im Lorbeerwald bei Rabaçal, ca. 10 km, 4 Std.**

ℹ️ *Mit dem Auto ab Funchal via Ribeira Brava über die VE 4 und weiter auf der ER 110 über den Ecumeada-Pass in knapp einer Std. ans Ziel*

🕐 *Ganzjährig, im Winter oft kühl und feucht, im Sommer häufig überlaufen; im Rabaçal verläuft sich das einigermaßen*

⚙️ *Wanderschuhe/rutschfeste Turnschuhe, Pullover und wasserabweisende Jacke*

📍 *32.75446, -17.133403 (Parkplatz an der ER 110)*

✓ DOWNLOAD GPX-Track

Vom Ribeiro Frio zum Balkon mit bester Aussicht ★

Der „Quickie" unter den beliebtesten Wanderungen auf Madeira. Auf einem weitgehend eben verlaufenden Wanderweg durch immergrüne Lorbeerwälder geht es von Ribeiro Frio zum Balcões. Von dort aus hat man einen fantastischen Ausblick auf das Zentralgebirge mit den höchsten Gipfeln Madeiras und in Richtung Norden bis zum Adlerfelsen bei Faial.

Entlang der Levada zum Balcões

Wo fängt Wandern an und wo hört Spaziergehen auf? Auf der Tour zum Aussichtspunkt Balcões kann einem das völlig „wurscht" sein, denn die Tour dorthin ist entweder ein grandioser längerer Spaziergang oder eben eine kurze Genusswanderung. Auf einem zunächst breiten und ebenen Fußweg entlang der Levada macht man sich auf und erreicht schon nach ein paar Metern die liebenswerte und etwas skurrile Snack Bar Flor da Selva. Einfach merken für den Rückweg und weiterwandern bzw. spazieren gehen.

Bald schon bist du mitten im Zauberwald mit seinen riesigen Farnen, den verschiedenen endemischen Lorbeerbäumen, plätschernden Levadas und Wasserfällen und passierst eine Felsspalte. Aber nicht immer ist der Weg das Ziel, so schön es auch sein mag auf der Vereda dos Balcões. Denn das Highlight ist definitiv der Aussichtspunkt Balcões. Die Ausblicke auf die höchsten Gipfel Madeiras sind atemberaubend. Wenn es perfekt läuft, wabern Wolkenschwaden durchs Tal und Pico Ruivo, Pico Arieiro und die Zacken des Pico das Torres präsentieren sich im schönsten Sonnenlicht.

Freche Madeira-Buchfinken

In Richtung Nordküste kann man den Adlerfelsen erspähen und erst, wenn man sich satt gesehen hat an dem grandiosen Naturspektakel, widmet man sich den frechen und absolut zutraulichen Madeira-Finken, die um einen herumflattern. Streck einfach mal die Hand aus, und mit ein bisschen Glück landet einer dieser putzigen Vögel direkt darauf. Und wenn du dann auch noch deine Brotzeit mit ihnen teilst, hast du garantiert ein paar neue Freunde gefunden.

Insider-Tipp Wandern macht hungrig: Im Restaurante Ribeiro Frio werden feinste Forellengerichte aus eigener Zucht serviert. Kleinigkeiten gibt es außerdem in der urigen Snack Bar Flor da Selva am Wanderweg. Außerdem kann man dort eine der typischen traditionellen Madeira-Mützen mit den seltsamen Ohrenklappen kaufen. Über eines solltest du dir allerdings im Klaren sein: Die Mützen mögen warm halten, aber man sieht ehrlich gesagt ziemlich bescheuert aus mit diesen Teilen auf dem Kopf.

Die Tour im Überblick

🚶 **Einfache Wanderung von Ribeiro Frio zum Aussichtspunkt Balcões, gut geeignet für Kinder, ca. 3 km, 2 Std.**

ℹ️ *In Ribeiro Frio halten die Busse 56, 103 und 138 (Haltestelle RIB Frio-Viveiro Trutas) | Ab Funchal mit dem Auto via Poiso in ca. 40 Min., ab Faial auf der ER 103 in ca. 30 Min.*

🕐 *Ganzjährig, nach starken Regenfällen sind die Wege ziemlich matschig*
⚙️ *Festes Schuhwerk*
📍 *32.735506, -16.886349 (Start), 32.741568, -16.890283 (Balcões)*

✔ **DOWNLOAD GPX-Track**

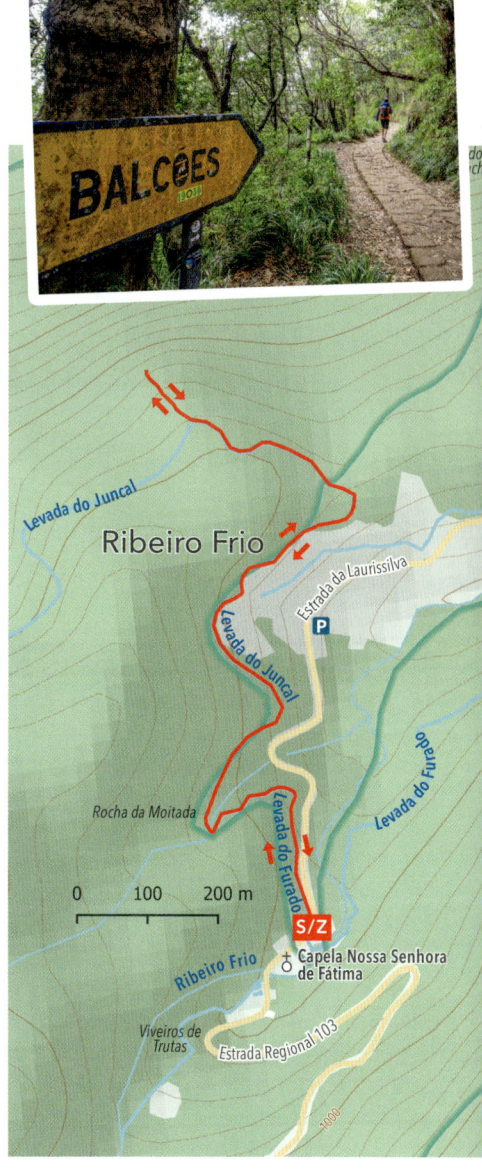

Balkon in bester Lage: Wenn es der Nebel zulässt, ist der Ausblick vom Balcões bei Ribeiro Frio gigantisch (li). Die Steigung auf dem Wanderweg ist relativ gering (re.)

Gipfeltour vom Pico do Arieiro zum Pico Ruivo ★

In die Felsen geschlagene, gerade einmal handtuchbreite Pfade, dunkle und feuchte Tunnel, Miradouros mit atemberaubenden Ausblicken auf die höchsten Berge Madeiras und die steilen Stufen der „Treppe des Todes": Die Wanderung vom Pico do Arieiro (1818 m) zum Pico Ruivo, dem mit 1862 m höchsten Gipfel der Blumeninsel, ist im wahrsten Sinne des Wortes das Highlight einer jeden Madeira-Reise.

Zum Heulen schön

Kennst du das? Du stehst in einer Landschaft, die so überwältigend schön ist, dass du anfangen könntest zu heulen. Wer auf dem Gipfel des Pico do Arieiro steht und den Blick auf das Zentralgebirge Madeiras richtet, der läuft definitiv Gefahr, emotional zu werden. Es ist ein erhabenes Gefühl und gleichzeitig kommt man sich so klein und unbedeutend vor, wenn man dieses Naturspektakel betrachtet.

Über die „Treppe des Todes"

Aber irgendwann muss man sich doch losreißen von diesen Ausblicken, schließlich will man vom Pico do Arieiro hinüberwandern zum Pico Ruivo. Und außerdem dürfte sich noch der eine oder andere atemberaubende Ausblick mehr ergeben. Und genauso ist es. Du wanderst über einen gut ausgebauten Kammweg, zum Teil mit Natursteintreppen, und erreichst nach rund einem Kilometer den Aussichtspunkt Ninho da Manta. Der nächste „Wow-Moment", die Wolken wabern zwischen den Gipfeln, die wiederum im frühen Sonnenlicht um die Wette leuchten. Weiter geht es, auf gewundenen Treppen steil bergab und bergauf, durch dunkle und feuchte Tunnel, ehe du die „Treppe des Todes" erreichst. Gestorben ist hier zwar noch niemand, aber sie ist mörderisch

Highlight im Hochgebirge: Die Wanderung vom Pico Arieiro zum Pico Ruivo geizt nicht mit tollen Ausblicken (re.). Schwindelfrei sollte man für die Wege allerdings sein (re.)

steil und du brauchst danach vielleicht mal eine kleine Pause.

Glücklich am Gipfel

Oder du ziehst es durch, gehst auch an der Casa de Abrigo do Pico Ruivo vorbei und kletterst die letzten Meter hinauf zum Gipfel des Pico Ruivo. Auch das ist ein magischer Ort – wohin du auch schaust, siehst du unberührte Natur: die endlosen Lorbeerwälder, die Zacken der Nachbargipfel, wie sie aus den Wolken herausschauen, und in der Ferne das Blau des Atlantiks. Wenn du dort oben stehst, dann hast du jedenfalls das Gefühl zu wissen, was Glück bedeutet.

==Insider-Tipp== Vor Sonnenuntergang am Pico do Arieiro sein – sowohl vom Miradouro Juncal als auch vom Miradouro Ninho da Manta erlebst du einen grandiosen Sunset.

Die Tour im Überblick

🚶 **Mittelschwere Wanderung vom Pico do Arieiro zum Pico Ruivo und zur Achada do Teixeira, einfach ca. 7 km, 4–5 Std.**

ℹ️ *Beliebteste Wanderung. Es ist ratsam, die Tour bei einem der zahlreichen Anbieter zu buchen. Der Shuttle ist inklusive und günstiger als zwei Taxifahrten | €€€*

🕐 *Ganzjährig, in der Hochsaison oft voll*
⚙️ *Wanderschuhe; Getränke und Verpflegung, Windjacke. Nichts für Menschen mit Höhenangst*
📍 *32.735541, -16.928820 (Start), 32.764877, -16.921030 (Ziel)*

✔ **DOWNLOAD GPX-Track**

Wandern auf dem Schwanz des Drachens ★

Wie ein versteinerter Drachenschwanz liegt sie vor einem, die Ponta de São Lourenço an der Ostspitze Madeiras. Der Schwanz eines Drachens, der längst im Meer zur Ruhe gekommen ist und keinesfalls vorhat, noch einmal Feuer zu speien. Nirgendwo sonst auf der Insel kann man so gut erkennen, dass Madeira vulkanischen Ursprungs ist.

Schroff und karg

Von wegen Blumeninsel – karg und schroff statt üppig und exotisch präsentiert sich die Ponta de São Lourenço. Allenfalls im Frühjahr, für eine kurze Zeit, bildet sich ein Blütenteppich in der ansonsten schon fast wüstenähnlichen Landschaft. Die übrige Zeit wachsen auf dem oft windumtosten Kap lediglich ein paar Überlebenskünstler wie Disteln oder der endemische „Prächtige Natternkopf" aus den Felsen heraus. So anders als der Rest der Insel ist die Ponta de São Lourenço – und doch von unglaublicher Schönheit.

Die üppige Blütenpracht mag zwar fehlen, aber bunt geht es dennoch zu. Bei einer Wanderung siehst du, wie die bizarren Gesteinsformationen im Sonnenlicht leuchten und einen prächtigen Kontrast zum Blau des Meeres bilden. Gelbbraune Felsen, ockerfarbene Klippen, anthrazitfarbene Brocken, immer wieder von roten Schichten durchzogen, sieht man entlang der Küste. Entstanden sind diese vor Millionen von Jahren durch den Ausfluss von Lavaströmen unterschiedlichen Alters.

Auf zum Churchill Rock

Einige der markanten Felsen haben Namen bekommen, wie der Churchill Rock, wobei niemand so recht weiß, warum er so heißt. Er sieht nicht aus wie der ehemalige britische Staatsmann und außerdem saß Winston Churchill viel lieber im noblen Reid's Hotel in Funchal und trank seinen Whisky. Sportliche Ertüchtigung war nicht so sein Ding, wie man weiß. Im Norden kracht die Brandung mit Macht an die Felsen, auf der Südseite geht es lieblicher zu. Die Baía d'Abra dort ist nicht nur ein 1A-Postkartenmotiv, du kannst dort sogar baden. Von einer schmalen Passage aus entdeckst du einen Felsen mit dem Namen „Elefantenkopf" – wenigstens sieht er nicht aus wie Churchill. Am Miradouro Ponta do Furado schließlich genießt du das Panorama auf die vorgelagerten Inseln und wanderst auf demselben Weg zurück.

Seit 2023 verlangen die Madeirenser einen Euro Eintritt für die Ponta de São Lourenço. Man kann jedoch nicht bar bezahlen, sondern nur über ein Bezahlsystem mit dem Handy – woran viele Touristen scheitern. **Insider-Tipp** Wenn sich das Wetter an der Ostspitze schlagartig ändert und es zu regnen beginnt, kann man sich im Museu de Baleia im nahe gelegenen Caniçal auf die Spuren des Walfangs begeben.

Die Tour im Überblick

🧍 **Mittelschwere Wanderung auf der Ponta de São Lourenço, ca. 7 km, 3 Std.**

ℹ️ *Bus 113 fährt tgl. mehrmals ab Funchal bis zum letzten Kreisel auf der Landzunge, wo die Wanderung startet | Mit dem Auto von Funchal aus in einer guten halben Stunde auf der Via Rápida via Caniço, Machico und Caniçal. Am Kreisel oberhalb des Hafens der Ausschilderung folgen*

🕐 *Ganzjährig, wetterabhängig*
⚙️ *Turnschuhe reichen, evtl. Badesachen*
📍 *32.743355, -16.700978*

✔ **DOWNLOAD GPX-Track**

Grandiose Ausblicke: Zum Sound der krachenden Brandung wanderst du auf der Ponta de São Lourenço (li.) entlang der Steilfelsen des Drachenschwanzes (re.)

Mountainbike-Tour vom Poiso-Pass ans Meer ★

Auf gut 1400 m Höhe am Poiso-Pass mit dem Mountainbike starten und am Atlantik bei Machico ankommen, das hört sich nach einem großartigen Plan an, zumal man einen 750-Watt-Akku an seinem E-Bike hat. Dank der elektronischen Unterstützung fliegt man die Anstiege ja quasi hoch, und runter geht's ja schließlich eh von selbst.

Über Stock und Stein

Nach einer schnellen Bica in der Casa de Abrigo do Poiso geht es hinunter in den Wald. Und ganz so einfach ist es dann doch nicht mit dem E-Mountainbike. Denn steuern und rechtzeitig schalten will auch gelernt sein. Äste hängen über den schmalen Trails, du musst ihnen geschickt ausweichen, während du hinunterbretterst. Bodenwellen hauen dich fast aus dem Sattel. Bloß nicht das Steuer verreißen, denn mit den Bäumen rechts und links des geschlängelten Trails willst du bestimmt keine nähere Bekanntschaft machen. Schon bald folgen die ersten steilen Anstiege. Wer das Gewicht an den Steigungen nicht nach vorne verlagert, der läuft schon mal Gefahr, dass das Vorderrad

in die Höhe schießt und man auf dem Hintern landet. Aber auch das hast du bald raus und dann kannst du mit dem E-Bike sogar das Klettern genießen – im Gegensatz zu den ganz Tapferen in der Gruppe, die auf einem normalen Bike sitzen. Da läuft der Schweiß, da wird geflucht und manch einer muss an den steilsten Stellen absteigen. **Insider-Tipp** Wer es gewohnt ist, mit Klick-Pedalen zu fahren, sollte seine eigenen Pedale und Radschuhe mitbringen.

Bergab durch die Levada

Bergab läuft alles wieder zusammen. Je länger die Tour dauert, desto mehr kommt man in den Flow, traut sich mehr Tempo aufzunehmen, zumal man mit den extrem breiten und profilierten Reifen wirk-

Macht ihrem Namen alle Ehre: die geführte Mountainbike-Tour namens „Belle vue" (li.). Hin und wieder musst du allerdings einem Schaf ausweichen (re.)

lich über Stock und Stein brettern kann. In der Levada da Serra do Faial heißt es Rücksicht nehmen auf die Wanderer und aufpassen, dass man nicht in der Levada landet – ehe man auf kleinen und kaum befahrenen Straßen durch liebliches Bauernland noch einmal hinauf zum Portela-Pass klettern muss.

Mit Highspeed ans Meer

Der Ausblick hinüber nach Porto da Cruz und zum Adlerfelsen ist grandios und das Bolo do Caco mit Käse, Tomaten und Schinken in der Bar ist verdammt lecker. Trink dazu lieber keinen Wein und kein Bier, denn deine Steuerkünste sind noch mal gefragt. Denn ab jetzt geht es in eine rasante Abfahrt nach Machico, zunächst auf breiten Erdwegen und schließlich mit ordentlich Tempo auf der alten Regionalstraße hinunter ans Meer. Und dann heißt es Badeklamotten an und abtauchen in die Wellen.

Die Tour im Überblick

🚲 **Mittelschwere Mountainbike-Tour vom Poiso-Pass via Portela nach Machico, ca. 40 km, mit Pause 4 Std.**

ℹ️ *E-Bike Madeira, Estrada Monumental in Funchal. Linha Verde 1, 2 und 4 bis Halt Hotel Miramar oder Hotel Reid's. Ab dort mit dem Shuttlebus zur Casa de Abrigo do Poiso | ebikemadeira.com | €€€*

🕐 *Ganzjährig, nach starken Regenfällen sind die Trails rutschig und tief*
⚙️ *E-Bike Madeira stellt Bikes, Helme etc.*
📍 *32.642228, -16.924300 (Start E-Bike Madeira)*

✓ DOWNLOAD GPX-Track

Authentisch und günstig: der Bauernmarkt in Santo da Serra ist immer einen Besuch wert

Eine karge Landzunge im äußersten Osten, Lorbeerwälder soweit das Auge reicht im Inselzentrum, Wanderungen zu den höchsten Gipfeln, aber auch ursprüngliche Bauernmärkte und pittoreske Städtchen: Madeiras Inselzentrum und die Südostküste sind sowohl für Aktivurlauber als auch für Müßiggänger ein lohnendes Ziel.

SANTO ANTÓNIO DA SERRA
Bunter Bauernmarkt

1 🚶 **Besuch des Marktes in Santo da Serra**

Der Markt in dem verschlafenen Örtchen Santo da Serra ist noch ein Bauernmarkt im besten Sinne, hier kaufen die Madeirenser ein. Und was die Preisgestaltung anbelangt, ist er das komplette Gegenteil zu der touristischen Markthalle (Mercado dos Lavradores) in Funchal mit ihren zum Teil astronomischen Preisen. Genauso bunt und vielfältig aber ist das Angebot in Santo da Serra. Warum nicht mal eine *Anona* probieren, die ein wenig aussieht wie eine Artischocke, aber schmeckt wie Erdbeeren mit Schlagsahne. Überall duftet es lecker, an einigen Ständen wird gebrutzelt, gegrillt und gebacken:

Espetada am Lorbeerspieß, *Frango* (Hähnchen) und das typische madeirensische Brot Bolo do Caco. Und je näher der Feierabend rückt, desto mehr Poncha wird über den Tresen gereicht. Gleich nebenan bieten zahlreiche fliegende Händler ihren Krams an, viel Nippes, viel Plastik, viel Chinaware – vielleicht braucht man ja gerade einen geschnitzten Löffel, eine Plastikschüssel fürs nächste Picknick oder ein paar Batterien für das Wander-Navi …

ℹ️ *Im Ort hält Bus 77 | Mit dem Auto entweder von Machico aus auf der ER 108, von Funchal aus in zahlreichen Kurven über die ER 102, oder man verlässt die Via Rápida bei Caniço in Richtung Santo da Serra* 🕐 *Ganzjährig, jeden Sonntag 9–18 Uhr* 📍 *32.725601, -16.820548*

Idylle am Airport

2 🚶 **Spaziergang durch Santa Cruz mit Strandausflug**

Es gibt solche Orte, an denen man immer nur vorbeifährt. Einfach deshalb, weil man sich nicht so recht vorstellen kann, dass sich ein Besuch lohnt. Und wenn man dann doch mal dort ist, dann sieht

Bei einer Bica oder einem kühlen Coral auf einem lauschigen Plätzchen in Santa Cruz

Radschlagen statt Radfahren: ein frei herumlaufender Pfau in der Quinta da Junta

man erst, was man bis dahin verpasst hat. Santa Cruz an der Südostküste Madeiras ist so ein Ort. Eingeklemmt zwischen der Via Rápida und direkt in der Einflugschneise des Airports gelegen, entpuppt es sich dennoch als idyllisches Bilderbuchstädtchen. Man kann an der hübschen Promenade entlangspazieren, durch die kleine Markthalle und die Gassen schlendern und am pittoresken Platz an der Kirche in einem der einfachen Restaurants etwas essen. Baden kann man an der Praia das Palmeiras, wo sie extra ein paar Holzpontons aufgebaut haben, damit man es an dem grobkieseligen Strand etwas komfortabler hat. Oder aber man geht durch einen kleinen Tunnel an der Promenade, vorbei am verfallenen Forte de São Fernando, an den nächsten Kieselstrand. **Insider-Tipp** Und in den Sommermonaten ist auch noch das kleine Schwimmbad unterhalb der Casa da Cultura geöffnet. Die Flugzeuge sind schon ziemlich laut, aber irgendwie ist es auch ein Spektakel, wenn sie nur ein paar Meter hinter den letzten Häusern starten oder landen.

ⓘ *Etwas oberhalb des Zentrums hält der Bus 113 | Mit dem Auto über die Via Rápida bestens zu erreichen. Kostenpflichtige Parkplätze an der Rua da Praia; hinter dem Hotel Vila Galé kann man kostenlos parken* 🕓 *Ganzjährig* 📍 *32.687387, -16.791077*

Wo der Präsident Urlaub macht

3 🚶 **Ausflug mit den Kindern zur Quinta do Santo da Serra**

Golfspielen ist in der Regel nichts für Kinder, und an Marktständen entlangzuschlendern finden die lieben Kleinen auch eher langweilig. Genau aus diesen Gründen fahren die meisten nach Santo António da Serra. Aber auch für Kinder hat das ansonsten etwas verschlafene Städtchen etwas zu bieten: Nämlich einen kleinen Zoo mit frei herumlaufenden Pfauen, Damhirschen und den normalerweise in Nordportugal lebenden, halbwilden Garrano-Pferden. Und im Schatten der Bäume kann man eine Runde Minigolf spielen – allerdings ist die Anlage nicht gerade im besten Zustand. Gebaut hat die Quinta do Santo da Serra die Familie Blandy, die u. a. mit Madeirawein reich geworden ist. In den 1970er-Jahren kaufte die Regionalregierung (Junta Geral do Distrito Autónomo da Madeira) das Anwesen, weshalb es auch unter dem Namen Quinta da Junta bekannt ist und die offizielle Ferienresidenz des amtierenden Präsidenten Madeiras ist.

Blick vom Pico do Facho bei Machico auf die Gipfel des Hochgebirges

Insider-Tipp Wer sich etwas zum Picknicken mitnimmt, braucht kein Brot zu kaufen. Gegenüber dem Eingang des Parks steht Adelino fast täglich und bietet sein frisch gebackenes Bolo do Caco an.

ⓘ *Bus 77 fährt nach Santo António da Serra | Mit dem Auto ab Funchal eine gute halbe Stunde* 🕐 *Ganzjährig, im Frühjahr und Sommer am schönsten* 📍 *32.724204, -16.818304*

Feuer auf dem Fackelberg

4 🚶 **Einfache Wanderung auf den Hausberg von Machico, ca. 3 km, 1 Std.**

Feuer werden heute keine mehr entzündet auf dem Pico do Facho oberhalb von Machico. Einst brannten auf dem „Fackelberg" immer dann große Holzstapel, wenn die Bevölkerung von Madeiras ältester Stadt vor Piratenüberfällen gewarnt werden musste. Heutzutage ist der knapp über 300 m hohe Berg wegen der fantastischen Aussicht ein beliebtes Ausflugsziel. Statt der Piratenschiffe sieht man vom Miradouro do Pico do Facho die Start- und Landemanöver auf dem Airport im Westen, im Osten erstreckt sich die Ponta de São Lourenço und in der Ferne ragen die kargen Felsen der Ilhas Desertas aus dem

Atlantik. Wer ein paar Meter höher in Richtung des Sendemastes kraxelt, genießt einen genialen Rundumblick und erspäht über das Tal von Machico hinaus die höchsten Gipfel der Blumeninsel.

ⓘ *Mit dem Auto gut zehn Minuten der Ausschilderung zum Pico folgen | Zwei Wanderrouten, die sich später vereinen, führen von Machico aus auf den Fackelberg; reine Gehzeit hin und zurück ca. 1,25 Std., ca. 250 hm* 🕐 *Ganzjährig* ⚙ *In der Saison steht fast immer ein Imbisswagen am Miradouro, an dem man Snacks und Getränke kaufen kann* 📍 *32.723947, -16.758664 (Start und Ziel), 32.723973, -16.758511 (Miradouro do Pico do Facho)*

✔ *Download GPX-Track*

Gucken bis Porto Santo

5 🚶 **Mittelschwere Wanderung von Caniçal nach Porto da Cruz, 12 km, ca. 5 Std.**

Es scheint keinen Weg oder besser gesagt hundert Wege zu geben, wenn man am Friedhof von Caniçal aus zur Küstenwanderung nach Porto da Cruz startet. Nichts als nackte rotbraune und ockerfarbene Felsen, eine einzige Einöde. Es würde nur noch

Über viele Kurven schraubt sich der Weg zum Portela-Pass hinauf

Ganz schön hoch: die Klippen der wilden Küste im Nordosten fallen steil zum Meer hinab

fehlen, dass irgendwo Schwefeldampf aus einer der Felsspalten herausströmt. Letztendlich funktioniert es nach dem Prinzip: immer der Nase nach. Also in diesem Fall immer in Richtung Norden den Hang hinauf. Bald schon erkennt man den Pfad, und die Vegetation ändert sich. Es wird grüner und bei guter Sicht kann man Porto Santo in der Ferne erkennen. Der Weg wird jetzt breiter und du kannst ihn kaum verfehlen. Die Ausblicke? Unfassbar großartig. Zurück zur Ponta de São Lourenço oder in Richtung Norden entlang der Küste? Einer der schönsten Aussichtspunkte auf der Wanderroute ist der Boca do Risco – nicht verwandt oder verschwägert übrigens mit dem Risco-Wasserfall im Rabaçal. Du kommst vor dem kleinen Weiler an einer abenteuerlichen Transport-Seilbahn vorbei und nur ein paar Minuten später kannst du Porto da Cruz vom Miradouro do Cabo de Larano schon erahnen.

ℹ️ *Bus 113 ab Funchal ca. 90 Min. | Bis zum Start der Tour am Friedhof benötigt man zu Fuß eine knappe halbe Std. | Mit dem Auto nach Caniçal ab Funchal in ca. 40 Min. über die Via Rápida | Ziemlich lange Wanderung an der Nordostküste, meist*
über gut begehbare Pfade, zeitweise über Treppen 🕐 *Ganzjährig* ⚙️ *Verpflegung mitnehmen, erst in Porto da Cruz gibt es wieder Bars und Supermärkte* 📍 *32.748320, -16.740752 (Start), 32.773210, -16.827536 (Ziel)*
✓ *Download GPX-Track*

Passkontrolle am Portela

6 🚴 **Rennradtour zum Portela-Pass, ca. 15 oder 30 km, 600 oder 1200 hm, 1,5 bis 3 Std.**
Die einheimischen Rennradfahrer auf Madeira haben zur Sicherheit eigentlich immer ein rotes Blinklicht an der Sattelstange oder am Hinterrad montiert. So ein „Blinkie" macht sowieso Sinn, weil man besser von den Autofahrern gesehen wird, gerade weil man hier häufig durch dunkle Tunnel fahren muss. Durch Tunnel zu fahren macht trotz des Blinklichts keinen Spaß, und deshalb bietet sich eine Tour von Machico nach Porto da Cruz via Portela-Pass an. Hinauf zum Pass ist man auf einer kurvenreichen Straße mit wunderbarer Aussicht und moderaten Steigungen unterwegs – und garantiert ohne einen einzigen Meter Tunnel. Weil die meisten Autos auf der Via Rápida unterwegs sind, herrscht hier kaum Verkehr. Nach knapp 10 km erreicht man den Portela-Pass und hat immerhin schon knapp 600 hm be-

93

Der feine Sand am Strand von Machico wurde aus der Sahara importiert

wältigt. Wer es sich zutraut, rauscht die alte Straße in Richtung Porto da Cruz hinunter – wohlwissend, dass man sie auch wieder hinaufklettern muss. Und das wären dann noch einmal 600 hm. Ansonsten einfach am Portela-Pass umkehren und über die alte Straße via Maroços ans Meer hinunterrasen.

Insider-Tipp Ein paar Schritte unterhalb des Portela-Passes liegt der Absprungplatz für die Paraglider. Einfach mal zuschauen, wie sich die Gleitschirmflieger vorbereiten und dann abheben. Echt spannend.

ⓘ *Machico erreicht man von Funchal aus mit den Bussen 38, 103 und 138 | Mit dem Auto in einer knappen halben Stunde* **☉** *Ganzjährig* **⦿** *32.718918, -16.762139 (Start), 32.747200, -16.825955 (Portela-Pass), 32.773243, -16.827387 (Porto da Cruz, Promenade)* **✔** *Download GPX-Track*

Alte Stadt, neuer Sand

7 🏊 **Badeausflug nach Machico**

Als die drei Herren namens João Gonçalves Zarco, Tristão Vaz Teixeira und Bartolomeu Perestrelo im Juli 1419 bei Machico landeten, gab es auf dem bis dato unbewohnten Eiland inmitten des Atlantiks nichts, aber auch gar nichts – bis auf die unberührte wunderbare Naturlandschaft. Und schon gar nicht gab es in Machico einen feinen goldgelben Sandstrand. Der wurde nämlich erst knapp 600 Jahre später mit Schiffsladungen voller Sand aus Marokkos Wüsten künstlich angelegt. Irgendwie Irrsinn. Aber schon schön, wenn man mal nicht wie auf Eiern über die großen Kiesel laufen muss, wie sonst an Madeiras Stränden. Ein Ausflug an Machicos Sandstrand lohnt sich insbesondere, wenn man mit kleinen Kindern unterwegs ist. Die können, von Wellenbrechern geschützt, dort nämlich nach Herzenslust planschen und Burgen bauen. Wenn die lieben Kleinen nach Eis schreien, hat man es nicht weit zu Gelati Machico an der etwas überdimensionierten Promenade. Vom Eisladen flaniert man unter Platanen am Forte de Nossa Senhora vorbei zur Igreja de Nossa Senhora da Conceição und macht einen Abstecher zur Capela Do Senhor Dos Milagres, der ältesten Kirche der Insel. Ein Eis macht nicht wirklich satt, also sollte man gleich noch das Abendessen in Madeiras ältester Stadt einplanen. Wirklich schön sitzt man im Restaurante Mercado Velho. Günstiger, aber genauso gut speist man nebenan im O Galã. Und der hausgemachte Kuchen bzw. der Nachtisch ist dort definitiv leckerer.

Sandkiste für Beachvolleyballer am kleinen Hafen von Machico

ⓘ Gleich mehrere Buslinien (20, 23, 53 und 78) fahren von Funchal aus in relativ kurzen Abständen nach Machico | Ab Funchal mit dem Auto auf der Via Rápida in knapp 30 Min. ☾ Ganzjährig ⊙ 32.718558, -16.761928

Nicht ganz billig, aber dafür ein irrer Ausblick: der Clube de Golf Santo da Serra

Pritschen und baggern

8🏖 **Beachvolleyball spielen auf dem Court in Machico**

Sie hat den gleichen, aus der Sahara nach Madeira importierten Sand wie der Strand in Machico: die Beachvolleyball-Anlage am Rande der Praia da Banda Além. Gleich hinter der Brücke findet man den eingezäunten Court. Und das macht durchaus Sinn, um nicht ständig einen der Strandurlauber nebenan „abzuschießen". In den Wintermonaten hängt das Netz trotz höchst akzeptabler Temperaturen zumeist ein wenig schlaff in der Gegend herum und kaum ein Mensch nutzt die „Sandkiste". Beachvolleyball gilt auf Madeira ganz offensichtlich als reine Sommersportart. Also ist der Court meistens frei und man kann gleich losbaggern und lospritschen. Das Beste ist aber: Nach dem schweißtreibenden Match hat man es nur ein paar Meter, um sich im Atlantik abzukühlen. An Sommerabenden wird der Court häufig vom Beachvolleyball-Klub aus Machico genutzt. Dann kann man immerhin zuschauen.

ⓘ Nach Machico fahren mehrere Busse täglich ab Funchal (56, 103 u. 138) | Mit dem Auto braucht man eine knappe halbe Stunde ☾ Ganzjährig ⊙ 32.718191, -16.762914

Abschlagen für „Rookies"

9🏖 **Golfspielen auf der Driving Range des Clube de Golf Santo da Serra**

Ja, Golfen ist in den meisten Ländern noch ein elitärer Sport – und ja, Golfen auf Madeira ist ein kostspieliger Spaß. Ein Greenfee, also die Platzmiete, um im Clube de Golf Santo da Serra, auf der Anlage in Palheiro oder auf Porto Santo spielen zu dürfen, liegt bei deutlich über 100 Euro. Außerdem braucht man die Platzreife, um eine Runde auf den 18-Loch-Anlagen überhaupt spielen zu dürfen. Aber es gibt ja noch die Driving Range, und man kann auf dem Platz bei Santo da Serra für wirklich kleines Geld Schläger leihen, Bälle aus dem Automaten ziehen und mit Blick auf den Atlantik ein paar Bälle abschlagen. Also dort, wo sonst die Profis auf der DP World Tour ihre Birdies und Bogeys spielen. Ein bisschen Erfahrung sollte man mitbringen, aber selbst

Außergewöhnliche Lage: der Parque Desportivo de Água da Pena unter der Flughafen-Landebahn

als „Rookie" wird man dort freundlich empfangen.

ℹ️ *30 Min. Fußweg vom Ort | Ab Funchal mit dem Auto in 30 Min. | santodaserragolf.com | €€*
🕐 *Ganzjährig* 📍 *32.722305, -16.803499*

Leibesertüchtigung unter der Landebahn

10 🤸 **Besuch des Parque Desportivo de Água da Pena am Flughafen Madeira**

Eine solch abgefahrene Lage für einen Sportpark dürfte es weltweit wohl kaum noch einmal geben. Der Parque Desportivo de Água da Pena liegt nämlich unter der verlängerten Landebahn des Aeroporto Internacional da Madeira Cristiano Ronaldo. Weil die ehemalige Landebahn mit ihren gerade einmal 1800 m Länge extrem kurz war und zu den gefährlichsten weltweit zählte, wurde eigens ein kompliziertes Stützbauwerk direkt an einer Bucht errichtet und die Landebahn im Jahr 2000 auf rund 2800 m insgesamt verlängert. Und unter diesem prämierten Bauwerk kann man heute in einer wahrlich skurrilen Umgebung alle möglichen Sportarten betreiben: u. a. Fußball, Hockey, Tennis, Beachvolleyball, Squash und Basketball. Es gibt einen Bereich für Skater, BMX-Fahrer, eine Kletter-wand, eine Kartbahn und einen Kinderspielplatz. Tagsüber schon ziemlich „weird", wie man auf Neudeutsch sagt, am Abend bei Beleuchtung vollkommen crazy.

ℹ️ *Vom Airport, wo der Aerobus hält, sind es 20 Min. zu Fuß | Eine weitere Haltestelle der SAM-Busse befindet sich in unmittelbarer Nähe des Sportparks (sam.pt) | Mit dem Auto in ca. 25 Min. ab Funchal über die Via Rápida, Ausfahrt 24 und der Beschilderung folgen* 🕐 *Ganzjährig*
📍 *32.703584, -16.767692*

PONTA DE SÃO LOURENÇO
Der kleine Schwarze

11 ≋ **Baden am Sandstrand Prainha do Caniçal am Ostzipfel der Insel**

Und es gibt ihn doch, den natürlichen Sandstrand auf Madeira – wenn auch nicht mit goldgelbem, sondern mit schwarzem Basaltsand. Ganz im wilden Osten am Anfang der Ponta de São Lourenço liegt die Prainha do Caniçal. Eingerahmt von kargen Felsen vulkanischen Ursprungs, ist der kleine Strand ein richtiges Paradies: baden, hinüberschwimmen zu den kleinen vorgelagerten Felsen, einfach nur chillen, einen Cocktail in der Bar nehmen, alles

Klein, aber fein: die Prainha auf der Ponta de São Lourenço

Beim Coasteering gehören beherzte Sprünge von den Klippen zum Erlebnis dazu

mit Blick auf die Ilhas Desertas, die sich im Südosten auftürmen. Am frühen Vormittag liegt ein Teil der Bucht noch im Schatten. Wenn die Sonne ab mittags auf den Strand knallt, kann man sich zumindest Sonnenschirme ausleihen, in der Bar einen Drink nehmen – oder sich halt noch mal im Atlantik abkühlen. Das Baden im kristallklaren Wasser ist bei ruhiger See selbst für Kinder unbedenklich.

Insider-Tipp Wenn der Wind direkt aus Süden kommt und richtig bläst, kann es schon mal nervig werden, dann fühlt man sich nach kurzer Zeit wie ein paniertes Schnitzel.

ℹ️ *Bus 113 (SAM) fährt bis auf die Ponta de São Lourenço | Mit dem Auto braucht man ab Funchal über die Via Rápida eine gute halbe Stunde | Kostenloser Parkplatz oberhalb an der Straße* ⏱️ *Ganzjährig* 📍 *32.742686, -16.715872*

Salto von der Klippe

🟥12 Coasteering an der Ponta de São Lourenço, 2–3 Std.

Der Fantasie sind keine Grenzen gesetzt. Du kannst es mit der klassischen „Arschbombe" machen, du kannst eine Schraube drehen beim Springen oder du machst sogar einen Salto. Aber springen solltest du, denn das ist beim Coasteering das Salz in der Suppe. Manchmal müssen es eben die Anglizismen sein, denn auf Deutsch übersetzt würde man diese Abenteuersportart am ehesten mit „Klippenquer-

klettern" übersetzen. Aber das hört sich doch wirklich ziemlich bescheuert an. Erfunden haben es angeblich die Waliser an ihrer Steilküste im Nationalpark Pembrokeshire. Aber Madeira ist ehrlich gesagt ein viel besseres Revier. In den Felsen quer herumklettern und beherzt in den Atlantik springen kann man insbesondere an der Ponta de São Lourenço, und das Wasser vor der Küste Madeiras ist nun mal viel wärmer als das in Großbritannien. Du brauchst definitiv eine gute Körperbeherrschung und ein bisschen Mut, wirst aber stolz auf dich sein, wenn du den „Jump" gewagt hast. Nebenbei kannst du geheime Orte, Höhlen und Grotten entdecken, die du ansonsten nie zu Gesicht bekommen hättest.

ℹ️ *Ab Funchal in ca. 35 Min. bis zu den Parkplätzen an der ER 109 auf der Ponta de São Lourenço | Der Transfer von Funchal und Caniço de Baixo ist inklusive. 10 % Ermäßigung bei Anfahrt mit eigenem Auto | epicmadeira.com | €€€* ⏱️ *Ganzjährig* ⚙️ *Badesachen mitbringen. Die Ausrüstung (Helm, Neoprenanzug und Rettungsweste) wird gestellt. Das Springen von den Felsen (1–10 m Höhe) ist optional* 📍 *32.741658, -16.698737*

Ausblick vom Miradouro do Caniçal auf die Vulkanfelsen der Ponta de São Lourenço

Naturspektakel am Miradouro do Caniçal

13 **Besuch spektakulärer Aussichtspunkte auf der Ponta de São Lourenço**

Die etwas bequemere Variante, die grandiose Landschaft an der Ponta de São Lourenço zu erleben, geht wie folgt: Man fährt mit dem Auto zum Miradouro do Caniçal (auch Miradouro da Pedra Furada), steigt dort aus und genießt direkt von dort einen der vielleicht schönsten Ausblicke auf Madeira. Beeindruckend sind die verschiedenen Farben der Felsen von Ocker über Rot bis Schwarz, entstanden durch Lavaströme zu unterschiedlichen Zeiten. Deutlich zu erkennen sind die dunklen basaltischen Gesteinsgänge, die Ausbrüche jüngeren Datums vertikal in die Risse der Vulkanfelsen gepresst haben. Die Farben der Felsen kontrastieren mit dem dunkel- und türkisblauen Wasser des Atlantiks – ein einzigartiges Naturspektakel. **Insider-Tipp** Ein paar Schritte weiter vom Miradouro da Ponta do Rosto bietet sich ebenfalls ein fantastischer Blick: in Richtung Osten auf die Felswände und die vorgelagerten Felsinseln der Ponta de São Lourenço, in Richtung Nordosten auf die ebenso wilde Steilküste bis Santana.

ℹ *Bus 113 hält auch am Parkplatz Prainha, von*

dort aus zu Fuß gut 15 Min. | Mit dem Auto immer der Ausschilderung zur Ponta de São Lourenço folgen, am Kreisel hinter dem Prainha die Ausfahrt zum Miradouro nehmen ⚙ *Am Miradouro stehen oft Wagen mit Souvenirs, manchmal auch ein Imbisswagen* 🕐 *Ganzjährig* 📍 *32.749403, -16.706645 (Miradouro do Caniçal)*

Sternenwanderung auf der Ponta de São Lourenço

14 **Nachtwanderung auf der Ponta de São Lourenço, ca. 1 km, 2–3 Std.**

Der Große Wagen? Ist da. Der Polarstern im Kleinen Wagen? Ebenfalls. Und was ist das da hinten rechts am Abendhimmel? Mal eben die App einschalten, um nachzuschauen? Ach nee, muss nicht sein. Denn eigentlich ist es völlig schnuppe, ob man sich mit Astronomie auskennt oder nicht, denn der Sternenhimmel über der Ponta de São Lourenco an der einsamen Ostspitze Madeiras ist einfach nur gigantisch. Hier herrscht kaum Lichtverschmutzung, die Milchstraße ist in den Sommermonaten bei klarem Himmel so deutlich zu erkennen, dass man dafür nun wirklich keine App braucht. Die schönsten Nächte für Sternengucker sind jene, in denen

Ein Meer funkelnder Sterne: Sonnenuntergang an der Ponta de São Lourenço

Beliebtes Ausflugsziel: Parque Florestal das Queimadas

der Mond als Sichel oder Dreiviertelmond zu sehen ist und den Himmel nicht zu sehr erhellt. Der Sternenhimmel taucht das Meer in ein silbriges Licht, es ist ausnahmsweise einmal fast windstill an dem sonst oft windumtosten Kap, die Brandung rauscht nicht, sie plätschert nur an die Felsen. Noch ist die Ponta de São Lourenço kein ausgewiesenes Dark-Sky-Schutzgebiet wie drei Gebiete in einsamen Regionen auf dem portugiesischen Festland, aber das kann ja noch kommen.

ℹ️ *Bis zum Kreisel auf der Ponta de São Lourenço mit dem Auto, dann knapp 400 m auf dem Hauptwanderweg in Richtung Casa do Sardinha. An der Gabelung rechts halten und den kleinen Weg noch einmal rund 100 m hinunterlaufen, bis man vor einer kleinen Bucht einen markanten Felsen sieht*
📍 *32.743107, -16.701160 (Start), 32.745125, -16.698346 (Ziel)*

PARQUE FLORESTAL DAS QUEIMADAS
Ein Weg für alle

15🚶 Spaziergang im Parque Florestal das Queimadas und auf dem Camino para todos, ca. 3,5 km, 1–2 Std.
Das Forsthaus im Parque Florestal das Queimadas ist in erster Linie Ausgangspunkt für die grandiose

Wanderung zum Caldeirão Verde. Aber alleine der Besuch des Parks lohnt sich schon: Riesige Kamelien, Hortensien und Rhododendren säumen die Wege in dem Gelände, auf den Teichen tummeln sich ein paar Wasservögel. Ein wunderbarer Ort für ein ausgiebiges Picknick, bei dem die unvermeidlichen Buchfinken garantiert versuchen, etwas abzubekommen. Wer nach dem Picknick einen nicht allzu anstrengenden Verdauungsspaziergang machen möchte, der kann sich aufmachen zu einer Tour auf dem sogenannten „Camino para todos", was übersetzt „Weg für alle" bedeutet. Es sind so gut wie keine Höhenunterschiede auf der rund 3,5 km langen Wanderung zu bewältigen, die Wege in Richtung Pico das Pedras sind breit und eben, nur etwas matschig, wenn es zuvor viel geregnet hat.

Insider-Tipp Achtung! Die Straße hinauf zum Parque Florestal das Queimadas ist so schmal, dass keine zwei Autos nebeneinander passen. Als freundlicher Autofahrer hält man rechtzeitig in den Ausbuchtungen und lässt die entgegenkommenden Autos vorbei.

Unterwegs von der Achada da Teixeira zum höchsten Gipfel: Wegweiser unterhalb des Pico Ruivo

🛈 *Anfahrt ab Santana, vorbei am Parque Temático und dann immer der Ausschilderung folgen. Günstiger Parkplatz, gesalzene Preise im Café. An den Tischen im Park darf man Picknick machen*
🕐 *Ganzjährig* 📍 *32.783660, -16.906118 (Start und Ziel)*
✔ *Download GPX-Track*

Ein „Quickie" zum höchsten Gipfel

16 🚶 Kurzwanderung zum Pico Ruivo, knapp 6 km, ca. 2,5 Std., 280 hm

Wer sich die „Treppe des Todes", mehr als 1000 m Anstieg auf der großen Wanderung vom Pico do Arieiro zum Pico Ruivo, sparen möchte und für all diejenigen, die nicht so gut zu Fuß sind, gibt es eine wunderbare Alternative: die Kurzwanderung von der Achada da Teixeira hinauf zu Madeiras höchstem Gipfel. Man startet auf knapp unter 1600 m Höhe, es sind also „nur" rund 280 hm auf 2,8 km bis zum Gipfel zu bewältigen. Der Weg zum Pico Ruivo ist ausgeschildert und verläuft zunächst auf einem breiten, aus Natursteinen gepflasterten Weg oder in den Berg gehauenen Treppenstufen. Die Dauer, die im Internet für die Wanderung angegeben ist, würde stimmen, wenn man nicht ständig anhalten,

staunen und Fotos machen würde. **Insider-Tipp** Nach 2,3 km erreicht man die Casa Abrigo do Pico Ruivo, wo man sich stärken kann. Der letzte Part bis zum Gipfelkreuz ist ein bisschen ambitionierter, aber oben wird man definitiv für die Mühen entschädigt. Der Rundumblick über das Zentralgebirge und über den Atlantik im Norden ist so gigantisch, dass man schon mal Gänsehaut bekommen kann bei so viel erhabener Naturschönheit.

🛈 *Von Santana erreicht man den Startpunkt auf einer kurvigen, aber gut ausgebauten Straße | An der Casa Abrigo do Pico Ruivo gibt es Snacks, Erfrischungen und auch eine Toilette. Das Mountain Spot Café an der Achada da Teixeira serviert kleine, wenn auch teure Köstlichkeiten* 🕐 *Ganzjährig* 📍 *32.764994, -16.920872 (Start und Ziel), 32.758802, -16.942514 (Gipfel Pico Ruivo)*
✔ *Download GPX-Track*

In den Lorbeerwäldern

17 🚶 Mittelschwere Wanderung, 12 km, ca. 4 Std. bis zum Caldeirão Verde und zurück, rund eine Std. länger bis zum Caldeirão Inferno

Die Bergwälder hier im Nordosten Madeiras könnten auch als Kulisse für Jurassic Park dienen – der

*Durch meterhohe Farne und den Lorbeer-
wald auf dem Weg zum „Höllenkessel"*

reinste Dschungel, nur ohne Dinosaurier. Baum-
große Farne säumen den Levadaweg in den Caldeirão Verde, den „grünen Kessel". Senkrecht ragen
die Felsen rechts und links des Wanderwegs empor, bewachsen von immergrünen Moosen. Wasser
plätschert von den Felsen herab, mal als Rinnsal,
mal als stattlicher Wasserfall. Plötzlich schickt die
Sonne ein paar gleißende Strahlen durchs Dickicht
und verwandelt die Szenerie in etwas Märchen-
haftes. Ein paar Meter weiter geht es durch einen
der engen, düsteren und feuchten Tunnel. Erstes
Highlight der Wanderung ist der Caldeirão Verde,
ein fast kreisrunder Kessel inmitten dieses grünen
Spektakels. Noch einmal eine dreiviertel Stunde
braucht man bis in den Caldeirão do Inferno, den
„Höllenkessel", in den sich ebenfalls ein Wasserfall
ergießt. Einfach nur staunen und wohlfühlen oder
in dem glasklaren Wasser baden? Das ist auf jeden
Fall höllisch kalt, schon von daher hat der Caldeirão
do Inferno seinen Namen verdient.

🛈 *Anfahrt ab Santana, vorbei am Parque Temático
und dann immer der Ausschilderung zum Parque
Florestal das Queimadas folgen (ca. 5 km von*

*Santana), ab dort ist der Wanderweg mit dem
Zeichen PR 9 ausgeschildert | Wetterbericht che-
cken, bei Regen und Nebel nicht unbedingt empfehlenswert* 🕐 *Ganzjährig* ⚙ *Taschenlampe
oder Handy mit Taschenlampenfunktion nicht
vergessen* 📍 *32.783582, -16.906199 (Start und
Ziel), 32.774298, -16.935253 (Caldeirão Verde),
32.770195, -16.948705 (Caldeirão do Inferno)*
✔ *Download GPX-Track*

RIBEIRO FRIO
Am kalten Fluss

`18` 🚶 **Spazieren gehen rund um Ribeiro Frio**
Ribeiro Frio heißt übersetzt „kalter Fluss". Man
hätte den Ribeiro Frio auch „Fluss im Nebel" nennen können. Denn die weitläufigen Lorbeerwälder im Parque Natural do Ribeiro Frio sind oft in
dichten Nebel getaucht, eine fast schon gespens-
tische Kulisse. Den Forellen in der Aufzuchtstation
Poso Aquicola do Ribeiro Frio dürfte der Nebel
egal sein, sie landen sowieso irgendwann im
Restaurante gleich nebenan auf dem Teller. Und
den wunderschönen Garten rund um ihre Zucht-

Am „kalten Fluss" Ribeiro Frio kann man sehr gut einkehren und leckere Forellen essen

becken werden sie wohl auch kaum wahrnehmen. Bei Spaziergängen rund um Ribeiro Frio kann man sich auf Infotafeln über die besondere Flora und Fauna der Region informieren und sich Infos via QR-Codes aufs Smartphone laden. So erfährt man u. a. etwas über einige hier vorkommende endemische Pflanzen wie die Maiglöckchen-Zimterle oder die Indische Persea.

ⓘ *In Ribeiro Frio halten die Busse 56, 103 und 138 | Ab Funchal am besten via Poiso-Pass, 30 Min. Fahrzeit mit dem Auto | Wer einfach mal keinen Thunfisch oder Espada essen möchte – die Forellengerichte im Restaurant Ribeiro Frio sind absolut lecker* ⏱ *Ganzjährig* 📍 *32.734209, -16.886782*

Offroad mit Geknatter

🏷19🏍 **Buggy-Tour, teilweise offroad, ca. 2,5 Std.**
Du kannst die Wege und die fantastische Landschaft Madeiras erwandern, du kannst dich als Trail-Runner versuchen oder auf schmalen Pfaden mit dem Mountainbike entlangheizen. Wenn dir das als Fortbewegung aber alles zu langsam ist, dann kannst du auch mit dem Buggy über unbefestigte Wege der Insel knattern. Der eine oder andere

umweltbewusste Tourist mag Bedenken haben, von den Madeirensern wirst du garantiert keine vorwurfsvollen Blicke ernten. Viele von ihnen sind nämlich große Motorsportfans. Natürlich musst du bei der Buggy-Tour auf Bauern, Forstarbeiter und Wanderer Rücksicht nehmen, aber wenn du freie Sicht hast und die Guides dir das Okay geben, dann kannst du mit deinem Gefährt schon mal richtig um die Kurven heizen, dass die Erde und der Schlamm nur so spritzen. Die Fahrt auf dem Trail Ocotea führt von Porto da Cruz über die Ribeira do Faial in Richtung der Fajã da Noguira durch den Lorbeerwald bei Ribeiro Frio und wieder zurück, überwiegend auf Naturwegen, aber auch auf kleinen serpentinenreichen Sträßchen.

Insider-Tipp Geocaching-Fans können an den verschiedenen Haltepunkten der Buggy-Tour auf dem Trail Ocotea nach Geocaches suchen.

ⓘ *Transfer ab Funchal im Preis inbegriffen | Bus 155 hält quasi vor der Tür | Mit dem Pkw ab Funchal 20 Min. | lokolokomadeira.com | €€€* ⏱ *Ganzjährig, vormittags* ⚙ *Mitzubringen ist ein gültiger Führerschein, Helme stellt der Anbieter. Weil es auf der Tour staubig und matschig zugehen kann, wird*

Traumhaftes Farbspektakel beim Sonnen-untergang am Pico de Arieiro

empfohlen, nicht in der besten Kleidung zu kommen 📍 *32.642421, -16.832325 (Lokoloko), 32.766824, -16.845124 (Start und Ziel der Buggy-Tour auf dem Trail Ocotea in Porto da Cruz), 32.743476, -16.906476 (Fajã da Noguira)*

VOM SÜDOSTEN IN DEN NORDOSTEN
Lachende Frösche am Himmel

20 🚶 **Führung unterhalb des Pico de Arieiro auf den Spuren der Madeira-Sturmtaucher, ca. 3,5–4 Std., ca. 2,5 km**

Sie zu sehen ist ein Erlebnis, sie zu hören ist ebenfalls eines, aber vor allem Comedy pur. Der Madeira-Sturmtaucher (Petrel Pterodroma) ist eine auf Madeira endemische Art, rund 80 Paare soll es auf dem Eiland noch geben. Die Rufe des rund 30 cm langen Vogels erinnern an einen heiseren Frosch, der einen Lachanfall hat. Oder an Kinder, die sich wehgetan haben und laut „Aua, aua, aua" schreien. Die Madeira-Sturmtaucher jagen auf dem Meer, aber sie brüten in den Bergen Madei-

ras, in rund 1600 m Höhe rund um den Pico do Arieiro. Und genau dort kann man sie beobachten, gemeinsam mit den Vogelkundlern von Madeira Windbirds. Besonders spektakulär ist die Tour, die bei Sonnenuntergang beginnt, wenn dann bald die Sterne über Madeiras höchsten Gipfeln um die Wette funkeln. Freilich sieht man bei Nacht nur noch die Silhouetten der Sturmtaucher, dafür hört man deren merkwürdige Geräusche umso besser.

ℹ️ *Inkl. Transfer, Abholung am Hotel (Funchal, Câmara de Lobos, Caniço, Santa Cruz und Machico), ansonsten wird ein Treffpunkt bei der Buchung ausgemacht | Birdwatching-Tour buchbar unter madeirawindbirds.com. Im Angebot sind auch noch einige andere Birdwatching-Touren, die tagsüber stattfinden* 🕐 *Ganzjährig* 📍 *32.734827, -16.928645*

CURRAL DAS FREIRAS
Ins Tal der Nonnen

21 🚶 **Wanderung nach Curral das Freiras, 2,3 km, ca. 1,5 Std. oder 6 km, 3,5 Std. hin und zurück**

Lange war der Caminho das Voltas die einzige Ver-

Ausblick auf das Nonnental mit seinen Eukalyptus- und Kastanienwäldern

Kraxeln und duschen: Canyoning bei Curral das Freiras

bindung hinunter nach Curral das Freiras. Zu Fuß oder mit dem Ochsenkarren ging es auf diesem gepflasterten Weg in zahlreichen Kehren ins abgelegene Nonnental, das erst 1962 ans Stromnetz angeschlossen wurde. Erst 1985 konnten die Bewohner im Talkessel überhaupt ein Fernsehprogramm empfangen. Zunächst geht es durch dichte Kastanienwälder. Immer wieder eröffnen sich fantastische Ausblicke auf das Dorf und die umliegenden gigantischen Felswände. Je weiter man nach unten wandert, desto mehr lichtet sich der überwiegend aus Eukalyptusbäumen bestehende Wald. Nach gut einer Stunde erreicht man Curral das Freiras. Der Ort ist für seine Kastanienprodukte, vor allem leckere Kuchen, aber auch für den Ginja bekannt, einen Likör, der aus den Sauerkirschen im Nonnental hergestellt wird. **Insider-Tipp** Probieren kann man beides im Restaurante Sabores do Curral.

ⓘ *Ab dem Ort kann man mit den Bussen 81 b/c/e zurück zur Eira do Serrado fahren. Wer Lust hat auf den Aufstieg, muss gut 400 hm überwinden. Bei Nässe ist der überwiegend gepflasterte Weg recht rutschig | Mit dem Auto auf der Via Rápida in Richtung Ribeira Brava, an der Ausfahrt 9 abfahren und via Pico do Barcelos auf der ER 107 ans Ziel, ca. 30 Min.* ⏱ *Ganzjährig, am besten, wenn es nicht regnet* ⓞ *32.710555, -16.962634 (Start und Ziel bei Wanderung hin und zurück), 32.719744, -16.964594 (Curral das Freiras)* ✓ *Download GPX-Track*

Volle Dusche in der Schlucht

22 🏊 **Canyoning im Ribeira do Cidrão bei Curral das Freiras**

Wasserfälle schauen sich Wanderer meistens von unten an. Mit viel „Ohs" und Ahs" geht man dran vorbei, bleibt vielleicht mal stehen und macht aus sicherer Entfernung ein Selfie von sich und dem Wasserfall. Beim Canyoning hat man keine Chance auf ein Selfie mit Wasserfall, denn man hängt an einer steilen Felswand mittendrin im brausenden Wasser. Zumindest wenn du es als Anfänger nicht so ganz gebacken bekommst, genau die Route zu wählen, die der Guide empfohlen hat. Aber macht ja nix, der „Neo" kann Wasser ab und das Geprassel der Wasserfalldusche hat auch was Lustiges. Und doppelt und dreifach gesichert bist du beim Canyoning auch dann, wenn du mal etwas von der Ideallinie abkommst. Wenn du dir

Leckerbissen am Wegesrand: die Madeira-Heidelbeere

dann bewusst wirst, dass du dich gerade 15 m abgeseilt hast, dann steigt auch das Selbstvertrauen und du springst oder rutschst mit viel mehr Mut und lautem Gejuchze in die darauffolgenden Wasserbecken.

🛈 *Treffpunkt am Büro von Lokoloko | Bus 155 hält quasi vor der Tür | Mit dem Auto ab Funchal in 20 Min. | lokolokomadeira.com, €€€ ⏱ Ganzjährig 📍 32.728222, -16.963673 (Ribeira do Cidrão), 32.642545, -16.832229 (Treffpunkt Lokoloko)*

PAÚL DA SERRA
Leckere Früchte

23 🚶 **Heidelbeeren sammeln oberhalb des Lorbeerwaldes**

Eine Wanderung durch die Berge Madeiras machen und mit reichlich „Beute" zurückkommen – warum nicht? Die endemische Madeira-Heidelbeere *(vaccinium padifolium)* ist überall im Inselinneren ab einer Höhe von gut 1200 m zu finden. Ihre Früchte schmecken ähnlich wie die Heidelbeeren, die wir kennen, ein wenig säuerlicher vielleicht, aber sehr lecker. Und es ist deutlich

einfacher sie zu pflücken, man muss sich nämlich weniger bücken. Denn die Madeira-Heidelbeere, auf Portugiesisch Uva da Serra, wird oft 2 m hoch, manche gar bis zu 5 m. Ende Juli kann man auf die ersten reifen Beeren hoffen, in den Höhenlagen kann man sie bis Oktober ernten. Also, Tupperdose oder einen Eimer einpacken und während der Wanderung reichlich knackige Beeren sammeln. Dann hat man am nächsten Morgen auch gleich was fürs Müsli …

🛈 *Größere Mengen an Heidelbeeren findet man u. a. im Rabaçal, aber auch unterhalb des Bica da Cana und entlang der Straße von der Casa Abrigo do Poiso zum Pico do Arieiro | Ab Funchal mit dem Auto eine knappe Stunde, Parken kann man in der Nähe der Casa Abrigo an der ER 110 ⏱ Erntezeit zwischen Ende Juli und Oktober 📍 32.756110, -17.055795 (Bica da Cana)*

Auf den Spuren der Gletscher

24 🚶 **Leichte Wanderung auf einem geologischen Lehrpfad, ca. 8 km, 3 Std.**

Schnee gibt es im Winter auch heute noch in den

Gelbe Farbtupfer: Stechginster auf der
Hochebene Paúl da Serra

Urwald-Feeling in den Bergen oberhalb von Ribeira Brava

Höhenlagen Madeiras. Aber wer hätte gedacht, dass es vor 25 Mio. Jahren sogar einen Gletscher gab? Auf einem geologischen Lehrpfad erfährt man mehr über diesen Glaciar de Planalto. Die Infos auf den Tafeln zu den eisigen Zeiten auf der Atlantikinsel sind auf Portugiesisch und Englisch gehalten. Man startet in der Nähe der Casa Abrigo unterhalb des Bica da Cana an der ER 110. Der Rundweg ist leicht zu bewältigen, große Höhenunterschiede gibt es nicht. Im Frühjahr taucht der Stechginster alles rundherum auf der Hochebene Paúl da Serra in ein leuchtendes Gelb. Das mag hübsch aussehen, aber die gelb blühenden Dornenbüsche sind eher eine Plage auf Madeira und müssen regelmäßig zurückgedrängt werden. Entlang des Lehrpfads sieht man immer wieder mysteriös anmutende Gebilde aus Natursteinen. Es handelt sich dabei um alte Schafspferche, heute sieht man allenfalls ein paar Kühe.

ⓘ *Der Parkplatz liegt etwas weiter östlich von der Casa Abrigo an der ER 110 | Anfahrt über den Encumeada-Pass von Ribeira Brava aus oder von Ponta do Sol über Canhas (ER 209)* 🕐 *Ganzjährig* 📍 *32.759042, -17.062539 (Start und Ziel)* ✔ *Download GPX-Track*

Blick auf den „Himalaya Madeiras"

25 🚶 **Einfache bis mittelschwere Wanderung auf dem Caminho do Pináculo e Folhadal, ca. 8 km, 3–4 Std.**

Die Einheimischen nennen die Berge oberhalb von Ribeira Brava gerne mal „unser Himalaja". Die Gipfel sind natürlich längst nicht so hoch wie die im höchsten Gebirge der Welt, aber diese mächtigen, steil aufragenden und zum Teil bewaldeten Felswände sind beeindruckend. Und wenn der Nebel im Tal hängt, sich dunkle Wolken über den Picos zusammenbrauen, dann kommen sie sogar ein wenig furchteinflößend daher – echte Naturgewalten eben. Der Caminho do Pináculo e Folhadal hält fantastische Ausblicke auf die Picos bereit. Der Weg entlang der Levada ist zunächst breit und eben, eher ein Spaziergang als eine Wandertour. Entweder marschiert man auf dem Weg oder man balanciert auf dem Betonsockel des künstlichen Wasserlaufs. Mal versperren Bäume den Blick

Auf jeden Fall einen Umweg wert: die Lagoa da Dona Beja im Rabaçal mit ihren spektakulären Wasserfällen

auf die mächtigen Berge auf der anderen Talseite, dann wieder genießt man freie Sicht – auf den 1654 m hohen Pico Grande, den Pico do Tapeiro (1331 m) und den dahinterliegenden Pico do Ferreiro (1582 m). Der immer schmaler werdende Weg entlang der Levada ist gesäumt von Blumen, von Madeira-Natternköpfen, Schmucklilien und endemischen Farnen. Nach ziemlich genau 4 km dreht man um und geht auf demselbem Weg zurück. Und längst hat sich das Wetter gewandelt und die Picos sehen auf dem Rückweg schon wieder ganz anders aus als auf dem Hinweg.

Insider-Tipp An der Hauptstraße unterhalb von Serra de Água findet man mit der Taberna da Poncha die beliebteste Poncha-Bar der Insel.

ⓘ *In Serra de Água von der Schnellstraße in Richtung Encumeada-Pass abbiegen und an der Snack Bar Boca de Encumeada einen Parkplatz suchen. Schräg gegenüber startet die Levada-Wanderung* 🕑 *Ganzjährig* 📍 *32.754206, -17.019324 (Start und Ziel)*

✔ *Download GPX-Track*

Spontaner Umweg im Lorbeerwald

26 🚶 **Mittelschwere Wanderung zur Lagoa da Dona Beja, ca. 7 km, 3–4 Std.**

Manchmal muss man im Leben spontane Entscheidungen treffen und einfach mal abbiegen. Zum Beispiel auf der Straße hinunter zum Forsthaus Rabaçal. Während alle Welt hinunterwandert, um auf der beliebtesten und meistfrequentierten Levada-Wanderroute Madeiras die 25 Fontes und den Risco-Wasserfall zu sehen, nimmst du nach nur wenigen Metern den Weg nach rechts und folgst der Beschilderung der Levada do Alecrim. Auch hier wanderst du mitten durch den Laurisilva und durch mannshohe Heide; zum Teil über Stufen, da die Levada bisweilen ein relativ großes Gefälle hat. Der Weg ist mal wieder das Ziel, wobei das Ziel das absolute Highlight ist: Am Ende wartet nämlich die Lagoa da Dona Beja (oder auch Beija), ein kleiner See mit Wasserfall, wie man ihn sich schöner nicht hätte ausmalen können. Für Warmduscher ist die Wassertemperatur allerdings eher

*Mit dem Shuttle hinauf und mit dem Rennrad
wieder runter: auf der Hochebene Paúl da Serra*

ein Albtraum. Wer etwas härter im Nehmen ist,
nimmt an diesem magischen Ort ein kühles Bad
und wandert dann auf dem gleichen Weg zurück.
Insider-Tipp Alternativ kann man zurück vom See
aus auch entlang der Vereda da Lagoa do Vento wandern und ungefähr ab dem Forsthaus Rabaçal wieder
auf der Straße zum Parkplatz an der ER 110 gehen.
ⓘ *Anfahrt über den Encumeada-Pass oder via
Canhas auf die Paúl da Serra, Rabaçal ist ausgeschildert* 🕐 *Ganzjährig* 📍 *32.754301, -17.133343
(Start und Ziel)*
✔ *Download GPX-Track*

Auf der Hochebene Paúl da Serra

27 🚴 **Rennradtour mit Shuttle-Service von der
Hochebene Paúl da Serra, ca. 37 km, 2 Std.**
Ein Rennradverleiher auf Madeira hat einmal vorge-
rechnet, dass man auf 10 km Strecke fast immer auf
400 hm kommt. Rechnet man das mal hoch, dann
kann man sich vorstellen, dass nur top Trainierte
eine längere Rennrad-Tour auf der Insel schaffen –
und auch die sind hinterher fix und fertig. Warum
also soll man es nicht mal so machen wie die Downhiller? Die lassen sich nämlich die Berge hinauf-

chauffieren und brettern dann die Trails hinunter.
Und genau das ist der Trick, mit dem auch normal
trainierte Rennradler auf Madeira eine grandiose
Tour fahren können, ohne danach ins Sauerstoffzelt
zu müssen oder von Krämpfen geplagt zu werden.
Man lässt sich von einem Großraumtaxi zur Hochebene Paúl da Serra bringen; dort geht es überwiegend flach zu. Zumindest hat man keine steilen
Rampen mit 15 % Steigung oder mehr zu befürch-
ten. Ein guter Startpunkt ist die Einmündung der
ER 210 in die ER 110 nahe der Fonte do Bispo. Von
dort aus rollt man auf knapp 1000 m über dem
Meer via Rabaçal in Richtung Encumeada-Pass, der
ebenfalls auf ziemlich genau 1000 m Höhe liegt.
Insbesondere die Ausblicke auf den letzten Kilome-
tern vor dem Pass sind atemberaubend. Und vom
Encumeada-Pass aus kann man auf einer wunder-
schönen Straße hinunter nach Serra de Agua und
Ribeira Brava dann so richtig Speed aufnehmen.
ⓘ *Ab Funchal muss man schon mit 50 Euro für das
Taxi rechnen; je mehr Radler an Bord, desto günsti-
ger | Rennradverleih u. a. bei ebikesmadeira.com*
🕐 *Ganzjährig* 📍 *32.796607, -17.183887 (Start)*
✔ *Download GPX-Track*

DER SCHÖNSTE SONNENAUFGANG
Magischer Sonnenaufgang

28 🍃 **Wanderung mit Sonnenaufgang am Bica da Cana, ca. 1,3 km, 1,5 Std.**
Der 1560 m hohe Bica da Cana oberhalb der Hochebene Paúl da Serra ist nicht so überlaufen wie der Pico do Arieiro, die Sonnenaufgänge von hier sind aber genauso atemberaubend. Dass man warme Klamotten einpackt, versteht sich von selbst.
ℹ️ *Ab Funchal mit dem Auto eine knappe Stunde | Parken in der Nähe der Casa Abrigo an der ER 110, von dort rund 15 Min. Fußweg bis zum Aussichtspunkt | Wann der Sonnenaufgang zu bewundern ist, erfährt man über Apps wie Sun Position Map oder Sonnenverlauf* 🕐 *Ganzjährig* 📍 *32.755970, -17.059032 (Start und Ziel), 32.756461, -17.054604 (Bica da Cana)*
✔️ *Download GPX-Track*

LOKALE SPEZIALITÄTEN
*UND WO DU SIE PROBIEREN KANNST

Spezialität in Curral das Freiras: Nach einer Wanderung schmeckt der leckere Kastanienkuchen himmlisch

Frischer Meeresfisch ist auf Madeira fast auf allen Speisekarten zu finden. Aber wie wäre es mit einer Alternative? Forellen aus der Zucht bei Ribeiro Frio. Das Prego Especial ist ein leckerer Snack, wer's vitaminreicher mag, deckt sich mit exotischen Früchten ein.

Forellen statt Seefisch
1 ⅊ **Forellengerichte**
Forelle gekocht, gegrillt, mit und ohne Kräuter, mit Mandeln oder geräuchert – mal was anderes als ein Fisch aus dem Meer.
ⓘ *Besonders gut schmeckt es z. B. im Restaurante* **Ribeiro Frio**: *Hier werden leckerste Gerichte mit Forellen aus den nahe gelegenen Zuchtteichen serviert. | São Roq Faial Ribeiro Frio, Ribeiro Frio | €€*

Spezialitäten aus dem Nonnental
2 ⅊ **Kastanien in allen Variationen**
Die Spezialität schlechthin in Curral das Freiras sind Produkte aus Kastanien. Wer am Nachmittag bei Kaffee und Kuchen in einem Café sitzt, bekommt einen Kastanienkuchen oder die gerösteten Kastanien serviert und wird dazu vielleicht noch einen Kastanienlikör probieren. Aber auch in Suppen und Eintöpfen finden die Kastanien Verwendung.
ⓘ *Im* **Sabores do Curral** *findet man die ganze Palette an Kastanienspezialitäten | Caminho da Igreja N1, Curral das Freiras | facebook.com/ oseurestaurante | €–€€*

Gut gefüllt
3 ⅊ **Prego Especial**
In den unzähligen Bars auf Madeira bekommt man das Fladenbrot häufig auch als kleinen Snack mit gegrilltem Fleisch, Salat, Käse und Tomaten gefüllt. Das nennt sich dann Prego Especial und ist zumindest für alle Nichtvegetarier ein genialer Snack. Bei einer anderen Variante wird ein Stück Filet vom Degenfisch zwischen die beiden Brotscheiben gequetscht.

ⓘ *Richtig gute Pregos werden z. B. im Restaurant* **Portela a Vista** *am Portela-Pass serviert | ER108 178, Estrada Dom António Magalhães Nº 182, Machico | facebook.com/rafaelirenejuan.pt | €*

Exotische Früchte
4 🍴 **Anonas & Co.**

Auf Madeira gibt es ein Potpourri an exotischen Früchten zu kaufen. Zu saftigen Preisen im Mercado dos Lavradores, günstiger auf dem Bauernmarkt in Santo da Serra. Zum Beispiel die Anona, die auf den ersten Blick ein wenig an eine Artischocke erinnert. Das weiße Fruchtfleisch schmeckt wie Erbeereis mit Sahne, andere schmecken Banane, Birne oder Ananas heraus. Köstlich und extrem Vitamin-C-haltig ist die Pitanga-Frucht.

ⓘ *Sowohl im* **Mercado dos Lavradores** *als auch im* **Mercado Agrícola do Santo da Serra** *kann man verschiedene Früchte probieren | ER207 376, Santo António da Serra | €–€€*

Hier findest du alles
6 🍴 **Mercadinho da Camacha**

Die Gemeindeverwaltung von Camacha hat im Ort ein kleines Marktgebäude errichtet. Hier findet man neben hübschen Schnittblumen, Obst und Gemüse auch eine kleine Auswahl an Körbchen und anderem Kunsthandwerk.

ⓘ *Mercadinho da Camacha | Largo da Achada, Camacha | Do–So 9–19 Uhr*

Ein Genuss für zwischendurch und als Dessert: die Anonas

Flankiert von steilen Hängen: der Surf-Hotspot Paúl do Mar im Südwesten der Insel

Südwesten

FAJÃS UND FISCHERORTE

Nirgendwo sonst strahlt die Sonne so verlässlich vom Himmel wie im Südwesten Madeiras. Auch hier fällt die Küste vielfach steil ab zum Meer, wie beispielsweise am Cabo Girão - mit 580 m Höhe eine der höchsten Klippen Europas. Unterhalb dieser gigantischen Klippen finden Touristen direkt am Atlantik mit den Fajãs kleine Paradiese, zumeist nur mit Seilbahnen zu erreichen. Bananenhaine bedecken die Hänge, soweit das Auge reicht, und in den hübschen Städtchen wie Ponta do Sol, Câmara de Lobos oder Jardim do Mar kann man nach einer Wanderung wunderbar entspannen. Surfer - wenn auch nur Könner - finden im Südwesten mit Jardim do Mar und Paúl do Mar gleich zwei erstklassige Reviere vor. Von Calheta aus starten Bootstouren zur Wal- und Delfinbeobachtung und am Leuchtturm an der Ponta do Pargo erlebt man die schönsten Sonnenuntergänge.

AUF EINEN BLICK
*SÜDWESTEN

Achadas da Cruz

Seixal

14

Ponta do Pargo

**Auf den Klippen am westlichsten
Punkt Madeiras ★**

Fajã da Ovelha

🚗 42 km, 45 Min.

5

Paul do Mar

3

4

6

2

Jardim do Mar

1

Lombo
do Atouguia

**An der Steilküste
über Jardim do Mar ★**

3

11

Calheta

🚗 14,5 km, 20 Min.

2

10

**Bootstour zu den
Akrobaten des Ozeans ★**

Madalena do Mar

1

Canhas

9

**Auf der Spur der Bananen
in Madalena do Mar ★**

8

7

Ponta do Sol

Ribeira Br

5

🚗 18 km, 20 Min.

ATLANTISCHER OZEAN

MARCO POLO
OUTDOOR-HIGHLIGHTS ★

★ **Baden am Napfschneckenfelsen**
Schwimmen und schnorcheln in glasklarem
Wasser in einer einsamen Bucht → S. 116

★ **Besuch im Garten Eden am Atlantik**
Mit der Seilbahn an die Fajã dos Padres mit
ihren tropischen Gärten → S. 118

★ **Auf den Klippen am westlichsten Punkt Madeiras**
Den Sonnenuntergang am Leuchtturm bei
der Ponta do Pargo erleben → S. 120

★ **Bummel durchs Fischerdorf Câmara de Lobos**
Bunte Fischerboote am Hafen des lebhaften
Städtchens unweit des Cabo Girão → S. 122

★ **Auf der Spur der Bananen in Madalena do Mar**
Durch endlose Bananenhaine in den Hügeln
an Madeiras Südwestküste → S. 124

★ **An der Steilküste über Jardim do Mar**
Spektakuläre Ausblicke auf den Atlantik und
den „Garten des Meeres" → S. 128

★ **Bootstour zu den Akrobaten des Ozeans**
Wal- und Delfinbeobachtungen vor der
Küste Madeiras → S. 126

Ponta Delgada

Arco de São J

São Vicente

Serra de Água

Curral das Fre

Baden am
apfschneckenfelsen ★

Estreito de
Câmara de Lobos

Quinta
Grande

Cabo Girão

Besuch im Garten Eden
am Atlantik ★

Bummel durchs
Fischerdorf Câmara de Lobos ★

Câmara
de Lobos

Funchal

Baden am Napf-schneckenfelsen ★

Der Calhau da Lapa, die Napfschneckenfelsen, ist ein wahrlich magischer Ort. Ein Wasserfall rauscht die mächtigen Klippen herunter, in den Felsen haben sich die Fischer bereits vor Jahrhunderten Höhlen gebaut, und angeblich soll es dort das sauberste und klarste Wasser auf ganz Madeira geben.

Abstieg über 700 Treppenstufen

Lapas stehen auf fast jeder Speisekarte in den traditionellen Restaurants auf Madeira. Eine wunderschöne Bucht an der Südwestküste wurde nach ebenjenen Napfschnecken benannt – der Calhau da Lapa bei Campanário, gut versteckt zwischen Câmara de Lobos und Ribeira Brava und deshalb noch ein echter Geheimtipp. 700 Treppenstufen, so viele hat mal jemand gezählt, muss man hinunterwandern – vorbei an einem beeindruckenden Wasserfall – um an diesen traumhaften Ort zu gelangen. Es sind wahrlich steile Treppen und beim Hinuntergehen graust dem einen oder anderen vielleicht schon ein wenig vor dem Rückweg, aber die Mühe lohnt sich definitiv. Unten erwartet dich ein kleiner Kiesstrand in idyllischer und gleichzeitig spektakulärer Umgebung unterhalb steiler Felswände.

Sauberes, klares Wasser

Es heißt, hier am Calhau da Lapa gäbe es das sauberste und klarste Wasser an der gesamten Küste Madeiras. Das muss man natürlich sofort checken. Dazu gehst du am besten auf die kleine Pier und springst kopfüber in die Fluten – idealerweise gleich mit Taucherbrille und Schnorchel ausgestattet. Ob du wirklich den Unterschied merkst zu den anderen Badestellen auf Madeira, das sei mal dahingestellt. Aber im glasklaren Wasser zwischen den Felsen am Calhau da Lapa gibt es beim Schnorcheln reichlich was zu sehen.

*Ein perfekter Tag am Calhau da Lapa (li.) endet mit einem
Bad im Meer und Lapas, den gegarten Napfschnecken (re.),
im gemütlichen Restaurant*

Höhlen in den Felsen

Schon vor Hunderten von Jahren bauten Seefahrer
und Händler am Calhau da Lapa Höhlen in den Fels,
um dort ihre Waren zu verstauen. Fischer nutzten
sie als Lager für ihre Ausrüstung. Zu diesen Zeiten
gab es auf Madeira kaum Straßen, und viele Waren
wurden auf dem Seeweg transportiert und dann zu
Fuß oder mit Seilwinden in die höher gelegenen
Besiedlungen gebracht. Die in den Fels gehauenen
Höhlenhäuser gibt es noch heute, und ein paar von
ihnen werden inzwischen sogar als Ferienhäuser
vermietet. Das kleine Restaurant am Calhau da Lapa
ist nur im Sommer geöffnet. Und was lässt man sich
dort schmecken? Lapas natürlich, in Knoblauchbut-
ter gegarte Napfschnecken mit Bolo do Caco.
Insider-Tipp Während der Sommermonate (Mai
bis Anfang September) verkehren täglich Taxiboo-
te von Ribeira Brava nach Calhau da Lapa.

Die Tour im Überblick

🚶 ≈ **Badeausflug zur einsamen Bucht
Calhau da Lapa, Weg hinunter ca.
20 Min., rauf etwas länger**

ⓘ *Ab Funchal braucht man mit dem Auto
über die Via Rápida ca. 20 Min. Ausfahrt
Campanário, einmal die Schnellstraße
unterqueren und unterhalb des Fußball-
platzes der Schule an der Estrada da Lapa
parken*

🕑 *Ganzjährig, am besten im Sommer*
⚙ *Festes Schuhwerk für den Weg, Badesachen, Schnorchel und Taucherbrille*
📍 *32.662007, -17.037104*

✔ **DOWNLOAD GPX-Track**

Besuch im Garten Eden am Atlantik ★

Dank einer modernen Seilbahn braucht man nur ein paar Minuten ins Paradies auf Erden. Die Fajã dos Padres ist einer jener Orte, an denen man wunderbar den Tag vertrödeln, durch tropische Gärten lustwandeln und im kristallklaren Wasser ein Bad im Atlantik nehmen kann.

Mit der Gondel in tropische Gärten

Woher kommt nur dieses Kribbeln im Bauch, vom Seilbahnfahren etwa? Kann eigentlich nicht sein, denn eher sanft und langsam schwebt die Gondel von der Steilklippe hinunter an den Atlantik. Es muss also die Vorfreude auf das sein, was man schon von der Gondel aus erahnt. Unten angekommen spaziert man durch tropische Gärten: Wein, Mangos, Avocados, Papayas, Litschis, Maracujas, Feigen und Bananen mit ihren beeindruckenden rotbraunen bis violettfarbenen Blüten gedeihen hier, während ein paar Meter weiter die Brandung sanft an den Kiesstrand rollt. Diese Fajãs sind nicht nur magische Orte, sie sind auch überaus fruchtbar. Entstanden sind sie unterhalb der Steilklippen, wo

Wind und Wetter an den Felsen genagt haben. Was hinuntergerutscht ist, hat neues und fruchtbares Land gebildet, die Fajãs eben, von den Madeirensern auch gerne „Inseln an der Insel" genannt. Das Mikroklima im Schatten der reflektierenden Klippen tut ein Übriges, oft ist es hier um mehrere Grad wärmer als anderswo auf der Insel. Einst mussten die Bauern den Weg hinunter zu Fuß gehen – gefährlich und anstrengend – oder sie kamen mit dem Schiff.

Schwimmen und Schlemmen

Die Ersten, die an diesem paradiesischen Ort siedelten, waren Jesuiten-Mönche, die hier einen der besten Weine Madeiras kultivierten. Ob die frommen Männer zwischen der Arbeit in den Weinreben zum

Baden in den Atlantik sprangen, ist nicht überliefert. Aber du kannst das natürlich machen: entweder am Kiesstrand oder von der Pier aus. An den Felsen krabbeln massenhaft Krebse umher, wer Taucherbrille und Schnorchel dabeihat, der wird den einen oder anderen Fisch zu Gesicht bekommen. Im Restaurant sitzt man unter Palmen und genießt frischen Fisch und die Öko-Produkte aus den Gärten der Fajã. Oder einen Malvasia-Wein, der hier inzwischen wieder angebaut wird. Besser als an der Fajã dos Padres kann man auf Madeira das „Dolce far niente", das süße Nichtstun, nicht genießen.

`Insider-Tipp` Wer nicht nur einen Tag in diesem kleinen Paradies verbringen möchte, der kann sich an der Fajã dos Padres auch einmieten. Das Restaurant ist für Tagesgäste übrigens nur von 10 bis 18 Uhr geöffnet, abends ist es den Gästen der Ferienhäuser vorbehalten.

Die Tour im Überblick

🚶 **Ausflug mit Seilbahnfahrt an die Fajã dos Padres**

ℹ️ *Ab Funchal braucht man mit dem Auto über die Via Rápida ca. 20 Min. | fajadospadres.com | €-€€*

🕐 *Letzte Bergfahrt im Sommer um 19 Uhr, im Winterhalbjahr bereits um 18 Uhr*
⚙️ *Badesachen mitnehmen*
📍 *32.656876, -17.021588 (Bergstation Teleférico), 32.654827, -17.021946 (Faja dos Padres Restaurant/Mole)*

✔ **DOWNLOAD GPX-Track**

Die Fajã dos Padres (li.) ist in erster Linie fruchtbares Land. Hier wachsen u. a. Bananen (re. u.). Zum Abkühlen kannst du am Kiesstrand ins Wasser gehen oder direkt von der Pier hüpfen (re. o.)

TLÂNTICO

Teleférico da Fajã dos Padres

0   50   100 m

Auf den Klippen am westlichsten Punkt Madeiras ★

Portugals höchstgelegener Leuchtturm steht an der Ponta do Pargo auf Madeira. Etwas mehr als 300 m oberhalb des Atlantiks gelegen, ist sein Leuchtfeuer aus mehr als 40 km Entfernung zu sehen. Die Sonne ist bekanntlich rund 150 Mio. km von der Erde entfernt und die Ponta do Pargo ist sicher einer der besten Orte auf Madeira, um zu erleben, wie sie des Abends den Himmel färbt und im Meer zu versinken scheint.

Sonnenuntergang am Leuchtturm

Die Frage danach, wo die Sonne untergeht, wäre bei „Wer wird Millionär" wohl noch nicht einmal eine 10-Euro-Frage. Aber die Frage nach dem westlichsten Punkt Madeiras könnte bei Günter Jauchs Quizshow locker 100 000 Euro wert sein. Lösen wir auf: Es ist die Ponta do Pargo. Und weil in Richtung Westen hier nichts mehr die Sicht versperrt, ist der Leuchtturm an der Steilküste einer der besten und beliebtesten Orte, um den Sonnenuntergang auf der Blumeninsel zu erleben. Aber auch tagsüber ist diese einsame Ecke, die ein wenig an die nordwestlich im Atlantik gelegenen Azoren erinnert, unbedingt einen Ausflug

wert. Schon vom Kreisel direkt am Leuchtturm genießt man eine fantastische Aussicht über die Steilküste.

Kraxeln an der Küste

Weil der Mensch aber von Natur aus ein sehr neugieriges Wesen ist, müssen die meisten Besucher unbedingt noch auf das Plateau unterhalb des Leuchtturms klettern, um vielleicht einen noch besseren Ausblick zu genießen und mit dem Handy das Naturspektakel zu fotografieren. Schwindelfrei sollte man definitiv sein, wenn man dort herumspaziert, und vorsichtig erst recht – es sei denn, man will ausprobieren, wie sich 300 m freier Fall so anfühlen.

==Insider-Tipp== Im Leuchtturm an der Ponta do Pargo ist ein kleines Museum eingerichtet. Die Infos sind allerdings nur auf Portugiesisch.

Spaziergang zum Teehaus

Wem einfach nur aufs Meer hinausgucken zu wenig ist, der macht einen kleinen Spaziergang rüber zum östlich gelegenen Miradouro do Fio und zur Casa do Chá, dem gemütlichen Teehaus unweit des Aussichtspunkts. Vom Miradouro do Fio – benannt nach der Seilvorrichtung, mit der die Waren einst vom Atlantik hinaufgezogen wurden – schaut man hinüber nach Paúl do Mar im Osten. In der Casa do Chá gibt es übrigens nicht nur Tee, sondern auch verschiedene Sandwiches und gute madeirensische Fleisch- und Fischgerichte. Nur die Brasse *(Pargo)*, also der Fisch, nach dem der Ort einst benannt wurde, der steht nicht mehr auf der Speisekarte.

Die Tour im Überblick

🚶 **Sonnenuntergang und Spaziergang am Leuchtturm der Ponta do Pargo**

ℹ️ *Zum Leuchtturm fahren die Busse 6 und 139, brauchen allerdings ab Funchal deutlich mehr als 2,5 Std. Ab Porto Moniz fährt Bus 150 zur Ponta do Pargo, allerdings nicht zum Leuchtturm | Mit dem Auto ab Funchal auf der Via Rápida bis Ponta do Pargo eine knappe Stunde*

🕐 *Ganzjährig*
⚙️ *Festes Schuhwerk, wenn man unterhalb des Leuchtturms klettern möchte*
📍 *32.814198, -17.262955*

✔ DOWNLOAD GPX-Track

Portugals höchstgelegener Leuchtturm (re. o.) steht an der schwindelerregend hohen Steilküste der Ponta do Pargo (li. und re. u.) ganz im Westen Madeiras

Bummel durchs Fischerdorf Câmara de Lobos ★

João Gonçalves Zarco hat die ersten Jahre, nachdem er Madeira entdeckte, in Câmara de Lobos gelebt. Hier soll der Poncha erfunden worden sein, hier wurden und werden auch die meisten Espadas gefangen. Und hier saß ein gewisser Winston Churchill stundenlang mit seiner Staffelei oberhalb des Hafens und malte das Bilderbuchstädtchen mit seinen bunten Fischerbooten. Trotz zahlreicher Touristen hat der Ort seinen Charme bewahrt.

Wo Churchill Fischerboote malte

Winston Churchill saß in Câmara de Lobos stets an einer bestimmten Stelle und malte das idyllische Fischerdorf mit den bunten Booten, den Xavelhas. Das war 1950, als der ehemalige britische Premier sich von einer verlorenen Wahl und einer Krankheit erholen wollte. Der Ausblick, den er damals genossen hat, und damit auch das Motiv, hat sich kaum verändert. Wer des Zeichnens oder Malens mächtig ist, kann dort oberhalb des Hafens Pinsel oder Bleistift zücken. Alle anderen können immerhin ein schönes Handyfoto schießen und sich danach auf einen kleinen Stadtbummel begeben.

An der Churchill-Statue am Hafen

Seinen Namen hat Câmara de Lobos erhalten, weil sich hier einst zahlreiche Mönchsrobben (port. Lobos marinhos) in der Bucht aufhielten. Wörtlich übersetzt bedeutet der Name: Höhle der Wölfe. Aber im Ort ist Churchill deutlich präsenter als die Robben: Es gibt mehrere Hotels, die nach ihm benannt sind, und vor einem davon ist eine Churchill-Statue aufgestellt worden. Direkt am Hafen haben viele Kneipen und Restaurants die Tische auf die Straßen und Gassen gestellt. Die alten Männer sitzen dort und machen das, was sie seit ewigen Zeiten tun – Karten und Domino spie-

len – und davon lassen sie sich auch von den zahlreichen Touristen nicht stören. So weit kommt's ja
noch. <mark>Insider-Tipp</mark> Einen wundervollen Blick auf
den Hafen hat man von der Terrasse des etwas versteckt gelegenen Restaurants Minerva.

Vom Hafen zum Aussichtspunkt Ilhéu de Câmara de Lobos

In den eigentlich hübschen Gassen in Richtung der
Igreja Matriz de São Sebastião aus dem 16. Jh. gibt
es reichlich Leerstand, also wandert man lieber weiter auf den Aussichtspunkt Ilhéu de Câmara de Lobos. Von dem umliegenden Garten auf dem Felsen
über dem Meer hat man zwar keine ganz so schöne
Sicht auf die Fischerboote wie einst Winston Churchill, dafür aber tolle Ausblicke auf die Dächer von
Câmara de Lobos, die gesamte Bucht und auf das
nahe gelegene Cabo Girão.

Die Tour im Überblick

🚶 **Spaziergang durch Câmara de
Lobos, ca. 1,8 km, 2 Std.**

ℹ️ *Bus 3 fährt von Funchal nach Câmara
de Lobos | Mit dem Auto braucht man
über die Via Rápida etwas mehr als
15 Min., Parkplatz am Hafen | Badeplatz
an der Praia de Vigário, westl. der Kirche.
Im Sommer mit Snack-Bar | Sehr gutes
Fischrestaurant: Vila do Peixe, R. Dr. João
Abel de Freitas 30A*

🕐 *Ganzjährig*
⚙️ *Badesachen einpacken*
📍 *32.647139, -16.974340 (Start)*

✔ **DOWNLOAD GPX-Track**

*Churchill hatte Câmara de Lobos mit seinem kleinen Hafen (li.)
einst zu seinem Lieblingsort auserkoren. Ihm zu Ehren wurde
vor einem Hotel mittlerweile eine Statue aufgestellt (re.)*

Auf der Spur der Bananen in Madalena do Mar ★

Sie sind süßer und schmecken intensiver und aromatischer als die, die wir zu Hause im Supermarkt kaufen können, sie werden auf Madeira sogar zum Fisch gegessen und sind allgegenwärtig im Südwesten der Insel: die Madeira-Bananen. In Madalena do Mar kann man sich auf der knapp 2 km langen Rota da Banana auf Spurensuche begeben.

Durch duftende Bananenplantagen

Die Bananenplantagen im Südwesten Madeiras ziehen sich nicht selten die Hügel hinunter bis direkt an den Strand. Im beschaulichen Örtchen Madalena do Mar geht es auf der Rota da Banana entlang der Levadas, künstlichen Wasserläufen, zwischen Natursteinmauern quer durch den Ort. Wunderbar schattig ist es unter den riesigen Bananenblättern, und während der Blüte im Frühjahr und im Herbst duftet es lieblich nach Honig.

Vorbei an Blüten oder blauen Säcken

Eine Bananenstaude kann bis zu 30 kg wiegen. Besonders beeindruckend sind die blass-violett bis dunkelrot schimmernden Blüten, aus denen später die Früchte hervorwachsen. Um sie vor Insektenbefall zu schützen und den Reifeprozess zu beschleunigen, hüllen die Bananenbauern Madeiras die Stauden allerdings in blaue Plastiksäcke, geerntet werden die Bananen in ebenjenen Säcken, während sie noch grün sind. Und zwar das gesamte Kalenderjahr über, wobei fast zwei Drittel der Bananen im Zeitraum zwischen Juli und Oktober geerntet werden. Angebaut werden Bananen an Madeiras Südküste bereits seit Mitte des 16. Jhs., die meisten der rund 3000 Bananenbauern betreiben den Bananenanbau heutzutage allerdings als Nebenerwerb.

Schön krumm, aber zu kurz

Vom Start an der Küstenstraße darf man die schmalen Wege der Rota de Banana nicht verpassen. Auf die Schilder achten. Und dass man auch nicht eine einzige Banane abpflückt während des Rundgangs, dürfte sich von selbst verstehen. ==Insider-Tipp== Allerlei Wissenswertes zum Thema Bananen erfährt man im BAM, dem Centro da Banana da Madeira, in Lugar de Baixo *(bam-centrodabananadamadeira. pt).* Außer auf Madeira und auf dem portugiesischen Festland können die Madeira-Bananen übrigens nicht verkauft werden. Sie sind zwar genauso schön krumm, aber weil sie zu kurz sind mit weniger als 14 cm Länge, erfüllen sie die EU-Norm nicht. Auf der Blumeninsel wird die Madeira-Banane häufig zum Degenfisch gereicht, man macht Marmelade daraus oder einen Bananenlikör, der allerdings recht gewöhnungsbedürftig ist.

Die Tour im Überblick

🚶 **Spaziergang durch die Bananen-plantagen in Madalena do Mar, ca. 2 km, 1,5 Std.**

ℹ️ *Mit den Bussen 8 und 115 dauert es von Funchal rund 1 Std. 15 Min. | Mit dem Auto braucht man ab Funchal über die Via Rápida rund 30 Min., großer Strandparkplatz westl. des Ortes*

🕐 *Ganzjährig, zur Blüte im Frühjahr, Herbst*
⚙️ *Festes Schuhwerk*
📍 *32.679845, -17.086699 (Bananenmuseum in Lugar do Baixo), 32.699772, -17.133168 (Start des Spaziergangs)*

✔ **DOWNLOAD GPX-Track**

Die Hügel im Südwesten sind Bananenland (li.). Die süßen, aromatischen Früchte (re.) werden in den Restaurants u. a. gerne zum Espada, dem schwarzen Degenfisch, gereicht.

An der Steilküste über Jardim do Mar ★

Fast senkrecht ragen die Felswände oberhalb von Jardim do Mar in den Himmel. Ein Weg hinauf ist vom Hafen beim besten Willen nicht zu erkennen. Und doch gibt es ihn: einen steilen, beschwerlichen Pfad hinauf nach Prazeres - lange Zeit die einzige Verbindung zur Außenwelt für die Menschen aus dem Garten des Meeres.

Wandern oder chillen am Hafen?

Da sitzt man gemütlich auf der Terrasse des Portinho am Hafen von Jardim do Mar, genießt seinen Chinesa zum Frühstück und fragt sich, was einen da wieder geritten hat. Der Tag könnte doch so gemütlich weitergehen; ein bisschen den Surfern zuschauen, baden gehen, in der Sonne chillen, dem Rauschen der Wellen lauschen. Stattdessen sitzt man dort in voller Montur, schnürt die Wanderstiefel fester, um die Vereda do Jardim do Mar nach Prazeres in Angriff zu nehmen. Das liegt gut 500 m über dem Meer – bei einer Distanz von knapp 2 km braucht es weder viel Fantasie noch Rechenkünste, um zu wissen, dass dieser Trip ganz schön anstrengend werden kann.

Unterwegs auf dem Panoramaweg

Es geht zunächst auf den Kopfsteinpflasterwegen durch den Ort, ab der alten Mühle durch Bananenhaine und über steile gemauerte Treppen hinauf. Hunderte von Eidechsen flitzen über den Weg und klettern an den Natursteinmauern hinauf, am Wegesrand blühen Kakteen und Strelitzien. Und schon die ersten Blicke zurück, über den Ort und über den in der Sonne glitzernden Atlantik, machen Lust auf mehr. Überhaupt, was soll das Gejammer? Früher trugen die ärmeren Menschen von Jardim do Mar den wohlbeleibten Pfarrer oder besser betuchte Bürger auf genau demselben Weg in einem Tragetuch hinauf nach Prazeres. Denn dieser Pfad, heute der offizielle Wanderweg

PR 20, war lange – außer übers Meer – die einzige Verbindung zur Außenwelt.

Ein Picknick am Miradouro

Bald führt nur noch ein handtuchbreiter Pfad den Hang hinauf, die Ausblicke zum Niederknien schön. Beim Picknick genießt man sie am Miradouro unterhalb von Prazeres in aller Ruhe, ehe es wieder hinuntergeht. Für die Knie eindeutig belastender, aber nicht so schweißtreibend. Beim Poncha in der Hafenbar steht fest: Es hat sich definitiv gelohnt, den inneren Schweinehund zu überwinden. Die Wanderung von Jardim do Mar nach Prazeres zählt eindeutig zu den schönsten Touren an der Südküste. **Insider-Tipp** Die letzten knapp 400 m der offiziellen Wanderung kann man sich sparen, es folgt nur eine steile Betonstraße. Lieber am Miradouro picknicken und umkehren.

Die Tour im Überblick

🚶 **Schwere Wanderung von Jardim do Mar nach Prazeres, ca. 4 km, 3,5 Std. (Hin- und Rückweg)**

ℹ️ *Bus 142 fährt via Ribeira Brava von Funchal ans Ziel, dauert allerdings ewig | Mit dem Auto ist man in Richtung Jardim und Paúl do Mar (ab Estreito da Calheta) deutlich schneller*

🕐 *Ganzjährig*
⚙️ *Gutes Schuhwerk, Wasser und Verpflegung, Sonnenhut oder Cap, man läuft fast ausschließlich in der prallen Sonne*
📍 *32.735351, -17.208865 (Start), 32.745022, -17.210695 (Picknickplatz)*

✔ **DOWNLOAD GPX-Track**

Teilweise nur handtuchbreit, aber absolut spektakulär: der Wanderweg an den steilen Felswänden oberhalb von Jardim do Mar (li. und re.)

Bootstour zu den Akrobaten des Ozeans ★

Madeira ist ein erstklassiger Spot, um Wale und Delfine zu beobachten. Verschiedene Delfinarten sichtet man auf fast jeder Tour, häufiger Pilot- und Grindwale und bisweilen auch die bis zu 18 m langen und 50 t schweren Pottwale.

Vom Späher an Land dirigiert

Langsam tuckert die Stenella zunächst aus dem Hafen von Calheta. Aber kaum hat das Hightech-Schlauchboot die Hafenmole passiert, gibt Kapitän Daniel so richtig Gas. Mit einer Geschwindigkeit von 60 km/h peitscht die Stenella über den Ozean, ungefähr genauso schnell sind übrigens die Delfine im Wasser unterwegs. Das Walbeobachtungsboot hat es aus einem guten Grund eilig. Denn gerade hat der Käpt'n einen Funkspruch erhalten, wo sich eine größere Gruppe von Delfinen aufhält. Der vielleicht wichtigste Mitarbeiter des Whalewatching-Anbieters Lobosanda ist nämlich gar nicht an Bord, sondern er steht mit einem mega-leistungsstarken Fernglas in den Hügeln oberhalb von Calheta und dirigiert die Crew von dort aus. Sichtungen garantiert Lobosanda nicht, aber sie sagen: Wenn Tiere da sind, finden wir sie auch. **Insider-Tipp** Wer es gerne gemütlicher hat, kann bei Lobosanda auch die Tour mit dem historischen und komplett renovierten Fischkutter Ribeira Brava buchen.

Akrobatische Luftsprünge sehen

Versprochen ist versprochen: Schon nach gut zehn Minuten auf dem Wasser springen die ersten Delfine um das Boot herum, Mütter mit ihren Kälbern, wie die Babydelfine heißen. Handys werden gezückt und mit vielen „Ohs" und „Ahs" wird fotografiert, während Guide und Meeresbiologin Paula erklärt, dass es sich um eine Gruppe von Atlantischen Fleckendelfinen handelt. Man weiß gar nicht, wo man hinschauen soll, immer wieder tau-

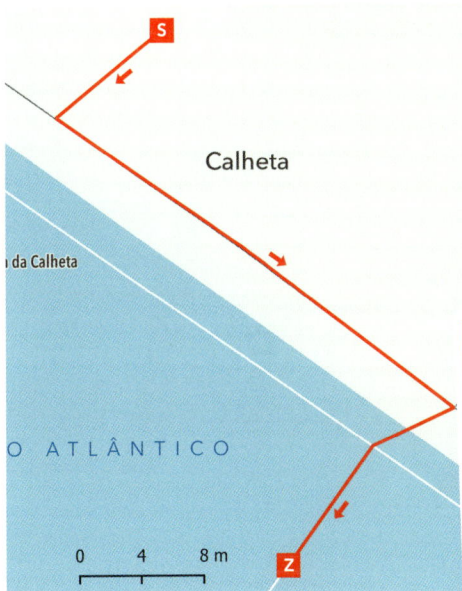

Calheta

da Calheta

O ATLÂNTICO

0   4   8 m

S

Z

Ohne Garantie: Walbeobachtung auf dem Atlantik kann nicht immer gewährleistet werden (li.). Die Delfine dagegen kennen keine Scheu vor den kleinen Booten (re.)

chen die Delfine an anderen Stellen auf, vollführen ihre akrobatischen Luftsprünge und verschwinden wieder im tiefblauen Wasser des Atlantiks.

Eine respektvolle Begegnung

Aus dem Funkgerät kommen neue Anweisungen, die Stenella nimmt Fahrt auf – und hat Erfolg, entdeckt eine weitere Gruppe von rund 15 Delfinen, die auf der Jagd nach Beute sind. Diesmal sind es Streifendelfine, die sich bis zu 7 m hoch aus dem Wasser katapultieren können. Aber so schnell das Walbeobachtungsboot auch sein mag, den Tieren nähert es sich stets langsam und respektvoll. Lobosandas Business ist die Wal- und Delfinbeobachtung, gleichzeitig verstehen sie sich als Walschützer und versuchen, die Tiere so wenig wie möglich zu stören. Sie haben sich auch erfolgreich gegen den Bau eines Delfinariums auf Madeira engagiert.

Die Tour im Überblick

🛥 **Bootstour mit Wal- und Delfinbeobachtung vor der Küste von Calheta, ca. 2,5 Std.**

ℹ️ *Von Funchal mit Bus 142 in 1 Std., 40 Min. bis Calheta | Ab Funchal auf der Via Rápida in ca. 40 Min. | Treffpunkt bei Lobosanda an der Promenade von Calheta | lobosanda.com | €€€ (Guides sprechen Portugiesisch, Englisch und Deutsch)*

🕐 *Zwischen Mai und Sept.*
⚙️ *Je nach Wetter: Sonnencreme, Hut, Cap oder wasserfeste Kleidung*
📍 *32.718701, -17.172096 (Treffpunkt)*

✔ DOWNLOAD GPX-Track

Zur Siesta ist es in den verwinkelten Gassen von Jardim do Mar eher ruhig. Abends trifft man sich zum Schwätzchen in Joe's Bar

Der Südwesten Madeiras wurde touristisch recht spät erschlossen. Das hübsche Jardim do Mar und das etwas unfertig wirkende Paúl do Mar locken vor allem junges Publikum und Surfer. In Calheta urlauben besonders Familien gerne; hier wurde der erste künstliche Sandstrand der Insel aufgeschüttet.

IN & UM JARDIM DO MAR
Spaziergang durch den Garten des Meeres

1 🚶 **Gemütlicher Bummel durch die Gassen und entlang der Promenade in Jardim do Mar, ca. 2 km, 1,5 Std.**

Sich in Jardim do Mar zu verlaufen ist keine Schande. Das passiert fast allen, die zum ersten Mal durch den „Garten des Meeres" flanieren. Ein Labyrinth aus kleinen Gassen durchzieht den beschaulichen Ort, kaum eine von ihnen verläuft geradeaus. Man wandelt auf dem historischen, mit Mosaiken geschmückten Pflaster zwischen Gärten, in denen Bananen, Feigen und Papayas wachsen. Knallige Bougainvilleas schmücken die Hauswän-

de, Palmen spenden Schatten, und ab und zu erhascht man einen Blick auf den Atlantik oder auf die mächtigen Felsen oberhalb des Ortes. Den gemütlichen Bummel durch den Ort beginnt man am besten am Marktplatz, vorbei an der alten Zuckerrohrfabrik zum Hafen. Mit ein bisschen Glück kann man dort den Surfern bei ihren abenteuerlichen Stunts zuschauen und folgt dann der Promenade in Richtung Westen. Fast immer krachen die Wellen mit ungeheurer Macht gegen die Mauern und am Ende hat man einen wunderbaren Blick auf das Nachbardorf Paúl do Mar. Vorm Kiesstrand geht es wieder hinauf und hinein in die Gassen, und man landet schließlich bei Joe's Bar, definitiv dem „Place to be" in Jardim do Mar.

ⓘ *Bus 80 (Via Rápida) und 115 | Seit 2022 sind die neue Straße und der neue Tunnel ab Estreito da Calheta in Richtung Jardim und Paúl do Mar fertig und die Anreise deutlich einfacher | facebook.com/people/JOES-BAR-JARDIM-DO-MAR/100041622052943* 🕐 *Besonders schön im Frühjahr* 📍 *32.737876, -17.210899 (Start und Ziel)* ✔ *Download GPX-Track*

Blick von Jardim do Mar auf den Nachbarort Paúl do Mar

Wanderung von Jardim do Mar nach Paúl do Mar

2 🚶 **Kurze, aber anspruchsvolle Küstenwanderung nach Paúl do Mar, ca. 2 km, 2 Std.**

Vom westlichen Zipfel der Promenade in Jardim do Mar hast du einen schönen Ausblick auf das Nachbardorf Paúl do Mar. Der Nachbar in der Ferienwohnung hat gesagt: „Ist cool da, da musst du mal hin." Okay, du könntest durch den neuen Tunnel fahren und wärst im Nu da – aber das ist ja langweilig, das kann ja jeder. Also gehst du zu Fuß ins Nachbardorf, immer am Meer entlang. Die Küstenwanderung ist definitiv nur bei Niedrigwasser zu machen. Hältst du dich an die Regeln, ist es ein kleines Abenteuer, hältst du dich nicht an die Regeln, kann es lebensgefährlich werden.

Ab Jardim do Mar wandert man zunächst vermehrt über grobkieselige Strandabschnitte, dann an den Felswänden über große, eher ockerfarbene bis rötliche Tuffsteine. Es ist insgesamt schon eine ziemliche Kraxelei: Mal wanderst du auf schmalen Pfaden oberhalb von sogenannten Schuttfächern am Fuß der Felsen, dann wieder über große Fels-

brocken. Je nach Brandung musst du dich an einigen Abschnitten trotz Niedrigwasser ein wenig beeilen, um keine nassen Füße zu bekommen. Am Ende der Tour geht es vorbei an der Cascata do Paúl do Mar und an einigen bunten Fischerbooten, dann hast du den Hafen und das östlichste Ende von Paúl do Mar erreicht.

Die Tour lässt sich nur bei Niedrigwasser und bei wirklich ruhiger See machen. Infos zu Ebbe und Flut bekommt man im Turismo und im Internet, u. a. auf *windfinder.de* oder *gezeitenfisch.de*. Für die Tour hast du ein Zeitfenster von rund drei Stunden. Nass kann es trotzdem werden, also eventuell Ersatzklamotten mitnehmen. Rutschfeste Schuhe sowieso und etwas zu trinken auch.

Insider-Tipp In Paúl do Mar erwartet einen gleich am Hafen das einfache, aber sehr gute Fisch-Restaurant O Ideal.

ℹ *Bus 142 fährt via Ribeira Brava von Funchal ans Ziel, dauert allerdings ewig | Durch die neue Verbindung in Richtung Jardim und Paúl do Mar (ab Estreito da Calheta) ist man mit dem Pkw deutlich schneller am Ziel | Zurück nach Jardim geht es mit*

131

Paúl do Mar ist der Hotspot für Surfcracks im Südwesten

Atemberaubend: die Serpentinen zwischen Paúl do Mar und Jardim do Mar

Bus 80 oder mit dem Taxi (unter 10 €) ⏱ Ganzjährig 📍 32.739766, -17.212555 (Start), 32.752761, -17.224963 (Ziel)
☑ Download GPX-Track

Graveln zum Meer

3 🚲 **Anspruchsvolle Gravelbike-Tour von Prazeres nach Paúl do Mar, 22 km, ca. 2 Std.**

Für alle, die nicht wissen, was ein Gravelbike ist, hier eine kurze Erläuterung: Das Gravelbike ist so etwas wie der Allrounder unter den Fahrrädern. Man kann damit richtig schnell unterwegs sein wie mit einem Rennrad, aber auch gut über Stock und Stein brettern. Sehr vereinfacht gesagt ist es eine Mischung aus Rennrad und Mountainbike. Und so ein Gefährt kann man auf Madeira verdammt gut gebrauchen, wenn man sportive Radtouren machen will. Zum Beispiel eine Tour von Prazeres hinunter an den Atlantik nach Paúl do Mar, aber nicht auf direktem Weg. Zunächst geht's bergauf auf der Regionalstraße 210 Richtung Achada Grande, aber bereits vorher biegt man ab und rauscht zwischen Eukalyptusbäumen und Ginsterbüschen über naturbelassene Wirtschaftswege in Richtung Lombada dos Cedros. Ab dort noch einmal durch die „Pampas" nach Fajã da Ovelha, ehe man die abenteuerliche alte Straße hinunter ans Meer nimmt.

Man könnte sagen, es ist die Mutter aller Serpentinenstraßen auf Madeira: steil, kurvenreich, mitten in die Felsen gehauen und mit atemberaubenden Aussichten auf Paúl do Mar und das Meer.

ℹ️ *Nach Prazeres inklusive Rad kommt man am besten mit dem Großraumtaxi | Die Tour hat etwas weniger als 700 hm und ist durchaus anspruchsvoll, auch weil die Abfahrten nicht ohne sind | Gravelbikes kann man bei E-Bike Madeira in Funchal leihen (ebikemadeira.com)* ⏱ *Ganzjährig* 📍 *32.756187, -17.201481 (Start), 32.754985, -17.228149 (Ziel)*

Surfen für Könner

4 🌊 **Surfen bzw. beim Surfen zuschauen am Strand von Paúl do Mar**

Lässig sitzen einige Surfer auf der Mauer an der Promenade von Paúl do Mar und schauen aufs Meer, dort wo ihre Kumpels im Wasser herumdümpeln und auf die nächste brauchbare Welle lauern. Sie lässt nicht lange auf sich warten und die Cracks im Wasser surfen eine der sogenannten

Hier feiert (sich) die Jugend: Party am Maktub in Paúl do Mar

Point Breaks, die hier ab einem bestimmten Swell zu brechen beginnen. Das sieht mehr als abenteuerlich aus, ein paar Zuschauer spenden Applaus, während die coolen Surfer an Land allenfalls eine Augenbraue hochziehen – das muss reichen als Anerkennung. Paúl do Mar im Südwesten Madeiras gilt als Hotspot für alle, die keine Angst vor meterhohen Wellen haben. Hier wurden schon Big Wave Challenges und Weltmeisterschaften ausgetragen. Wer als Anfänger nach Paúl do Mar kommt, der wird sich wahrscheinlich auch auf die Mauer setzen, wird versuchen möglichst lässig auszusehen und dann seine Siebensachen packen. Denn Paúl do Mar ist definitiv etwas für Könner, aber die können hier mit ein bisschen Glück die Welle ihres Lebens surfen.

ⓘ *Bus 80 (Via Rápida) und 115 | Seit dem Bau der neuen Straße mit dem Auto in 40 Min. ab Funchal zu erreichen | Selbst um nur den Surfcracks zuzuschauen, lohnt sich ein Ausflug nach Paúl do Mar. Der Ort selbst wirkt ein bisschen unfertig, der Wandel vom Fischerdorf zu einem Touristenort ist noch im Gange* ⓧ *Zum Surfen: Sept. bis Mai*

(beste Zeit Nov. und Jan.) ⓥ *32.755018, -17.228677*

Party an der Promenade

5 🏐 **Volleyball und Tanzen am Maktub Pub**

Der Maktub Pub an der Promenade von Paúl do Mar ist eine der hippsten Locations auf Madeira. An der Kultbar versammelt sich die Szene, Surfer, Freaks und Aussteiger. Man chillt bei einem Cocktail oder einem Bier, zeigt reichlich nackte Haut, feiert sich selbst und flirtet. Nicht selten holt jemand einen Volleyball heraus und direkt auf der Straße vor dem Pub wird spontan gepritscht und gebaggert. Wer sich nicht allzu ungeschickt beim Volleyballspielen anstellt, kann sich einfach dazugesellen und mitspielen. ==**Insider-Tipp** Abends verwandelt sich die Straße oberhalb des kleinen Strandes in einen Open-Air-Dancefloor: Tanzen nach Technoklängen beim Sonnenuntergang, auch das geht auf Madeira.==

ⓘ *Bus 107 fährt nach Paúl do Mar | Seit der neue Tunnel eröffnet ist, braucht man von Funchal aus mit dem Auto eine gute Dreiviertelstunde | maktubpub. com* ⓧ *Ganzjährig* ⓥ *32.764776, -17.234730*

Eines der schönsten Städtchen Madeiras: Ponta do Sol

Prazeres-100057449231801 🕐 *Es gibt keine speziellen Öffnungszeiten, die Pista ist frei zugänglich* 📍 *32.751496, -17.202714*

Inlineskaten mit dem Weltmeister in Prazeres

Speeddating zum Speedskating

6 🛼 **Inlineskaten in Prazeres**

Irgendetwas schimmert blau durch die Bäume und Häuser im beschaulichen Prazeres oberhalb der Südwestküste. Ein Schwimmbad vielleicht, von dem man noch nichts wusste? Also macht man sich auf die Suche und wird gleich neben dem örtlichen Stadion fündig. Aber Schwimmen kann man dort definitiv nicht. Das, was so blau durchschimmerte, ist nämlich kein Schwimmbecken und auch keine Radrennbahn, wie man auf den ersten Blick vermuten könnte, sondern die Pista de Patinagem dos Prazeres: eine nigelnagelneue und knallblaue Bahn für Skater. Für alle Skating-Freaks heißt es also: die Inliner in den Koffer und auf Madeira ein paar Runden drehen. Vielleicht ja sogar gemeinsam mit dem jungen Madeirenser Alfonso Silva, der auf der Bahn in Prazeres trainiert und 2023 Weltmeister der U23-Altersklasse über die 10 000-m-Distanz wurde.

ℹ️ *Bus 142 | Mit dem Auto auf der Via Rápida in ca. 45 Min. ab Funchal | facebook.com/p/Patinagem-*

PONTA DO SOL
Postkartenmotiv am Cais

7 🚶 **Spaziergang zum besten Fotospot in Ponta do Sol, 500 m, ca. 1 Std.**

Manchmal ist es wirklich eine Frage der Perspektive. Ponta do Sol im Südwesten gilt nicht nur als sonnigster Ort der Insel, sondern mit seinen bunten, zwischen Felsen und Bananenplantagen eingeklemmten Häusern auch als einer der schönsten. So weit, so schön. Aber den besten Blick auf das Schmuckstück hat man definitiv vom Cais da Ponta do Sol. Eine Steinbrücke aus der Mitte des 19. Jhs. führt auf die vorgelagerten Felsen. Die Brandung kracht an Mauern und Felsen, Angler vertreiben sich die Zeit auf der Pier, ein paar tollkühne Jungs springen von den Klippen – was man besser nicht nachmachen sollte. Bei ruhiger See kann man aber über eine der Leitern ins Meer. Ansonsten ganz bis zum Ende durchgehen und von dort aus ein richtig schönes Panoramafoto vom Ort schießen. Wenn das Bild im Kasten ist, nimmt man in der herrlich gelegenen Bar Poente am Anfang des Cais noch einen Poncha.

Ein magischer Moment: Sonnenunter-
gang bei Ponta do Sol

ⓘ *Nach Ponta do Sol fährt ab Funchal und Ribeira Brava u.a. die Schnellbuslinie 4. Haltestelle am großen Kreisel zwischen den beiden Tunneln. Von da kurzer Fußmarsch ans Meer und ins Zentrum | Ab Funchal mit dem Auto in rund 30 Min. über die Via Rápida, parken kann man meistens im Tunnel am östlichen Rand der Promenade* ⊙ *Ganzjährig* ⊚ *32.679102, -17.103999 (Start), 32.678015, -17.104282 (Ziel)*

Sonnenuntergang am Felsentor

8 🚶 **Spaziergang bei Ponta do Sol, ca. 1 km, 1 Std.**

Instagrammer könnten glatt auf die Idee kommen, man habe ihnen extra für ihre Fotos das Loch in den Felsen geschnitten oder gesprengt. Aber das ist natürlich vollkommener Blödsinn. Das Loch in den Felsen bei Ponta do Sol ist in Wahrheit ein Minitunnel, der zu einem alten Handelsweg entlang der Küste gehört. Aber es ist schon richtig: Die Location ist ein genialer Spot bei Sonnenuntergängen – nicht nur für Insta-Fans. Man muss nur von der Promenade in Ponta do Sol durch den alten Tunnel in Richtung Westen gehen und schon ist man da. Eine alte, malerische Steinbrücke überspannt den Fluss, ein

paar Meter weiter tut sich das Loch im Felsen auf. Jetzt braucht man nur noch ein Model, das sich dort platziert. Und von der anderen Seite des Bachbetts schießt man eines der schönsten Sonnenuntergangsfotos auf Madeira. Wer mag, kann noch ein bisschen weiter unter den überhängenden Felsen den Weg entlangspazieren, weit kommt man allerdings nicht, der Weg führt bald wieder an die Straße.

Insider-Tipp Geht man die Straße hinter dem Tunnel weiter, gelangt man zum Wasserfall Cascata dos Anjos.

ⓘ *Bus 4 und 146 ab Funchal bis zum Kreisel oberhalb des Ortes | Mit dem Auto auf der Via Rápida in gut 30 Min. ab Funchal* ⊙ *Ganzjährig* ⊚ *32.681636, -17.108126 (Start), 32.681623, -17.108237 (Ziel)*

Levadawanderung für Schwindelfreie

9 🚶 **Anspruchsvolle Levada-Wanderung mit grandiosem Wasserfall, 8 km, ca. 3–4 Std.**

Am Start der Wanderung an der Igreja da Lombada entlang der Levada do Moinho ist alles noch ganz entspannt. Meistens scheint hier an der Südwestküste die Sonne und der Ausblick über Ponta

Beliebter Sandstrand für Familien:
Praia da Calheta

*Etwas eng alles, dafür spektakulär: Wasserfall an der
Levada do Moinho*

do Sol ist grandios. Schon bald führt der Weg in einen Talkessel hinein, an dessen steilen Hängen die Madeirenser Gemüse anbauen, und man kann nur hoffen, dass die Bauern bei der Ernte ihrer Kartoffeln nicht hinunterstürzen. Die Landschaft wird wilder, je weiter du gehst, kleine Bäche fließen in die Levada, längst wanderst du durch einen dichten Mischwald. Bis du schließlich an den Punkt gelangst, wo du über steile Treppen von der Levada do Moinho auf die etwas höher gelegene Levada Nova wechselst. Ein stattlicher Wasserfall prasselt auf den Wanderweg. Es ist rutschig, es ist eng, ein paar Zentimeter neben dem Weg geht es steil bergab – zum Teil ohne sicherndes Geländer – und die Wanderung ist nicht mehr ganz so entspannt wie zu Beginn. Die Ausblicke aufs Meer und die Blumenpracht entlang der Levada sorgen dafür, dass der Puls wieder ein bisschen runterkommt. Nach knapp 8 km blickst du auf eine der schönsten Levadawanderungen im Süden Madeiras zurück.
ⓘ Mit öffentlichen Verkehrsmitteln extrem um-

ständlich | Mit dem Auto ab dem großen Kreisel in Ponta do Sol in Richtung Canhas, am nächsten Kreisel auf der alten ER 222 weiter, die Levada ist ausgeschildert | Parkplätze vorhanden ⏱ Ganzjährig ⦿ 32.689581, -17.091572 (Start und Ziel) ✔ Download GPX-Track

Strand mit Saharasand

10≋ **Baden am Sandstrand von Calheta**
Manchmal weht der sogenannte Leste, ein Ostwind aus der Sahara, feinsten Sand nach Madeira. Nach Calheta wurde Saharasand hingegen eigens verschifft, um hier den ersten künstlichen Sandstrand der Insel anzulegen. Genauer gesagt sind es sogar zwei Sandstände, die sich, von Molen geschützt, in der Bucht gegenüberliegen. Wer feinsten Sand braucht, um echtes Strandfeeling zu erleben, der ist in Calheta goldrichtig. Und wer mit Kindern unterwegs ist, der findet hier einen der wenigen Orte, an dem die lieben Kleinen völlig gefahrlos baden und Burgen bauen können. Sonnenliegen und Sonnenschirme kann man ausleihen, am westlichen Strandabschnitt gibt es einen Kinderspielplatz. Und nach dem perfekten Strandtag bummelt man noch über die Promenade am Yachthafen. **Insider-Tipp** Oder man besucht das MUDAS: Das oberhalb des Strandes auf einer Klippe gelegene Museum präsentiert zeitgenössische Kunst. Ein

Schnorcheln mit Delfinen: Bei Calheta kommt man Flipper & Co. ganz nah

Fajã mit Strand unterhalb des Skywalks am Cabo Girão

paar Schritte weiter serviert das Essência do Atlântico tolle Fischgerichte.

ⓘ *Der Rodoeste-Bus 115 fährt ab Funchal nach Calheta, braucht aber mehr als 2 Std. | Mit dem Auto ab Funchal in ca. 40 Min. über die Via Rápida* ◷ *Ganzjährig* ◉ *32.720222, -17.178334*

Den Meeressäugern ganz nah

11≋ **Schnorcheln mit Delfinen bei Calheta**

Tiefblaues Meer, Hunderte Meter tief. Es ist still auf dem Wasser, der Motor ist längst ausgeschaltet, nur die Wellen plätschern gegen das Boot weit draußen vor der Küste. Dann tauchen plötzlich ein paar Delfine an Steuerbord auf. Sowieso schon ein fantastisches Erlebnis, aber es geht noch mehr. Rasch die Taucherbrille und den Schnorchel richten und dann langsam, ganz langsam und vorsichtig am Boot ins Wasser rutschen, um die Meeressäuger so wenig wie möglich zu stören. Elegant gleiten die Tiere durchs Wasser, und sie scheinen wirklich zu lächeln, während man sich an einer Leine festhält und aus dem Staunen nicht mehr herauskommt. Und dann hört man es, dieses ganz besondere Pfeifen und Quietschen, mit dem die Delfine untereinander kommunizieren. Lange bleibt man nicht unter Wasser, lediglich ein paar Minuten, um die Tiere nicht zu stressen. Aber die-se wenigen Momente vergisst man nie mehr. Das Schnorcheln mit Delfinen ist umstritten und auch beim Veranstalter Lobosanda wurde und wird darüber diskutiert. Das gesamte Programm wird von Meeresbiologen begleitet und als oberste Regel gilt der Respekt vor den Tieren. Wenn die Guides merken, dass die Delfine oder Wale sich gestört fühlen, dreht das Boot auf der Stelle ab.

ⓘ *Bus 80 und 115 | Mit dem Auto ab Funchal über die Via Rápida via Ribeira Brava in ca. 40 Min. | lobosanda.com | €€€* ◷ *Ganzjährig, beste Zeit: Mai–Sept.* ◉ *32.718589, -17.172266 (Start)*

CÂMARA DE LOBOS
Chillen unter dem Cabo

12≋ **Baden und relaxen unterhalb des berühmten Skywalks dem Cabo do Girão**

Vom Skywalk des Cabo Girão schaut man fast 600 m hinunter in die Tiefe auf die Fajã do Cabo Girão, eine schmale Landzunge etwas östlich unterhalb der Felsen. Auch diese Fajã im Schatten der berühmten Steilklippe wurde über Jahrhunderte von den Madeirensern bewirtschaftet, denn der Boden dort ist extrem fruchtbar. Kaum vorstellbar, dass die Bauern

Der perfekte Ort für einen Heiratsantrag?
Skywalk am Cabo Girão

diese Wege einst zu Fuß gingen oder sich mitsamt ihren Transportkörben auf dem Rücken an den Felsen abseilten. Seit 2003 schwebt eine Seilbahn von Rancho hinunter an die Küste, ursprünglich, um den Bauern ihren täglichen Weg zur Arbeit zu erleichtern. Die Felder werden immer noch bestellt, ansonsten herrscht hier zumeist eine himmlische Ruhe und man hat den kleinen Kiesstrand im Schatten der mächtigen Klippen fast für sich allein. **Insider-Tipp** Im Restaurant The Top direkt am Teleférico genießt man gutes Essen mit grandiosem Ausblick.

ℹ️ *Der Teleférico fährt tgl. 8/9–12.30 und 14–19.30 Uhr | Mit Bus 3 gelangt man von Funchal nach Câmara de Lobos, ab dort ca. 40 Min. Fußweg | Mit dem Touristenbus zum Cabo, ab dort 45 Min. Fußweg | Mit dem Auto in 20 Min. ab Funchal. Auf der Via Rápida die Ausfahrt 6 (Câmara de Lobos) oder 4 (Fajã do Cabo Girão) nehmen* 🕐 *Ganzjährig (außerhalb der Hauptsaison bisweilen recht ungepflegt)* 📍 *32.652529, -16.992523 (Bergstation Teleférico), 32.651022, -16.994683 (Fajã do Cabo Girão)*

Skywalk an der Klippe

13 Ⓖ **Besuch des Skywalks am Cabo Girão**
Wenn man auf dem Skywalk des Cabo Girão durch den gläsernen Boden 589 m in die Tiefe schaut, kann einem schon ganz schön schwindelig werden. Früher musste man einen verdammt langen Hals machen, um hinunterblicken zu können auf die Fajã, die fruchtbaren Felder unten am Atlantik. 2012 dann wurde hier der Skywalk nach dem Vorbild der Aussichtsplattform am Grand Canyon errichtet und bietet neben dem Blick in die Tiefe ein wunderbares Panorama in Richtung Funchal. Man braucht ein wenig Geduld, um ein Erinnerungsfoto zu schießen, denn irgendjemand steht immer im Weg, den man nicht unbedingt auf dem Foto haben will. Die Bauern bauten ihr Gemüse übrigens nicht nur auf Meereshöhe auf der Fajã, sondern auch in den sogenannten „Poisos" an, auf schmalsten Terrassen Hunderte Meter über dem Meer, zu denen man sich nur mit einem Korb abseilen konnte. Nicht wenige hat dieses Unterfangen das Leben gekostet.

ℹ️ *Ab Funchal gelangt man mit Bus 7 zum Kap, auch die Yellow Busses fahren zum Cabo Girão | Mit dem Auto ab Funchal ca. 20 Min. Das Cabo Girão liegt etwas westlich von Câmara de Lobos und ist ab dem Ort, aber auch ab der Via Rápida ausgeschildert | € 🕐 Ganzjährig 📍 32.656923, -17.004766*

DER SCHÖNSTE SONNENUNTERGANG
Sonnenuntergang mit Wasserfall

14 **Kurzer Spaziergang zum Miradouro da Garganta Funda, ca. 1,5 km, 1–2 Std.**
Der Miradouro da Garganta Funda ganz im Westen ist einer der schönsten Orte, um spektakuläre Sonnenuntergänge zu erleben – und zwar ganz für sich allein. Der äußerste Westen ist kaum erschlossen: Es gibt keine Hotels, so gut wie keine Bars. Dabei ist der Aussichtspunkt nicht nur wegen des Sundowners ein echter „Burner", sondern weil sich vom Felsen gegenüber auch noch ein 140 m hoher Wasserfall ins Meer stürzt – allerdings nur, wenn es in den Wochen zuvor ausreichend geregnet hat.

ⓘ *Mit dem Auto auf der Via Rápida am Kreisel bei Ponta do Pargo vorbei in Richtung Porto Moniz, bald danach links abbiegen und der Ausschilderung folgen* 🕐 *Ganzjährig* 📍 *32.819169, -17.247127 (Start), 32.820064, -17.251145 (Ziel)*

Das „Nationalgericht" Madeiras: der schwarze Degenfisch, Espada, mit Banane

Die Spezialität der Insel schlechthin, der schwarze Degenfisch Espada, wird gerne mit Banane serviert. Das „Nationalgetränk" Madeiras ist ein Zuckerrohrschnaps mit Honig und Früchten namens Poncha und das heimische Coral-Bier wird so gut wie in jeder Bar ausgeschenkt.

Tiefseefisch mit Bananen

1 ⊠ Espada

Der Espada, der schwarze Degenfisch, ist so etwas wie das „Nationalgericht" Madeiras. Die Fischer holen ihn bis heute nach traditioneller Methode an kilometerlangen Schnüren aus der Tiefe des Atlantiks. Der Espada wird meistens in Kombination mit Bananen serviert, aber auch mit Knoblauch, Kräutern und Tomaten, mit Krabben oder im Speckmantel.

ⓘ *Im **A Taberna Madalena do Mar** essen aufgrund der erstklassigen Espada-Gerichte auch viele Locals | VE3 108, Madalena do Mar | facebook. com/p/A-TABERNA-DA-MADALENA-BAR | €€*

Fang des Tages

2 ⊠ Gegrillte Doraden

Ziemlich häufig geraten den Fischern Doraden ins Netz und viele Köche verstehen es, sie auf wunderbare Art und Weise auf dem Grill zuzubereiten.

ⓘ *Besonders gut isst man so eine gegrillte Dorade als „Fang des Tages" im **Essência do Atlántico** in Calheta | Av. D. Manuel I Loja N° 6, Estreito da Calheta | facebook.com/RestauranteEssencia1 | €€*

Direkt vom Erzeuger

3 ⊠ Poncha

Der Poncha, ein Drink aus Zuckerrohrschnaps, Honig und verschiedenen Früchten, wird im Idealfall frisch zubereitet und mit einer Art Holzquirl verrührt. Die Madeirenser nennen den Holzstab „caralhinho", was übersetzt „kleiner Pimmel" bedeutet. Die Urform des Ponchas ist der „pescador" (mit Zitrone); häufig wird der Poncha da Madeira auch mit Orangen, Maracuja oder Tangerina (Mandarine) angeboten.

ⓘ *In der alten Zuckerrohrfabrik* **Adega do Engenho** *kann man Poncha kaufen und gleichzeitig das Museum besuchen | Av. Dom Manuel I 29, Calheta | facebook.com/sociedadedosengenhosdacalheta | €*

Süffiges Inselbier

4 🍴 **Coral**

Das Coral-Bier wird in Câmara de Lobos gebraut und man bekommt es in so gut wie jeder Bar auf der Insel. Das gängige Bier ist ein süffiges Lager, es gibt aber auch ein Stout und zwei alkoholfreie Versionen des Coral. Die Brauerei produziert darüber hinaus die leckeren Brisa-Limonaden in verschiedenen Geschmacksrichtungen.

ⓘ *Im Restaurant* **Minerva** *mit Blick auf den Hafen von Câmara de Lobos lässt man sich das Bier zu liebevoll zubereiteten madeirensischen Spezialitäten schmecken | R. da Administração 20, Câmara de Lobos | €–€€*

Hier findest du alles

5 🍴 **Mercado Municipal**

Fisch, Fleisch, Obst, Gemüse und auch noch Kunsthandwerk findest du auf dem Markt von Ribeira Brava, der sich in einem Gebäude aus dem 19. Jh. befindet. Alle 14 Tage gibt es samstags zusätzlich einen Bio-Markt.

ⓘ **Mercado Municipal** | *Rua Gago Coutinho e Sacadura Cabral, Ribeira Brava | Mo–Sa*

Lecker und hochprozentig: eine frische Poncha

Einer der wenigen natürlichen Sandstrände Madeiras: die Praia do Porto do Seixal

Norden

STEILKÜSTE, NATUR-SCHWIMMBÄDER UND LORBEERWÄLDER

Madeiras Nordküste ist ein einziges Naturspektakel: wild, schroff und doch sattgrün aufgrund des feuchteren und raueren Klimas im Vergleich zum Süden. Wasserfälle stürzen die Klippen hinab, während die Brandung an die Felsen donnert. Die von der Unesco als Welterbe ausgezeichneten Lorbeerwälder erstrecken sich bis an die Küste und sind ein Wanderparadies. Gebadet wird in Piscinas Naturais zwischen bizarr geformten Lavafelsen, die vor heranbrechenden Wellen schützen. Glaubt man an einem der zahlreichen Miradouros, spektakulärer könnte die Aussicht nicht sein, wird man fast jedes Mal am nächsten eines Besseren belehrt. Etwas lieblicher geht es ganz im Nordosten zu, wo man traditionelle Santanahäuser besichtigen kann und der Adlerfelsen zwischen Faial und dem Surfer-Hotspot Porto da Cruz die Kulisse bestimmt.

Baden in den Vulkanbecken von Porto Moniz ★

Porto Moniz

4 🍴

1 ≋ V23
2 ≋

3 🎣

Fahrt mit der steilsten Seilbahn Europas ★

Achadas da Cruz

Ribeira da Janela

🚗 15,5 km, 20 Min.

8 ≋ **Seixal**

7 ≋

Ponta do Pargo

6 🚶

4 🚶

V23 5

São Vicente

9 🚶

Besuch des Kalkmuseums Rota da Cal ★

5 🚶

Fajã da Ovelha

V23

Paul do Mar

Prazeres

Jardim do Mar

Calheta

V23

Madalena do Mar

MARCO POLO
OUTDOOR-HIGHLIGHTS ★

★ Fahrt mit der steilsten Seilbahn Europas
Mit dem Teleférico Achadas da Cruz an die einsame Fajã da Quebrada Nova
→ S. 146

★ Auf dem Königsweg nach Boaventura
Auf einem in den Fels gehauenen Pfad an der Nordküste Madeiras wandern
→ S. 148

★ Auf Fotosafari an der Nordküste

Tour von Aussichtspunkt zu Aussichtspunkt zwischen Ponta Delgada und Portela-Pass → S. 150

★ Baden in den Vulkanbecken von Porto Moniz
In den Piscinas Naturais zwischen bizarren Lavafelsen baden → S. 152

★ In der Wasserfalldusche der Ribeira do Porco
Badegumpen mit kristallklarem Wasser in einem wunderschönen Tal → S. 154

★ Besuch des Kalkmuseums Rota da Cal
Zeitreise in die Geschichte des Kalkabbaus im Tal von São Vicente → S. 156

Fahrt mit der steilsten Seilbahn Europas ★

Es ist vielleicht einer der schönsten abgelegenen Orte Madeiras: die Fajã da Quebrada Nova unterhalb von Achadas da Cruz. Hinunter kommt man am besten mit einer der steilsten Seilbahnen der Welt – wenn man sich traut in die Gondel einzusteigen, die fast senkrecht an den Felsen gut 450 m in die Tiefe schwebt.

Nervenkitzel mit der Seilbahn ins Glück!

Manche fangen an zu plappern, um die Aufregung zu überdecken, andere werden plötzlich so stumm wie ein Fisch, wenn sie in der Gondel hinunter zur Fajã da Quebrada Nova schweben. Und wenn man genauer hinschaut, dann haben nicht wenige sogar schwitzige Hände. Der Teleférico bei Achadas da Cruz ist so steil, dass manche sich schon arg überwinden müssen, um überhaupt oben einzusteigen. Es ist reichlich Nervenkitzel dabei, wenn die Gondel mit 98 Prozent Gefälle an der Bergstation startet. Und geht wie nicht selten an der wilden Nordwestküste Madeiras noch ein Wind, fangen die kleinen Kabinen auch noch an zu schaukeln.

Angekommen in Achadas da Cruz

Nach nur wenigen Minuten ist der Spuk vorbei. Angekommen in einer anderen Welt – ohne Handynetz und Internet – heißt es: einmal durchatmen und sein Glück genießen, an diesem besonderen Ort zu sein. Die Fajã ist ein stiller Ort, abgesehen von der Brandung, die hier bisweilen meterhoch an den Kiesstrand kracht, und ein paar zwitschernden Vögeln. Ein Platz am Ende der Welt, denn außer spektakulärer Natur und ein paar Häuschen ist hier nichts. Und genau das macht den Reiz aus.

Zu den Schrebergärten am Atlantik

Wie viele andere Seilbahnen wurde auch der Teleférico bei Achadas da Cruz gebaut, um der

Landbevölkerung den Zugang zu den fruchtbaren Flächen am Atlantik zu erleichtern. Inzwischen wird sie hauptsächlich von abenteuerlustigen Touristen genutzt. Nur ab und zu sieht man jemanden in den Gärten werkeln, die ein bisschen was von Schrebergarten haben. Nur dass hier keine akkuraten Beete mit Rosen und Stiefmütterchen zu sehen sind, sondern Bananen, Wein, Kartoffeln und Gemüse. Wenn man genug von dieser außergewöhnlichen Atmosphäre aufgesogen hat, geht es wieder hinauf in die normale Welt. Einmal klingeln – und der Seilbahnführer oben weiß Bescheid… **Insider-Tipp** Im Winter kann man, wenn man die letzte Gondel nach oben nimmt, von der Seilbahn aus den Sonnenuntergang überm Atlantik genießen. Alternativ zur Seilbahn führt von der Bergstation auch ein schmaler, steiler Pfad hinunter zur Fajã, allerdings nur für Geübte und Schwindelfreie.

Die Tour im Überblick

🚶 **Mit dem Teleférico zum Spaziergang an der Fajã da Quebrada Nova, alternativ schwere Wanderung hinunter, ca. 1,8 km, 1,5 Std.**

ℹ️ *Mit dem Auto ist die Seilbahn von der Verbindungsstraße zwischen Porto Moniz und Ponta do Pargo (ER 101) ausgeschildert. Parkplätze am Teleférico | €*

🕐 *Ganzjährig machbar. Mittagspause von 12–13 Uhr, letzte Bergfahrt um 18 Uhr*
⚙️ *Festes Schuhwerk, Wasser, Verpflegung*
📍 *32.852837, -17.209614 (Bergstation Teleférico)*

✔ **DOWNLOAD GPX-Track**

Steil, steiler, Teleférico Achadas da Cruz: Die Seilbahn schwebt fast 450 m in die Tiefe (li.). Unten wartet die friedliche Fajã mit kleinem Kiesstrand (re.)

147

Auf dem Königsweg nach Boaventura ★

Auch wenn man mit der Monarchie so gar nichts am Hut hat – dem portugiesischen König Luís Filipe Maria Fernando Pedro de Alcântara António Miguel Rafael Gabriel Gonzaga Xavier Francisco de Assis João Augusto Júlio Valfando de Saxe-Coburgo-Gotha e Bragança kann man schon mal ein wenig huldigen. Er sorgte Mitte des 19. Jhs. dafür, dass ein gepflasterter Weg die komplette Insel umrundet.

An der Steilküste mit weitem Blick

Rund 180 km lang ist der Caminho Real, der Weg der Könige, der einmal die komplette Insel umrundet. Kann man machen, muss man aber nicht. Weil es einen wunderschönen und spektakulären Abschnitt an der Nordküste zwischen Arco de São Jorge und Boaventura gibt – und der ist nur 4 km lang. Auch wenn heikle Passagen mit Geländern gesichert sind, der Weg ist nichts für Menschen mit Höhenangst, und bei Regen ist es zum Teil recht rutschig. Vom Start in Arco de São Jorge aus spazierst du – mit grandiosen Ausblicken garniert – gut 200 m über dem Atlantik auf einem breiten Pflasterweg. Knallrote Amaryllis und lilafarbene

Schwertlinien säumen den Weg, zur Linken türmen sich steile Felsen auf. Bei guter Sicht kann man bis Porto Moniz entlang der Nordküste gucken.

Im Hängestuhl am Miradouro

Nach ungefähr der Hälfte des Wegs, der auch als Caminho da Entrosa bezeichnet wird, folgen ein paar Serpentinen in der nackten Felswand. An einer Weggabelung, kurz vor einer uralten, malerischen Steinbrücke über die Ribeira do Porco, geht es rechts ab zum Restaurante São Cristóvão. Das sollte man sich gönnen. Direkt am Miradouro haben die Betreiber Hängestühle platziert, in denen man den Ausblick auf die Küste genießen kann.

Nichts für Menschen mit Höhenangst: Der Caminho Real an der grünen Nordküste bei Arco de São Jorge (re.) verläuft 200 m über dem Atlantik (li.)

Ein Weg nur für Ziegen?

Wenn du von dort aus zurückschaust auf den Weg, den du gerade gekommen bist, denkst du wahrscheinlich: Wie bitte, da soll ich herkommen? Da können doch höchstens Ziegen oder sonstige Kletterkünstler aus dem Tierreich entlangspazieren. So abenteuerlich sieht dieser mitten in die Felsen gehauene Pfad aus. Aber du weißt ja, dass es geht. Und noch weniger kann man sich vorstellen, dass die Menschen Madeiras einst mit reichlich Baumaterial, mit der Ernte oder sonstigen Lasten diesen schwindelerregenden Weg entlanggegangen sind. Nach einem leckeren Snack und einem Kaltgetränk spaziert man auf demselben wunderbaren Panoramaweg wieder zurück nach Arco de São Jorge.

Insider-Tipp Kurz vor der Steinbrücke kann man noch einen Abstecher zu einer alten Zuckerfabrik an der Küste einplanen.

Die Tour im Überblick

🚶 **Mittelschwere Wanderung von Arco de São Jorge nach Boaventura, ca. 4 km, 2–3 Std.**

ℹ️ *Start und Ziel: Restaurant O Arco | Von Porto da Cruz mit Bus 103, 138 bis Arco de São Jorge | Mit dem Auto ab Funchal via Ribeira Brava und São Vicente (1 Std.), über Machico und Faial (1 Std. 15 Min.)*

🕐 *Ganzjährig, Nov. bis Feb. oft regnerisch*
⚙️ *Festes Schuhwerk, Wasser, Restaurant auf halber Strecke (São Cristóvão) oder am Ende der Tour (O Arco)*
📍 *32.824700, -16.960336 (Start)*

✔ **DOWNLOAD GPX-Track**

Auf Fotosafari an der Nordküste ★

Beim Autofahren ständig anzuhalten nervt eigentlich eher – einer muss Pippi, dem Nächsten wird schlecht und der Übernächste muss unbedingt noch Zigaretten kaufen. Bei der Fotosafari an Madeiras spektakulärer Nordküste hält man ziemlich gern an. Weil die vielen Aussichtspunkte, die Miradouros, grandiose Ausblicke und damit auch fantastische Fotomotive versprechen.

Von Miradouro zu Miradouro

An jedem Miradouro an der Nordküste denkt man sich: Grandioser können die Ausblicke und die Motive nun wirklich nicht mehr werden. Und dann hält man am nächsten – und wird eines Besseren belehrt. Und was vielleicht gar nicht mal geplant war, entwickelt sich zu einem Miradouro-Hopping bzw. einer Fotosafari. Man startet in Ponta Delgada auf der alten ER 101 in Richtung Osten. Am Miradouro Bom Jesus kann man zurückblicken auf den Ort, auf die steilen Klippen und die vorgelagerten Inselchen Vermelho und Preto im Osten. Ein Abstecher zum Miradouro de São Cristóvão lohnt sich wegen der herrlichen Motive, aber auch, weil man

auf der Terrasse des Restaurants in den Relax-Hängestühlen ein Getränk zu sich nehmen kann.

Adleraugen auf den Adlerfelsen

Etwas abseits der Straße liegt der Miradouro do Cemitério da Boaventura, gefolgt von der Aussichtsterrasse am Miradouro da Santinha, wo man zwar kaum Blick aufs Meer hat, dafür aufs Grün der steilen Hügel. In Arco de São Jorge hat man die Wahl zwischen mehreren Aussichtspunkten oberhalb des Atlantiks und beweist danach Mut zur Lücke. Denn mit dem Miradouro do Cortado und dem Miradouro de Nossa Senhora dos Bons Caminhos kommen zwei Highlights mit über Faial und auf den Adlerfelsen. Noch spektakulärer ist der Blick auf den Penha d'Águia, dessen Klippen mehr als 500 m steil ins Meer abfallen, vom Miradouro de Nossa Senhora dos Bons Caminhos.

Letzter Spot Portela-Pass

Nach Porto da Cruz fährt man am besten über die kleine ER 108. An der Promenade der Küstenstadt kann man sich bei einem Drink seine Fotoausbeute ansehen. Wer noch nicht genug hat, fährt nicht auf der Hauptstraße zurück in den Süden, sondern die Serpentinen hinauf zum Portela-Pass und hat den mächtigen Adlerfelsen von der Südseite vor der Linse. Insider-Tipp Noch ein bisschen mehr Nervenkitzel hat man, wenn man die Tour mit dem Roller macht, dann findet man an den Miradouros auch leichter einen Parkplatz. Mehrere Verleiher gibt es zum Beispiel in Funchal.

Die Tour im Überblick

🚗 **Fotosafari mit dem Auto von Miradouro zu Miradouro an der Nordküste von Ponta Delgada bis zum Portela-Pass, ca. 50 km, 5–8 Std.**

ℹ️ *Mit dem Auto ab Funchal via Ribeira Brava und São Vicente (45 Min.) oder über Machico und Faial (1 Std. 20 Min.) | Rollerverleih Funchal: z.B. rentascooter funchal.com | €€*

🕐 *Ganzjährig*
⚙️ *Genügend Benzin im Tank, Fotoausrüstung*
📍 *32.822894, -16.989724 (Start)*

✔ DOWNLOAD GPX-Track

Fotomotive wie der Blick in Richtung Ponta Delgada (li.) gibt es an Madeiras spektakulärer Nordküste en masse. Beeindruckend auch ist das Panorama vom Miradouro São Cristóvão aus (re.)

Baden in den Vulkanbecken von Porto Moniz ★

Die Brandung des Atlantiks donnert mit aller Macht an die Küste, die Wellen brechen sich krachend an den bizarren Lavafelsen, meterhoch spritzt die Gischt und bildet einen feinen Nebel. Steil und unzugänglich ist die Küste bei Porto Moniz. Und doch liegt genau hier der beliebteste Badeplatz Madeiras: die künstlich angelegten Meeresschwimmbecken, die Piscinas Naturais do Porto Moniz.

Vom Atlantik überspült werden

Inmitten der zackigen Felsen, Zeugen des vulkanischen Ursprungs Madeiras, liegen die Piscinas Naturais do Porto Moniz: künstlich angelegte Pools, die stets aufs Neue vom Atlantik überspült und mit kristallklarem und frischem Meerwasser gefüllt werden. Mehrere Schwimmbäder unterschiedlicher Größe laden zum Schwimmen und Baden ein – ganz relaxed, da kann die Brandung des Atlantiks noch so an die Felsen krachen.

Nervenkitzel auf dem Steg

Insgesamt knapp 4000 m² groß sind die Schwimmbecken, auf rund 3000 m² verteilen sich die Logenplätze für Sonnenhungrige zwischen den Felsen, mit Sonnenschirm- und Liegestuhl-Verleih – die fantastische Aussicht auf den Atlantik und die schroffen Felsen ist inklusive. Und wer ein bisschen mehr Nervenkitzel braucht, der geht auf den äußersten Steg und lässt sich von den heranrauschenden Wellen zurück ins Schwimmbecken spülen. Andere, nicht ganz so Wagemutige harren am äußeren Rand des Schwimmbeckens aus, bis die Brandung hineinschwappt in den Naturpool. Nur wenn eine echte Monsterwelle im Anmarsch ist, greifen die Bademeister ein und sperren die heiklen Passagen oder bisweilen sogar die gesamte Badeanlage.

Künstlich angelegtes Badeparadies: die Piscinas Naturais do Porto Moniz (re.). Mitunter schwappen die Wellen des Atlantiks auch mal über die Begrenzungsmauern (li.)

Baden das ganze Jahr über

Baden kann man das ganze Jahr über in den Piscinas Naturais, allerdings sollte man zumindest in den Wintermonaten nicht zart besaitet sein, denn dann liegt die Wassertemperatur zumeist deutlich unter 20 Grad. Im Winter sieht das meistens so aus: Die Einheimischen und die portugiesischen Touristen stehen im dicken Mantel oder in der Fleecejacke oberhalb der Badeanstalt und schütteln ungläubig den Kopf über die Touristen, die bei diesen „eisigen" Temperaturen ins Wasser steigen. Es stehen Umkleiden zur Verfügung, ein Kiosk bietet Getränke und Snacks an, Liegestühle und Sonnenschirme können ausgeliehen werden und das Schwimmen wird überwacht. ==Insider-Tipp== ==Oben im Ort warten zahlreiche Restaurants, um den Heißhunger der Badegäste nach ihrem ausgiebigen Bad in den Meerwasserbecken zu stillen.==

Die Tour im Überblick

🚶 ≋ **Schwimmen und Baden in den Piscinas Naturais von Porto Moniz**

ℹ️ *Ab Funchal mit Bus 80, 139 nach Porto Moniz | Ab Funchal auf der Schnellstraße via Ribeira Brava und São Vicente nach Porto Moniz (50 Min.) oder auf der Via Rápida und ab Ponta do Pargo in endlosen Serpentinen via Achadas da Cruz (1,5 Std.), Parkplatz in Porto Moniz | portomoniz.pt | €*

🕐 *Im Winter tgl. 10–17, im Sommer von 10–19 Uhr geöffnet*
⚙️ *Badesachen, Sonnencreme*
📍 *32.868542, -17.170427*

✔ **DOWNLOAD GPX-Track**

In der Wasserfalldusche der Ribeira do Porco ★

Eine kleine Steinbrücke überspannt die Ribeira do Porco, Weinreben wachsen an den Hängen. Man hört es bald plätschern auf dem Weg zu den Poços das Casas: herrliche Badegumpen mit kristallklarem Wasser inmitten eines einsamen und grünen Tals bei Boaventura, in denen man sogar unter einem kleinen Wasserfall duschen kann.

Ein geheimer Geheimtipp

Wo bitte geht's zu den Poços das Casas? Kein Wegweiser ist zu sehen, vielleicht ist das ja so bei Geheimtipps, dass es auch nur einen geheimen Zugang gibt. Also spaziert man erst einmal in den kleinen Weiler namens Falca de Cima, sucht auf der App nach der Übersetzung und fragt im Minimercado Bar Lúcia nach dem Weg. Denn hier, jenseits aller touristischen Routen, kommt man mit Englisch nicht weiter. Und natürlich weiß Lúcia den Weg, kassiert für die Bica 50 Cent! und garniert ihre Wegbeschreibung noch mit den besten Wünschen und der Warnung, dass das Wasser dort wirklich „arschkalt" sei. Also, gleich an der Bushaltestelle hinter dem Ort geht

es ab von der Straße, auf einem Betonweg an den letzten Häusern vorbei. Vom Balkon aus wird man freundlich gegrüßt und es wird viel Spaß beim Baden gewünscht. Die Einheimischen sind grundsätzlich freundlich, aber so viel Herzlichkeit erlebt man wohl nur abseits der Touristenpfade. **Insider-Tipp** In der Minimercado Bar Lúcia kann man nicht nur einkaufen und Kaffee trinken, sondern auch essen, mit ein wenig Glück wird vor der Tür gerade gegrillt.

Im eiskalten Sitzbad mit Panoramablick

In der Ferne ragen die Gipfel Madeiras mehr als 1000 m in den Himmel. Der Weg wird schma-

ler, er geht kurz steil und unwegsam hinab und verliert sich dann an einer kleinen Brücke. Den Esel auf der Wiese kann man schlecht fragen, wo genau die Badegumpen sind. Also muss man ein wenig suchen, von der Brücke aus ein kleines Stück talwärts – und dann hat man sie gefunden. Schwimmbecken en miniature, ein Sitzbad mit Panoramablick und eine Wasserfalldusche. Lúcia hat nicht übertrieben, das Wasser ist sehr kalt, aber auf den von der Sonne aufgeheizten Felsen wird einem ziemlich schnell wieder warm. Vor allem wird einem warm ums Herz, einen solch einsamen, wunderbaren Platz zum Baden und Chillen gefunden zu haben. Viel los ist hier eher selten. Wer möchte, erkundet das Tal noch weiter flussauf- oder flussabwärts. Vor allem mit Kindern kann man hier wunderbar einen Tag am Wasser verbringen.

Die Tour im Überblick

🚶 ≈ **Badetag in den Poços das Casas im Tal der Ribeira do Porco bei Boaventura, ca. 1 km, 30 Min.**

ℹ️ *Mit dem Auto ab Funchal via Ribeira Brava und São Vicente in ca. 50 Min. nach Boaventura, an der Repsol-Tankstelle an der ER 101 nach Falca abbiegen*

🕐 *Frühjahr bis Herbst*
⚙️ *Badesachen, festes Schuhwerk, Wasser, Verpflegung, Sonnenschutz*
📍 *32.788943, -16.972236 (Badegumpen Poços das Casas), 32.791566, -16.973489 (Start)*

✔ **DOWNLOAD GPX-Track**

Falca de Cima

S/Z

Hübsch, aber doch recht kalt: die Badegumpen Poços das Casas abseits der Touristenströme (li.). So manch „Anwohner" grüßt mit ungläubigen Blicken (re.)

Besuch des Kalk-museums Rota da Cal ★

Das kleine Freilichtmuseum Núcleo Museológico Rota da Cal im Tal von São Vicente erzählt die Geschichte des Kalkabbaus und der Kalkherstellung bis hin zur Verwendung des Kalksteins. Besser gesagt Zé Moniz, der Leiter des privat geführten Museums, erzählt sie. Er macht das mit einer ungeheuren Leidenschaft, die einen bei einem Besuch schnell in den Bann zieht.

Bei 900 Grad in den Ofen – die Geschichte des Kalksteinabbaus

Der Kalk, der ab dem 17. Jh. in den Steinbrüchen bei Lameiros abgebaut wurde, diente dem Bau von Kirchen und Häusern bzw. als ergänzendes Baumaterial zum Basaltstein vulkanischen Ursprungs, den man überall auf Madeira findet: als Mörtel und als Grundprodukt für Farben sowie als Düngemittel. Museumsleiter und Guide Zé Moniz erzählt davon, wie der Kalkstein abgebaut wurde, wie die Steine im Ofen in Barrinho bei 900 Grad Celsius „gekocht" wurden, aber auch davon, unter welchen Bedingungen die Arbeiten bis ins 20. Jh. hinein geleistet werden mussten. So erhielten die Arbeiter, die die bis zu 100 kg schweren Kalksäcke über mehrere Kilometer die Berge hinaufwuchten mussten, einen Tageslohn von 15 Escudos, was umgerechnet 7,5 Cent bedeutet. Und fast alle, die am Ofen arbeiteten, schützten sich gegen die giftigen Gase lediglich mit einem Tuch vor dem Mund. Viele von ihnen starben aufgrund der geradezu unmenschlichen Arbeitsbedingungen unweigerlich sehr früh. Zu besichtigen sind auf dem 12 000 m² großen Gelände der Ofen, alte Arbeitsgeräte und Werkzeuge sowie etwas weiter oberhalb der Steinbruch. Vom Museum bis dorthin wandelt man auf genau den Wegen, die die Arbeiter einst zu bewältigen hatten.

Heiße Öfen (li.) und Millionen Jahre alte Fossilien (re.): Am Núcleo Museológico Rota da Cal wird die Geschichte des Kalkabbaus anschaulich präsentiert

Und eine noch ältere Geschichte – Millionen Jahre alte Fossilien

Genau dieser Blick in die Historie der einfachen Landbevölkerung, die in früheren Zeiten von der Landwirtschaft nicht leben und nicht sterben konnte, macht den Besuch so interessant. Und natürlich die Tatsache, dass sich im Kalkstein an der Rota da Cal immer noch bis zu 7 Mio. Jahre alte Fossilien aus dem Meer finden lassen. Ganz genau erkennt man noch heute die Seeigel, Korallen und Muscheln, die im Museum ausgestellt sind. Denn vor Millionen von Jahren befanden sich diese Kalksteinfelsen im Tal von São Vicente noch in den Weiten des Atlantischen Ozeans. Guide Zé Moniz spricht Englisch, Französisch und sogar Deutsch.

Insider-Tipp Darüber hinaus wird ein interessantes Video zum Kalkabbau, dessen Herstellung und Abtransport gezeigt (in englischer Sprache).

Die Tour im Überblick

🚶 **Besuch im Freilichtmuseum Rota da Cal mit einem Spaziergang zu den Steinbrüchen, ca. 1 km, 2,5 Std.**

ℹ️ *Mit dem Auto ab São Vicente auf der ER 104/VE4 in Richtung Ribeira Brava. Am zweiten Kreisel nach Lameiros, danach ist Rota da Cal ausgeschildert. Von Süden: zweiter Kreisel nach Túnel da Encumeada. Zum Museum führen Treppen hinunter | sites.google.com/site/rotadacal | € | (nach vorheriger Anm.: Tel. +351 291 84 20 18)*

🕐 *Ganzjährig*
⚙️ *Feste Schuhe, Wasser, Verpflegung*
📍 *32.796306, -17.025630*

✔ **DOWNLOAD GPX-Track**

Planschen zwischen Lavafelsen: Die Piscinas Naturais Velhas in Porto Moniz locken zum Badevergnügen

Die Sonne scheint im Norden nicht so oft wie im Süden, aber die Landschaft und die Ausblicke sind zum Niederknien schön. Gebadet wird überwiegend in Naturpools zwischen den Lavafelsen. Und in Santana kann man die traditionellen Casas de Colmo besichtigen und mit der Seilbahn hinunterschweben in ein kleines Paradies.

PORTO MONIZ
Die schönsten Planschbecken der Welt

1 🏊 **Baden zwischen Lavafelsen in den Piscinas Naturais Velhas**

Planschbecken sind normalerweise aus Plastik und zum Aufpumpen. Die „Planschbecken" in den Piscinas Naturais Velhas in Porto Moniz sind eingebettet in bizarre Felsen aus erkalteter Lava, über Jahrmillionen durch Erosion geformt. Es gibt kleine Lavapools, in denen man sich wie in der Badewanne fühlt – wenngleich der Atlantik nie Badewannentemperatur erreicht. Aber immerhin erwärmt sich das Meerwasser in den Becken über den Tag. Also: „Toter Mann" machen, so lange herumdümpeln und in den Himmel schauen, bis es doch zu kalt

oder langweilig wird. Andere Pools sind immerhin so groß, dass man ein paar Schwimmzüge machen kann. Und wer Schnorchel und Taucherbrille dabeihat, bekommt zwischen den Felsen so einiges zu sehen. Durch die Abgrenzung zum Meer und die Ilhéu-Mole vor der Küste von Porto Moniz badet man geschützt vor den Wellen, selbst Kinder können hier gefahrlos herumplanschen. Aufpassen müssen sie eher, dass sie sich an den scharfkantigen Felsen nicht wehtun. Im Gegensatz zu den künstlich angelegten größeren Piscinas Naturais etwas weiter westlich im Ort ist das Baden in den alten Naturschwimmbecken kostenlos.

ℹ️ *Nach Porto Moniz fährt der Bus 139 | Mit dem Auto auf der Via Rápida über Ribeira Brava und durch den Encumeada-Tunnel (VE 4) nach São Vicente, auf der VE 2 weiter ans Ziel, ca. 55 Min.*
🕐 *Ganzjährig, im Winter Wassertemperatur unter 20 Grad* 📍 *32.867656, -17.165933*

Auf Zackenbarsch und Barrakuda

2 🏊 **Angeln in Porto Moniz**

Willst du reiche Beute machen beim Angeln, um dir das Abendessen zu sichern, oder willst du einfach

Angeln an der Nordküste ist mitunter Glückssache, aber auch ohne Ertrag immer ein besonderes Erlebnis

„Star Wars" lässt grüßen: die bizarre Felsnadel Baixinha bei Ribeira da Janela

mal deine Ruhe haben und siehst Angeln eher als etwas Meditatives? An der Mole oder auf den Felsen in Porto Moniz stehen, der Brandung lauschen und den Blick ins weite Nichts auf den Atlantik richten. Es gibt ja so'ne und solche Angler. Wer zu der ersten Kategorie zählt, der ist wahrscheinlich auch bestens ausgerüstet und hat richtig Ahnung vom Küstenangeln. Dann weißt du auch, dass du mit dem sogenannten „Jiggen" an der Küste Madeiras die besten Chancen hast, einen veritablen Zackenbarsch oder gar einen Barrakuda aus dem Meer zu holen. Und dass du am besten eine Stunde vor oder eine Stunde nach Sonnenuntergang deine Angel auswirfst; am allerbesten dort, wo der Meeresgrund an der Küste steil abfällt. Für all diejenigen, die nichts fangen, sei zum Trost gesagt, dass die Madeirenser auch eher selten Erfolg haben.

Insider-Tipp Fische sieht man in den Naturschwimmbecken eher selten, im Aquario gleich oberhalb der Piscinas Naturais Velhas hingegen „taucht" man ein in die bunte Unterwasserwelt des Atlantiks.

ℹ *Nach Porto Moniz fährt Bus 139 | Mit dem Auto auf der Via Rápida über Ribeira Brava und durch den Encumeada-Tunnel (VE 4) nach São Vicente, auf der VE 2 weiter ans Ziel, ca. 55 Min.* 🕐 *Ganzjährig* 📍 *32.866151, -17.164653*

Möge die Macht mit Euch sein

3 🏖 **Am Strand von Ribeira da Janela, Drehort eines „Star Wars"-Films**

Im Frühjahr 2022 ging es irgendwann nicht mehr weiter. Überall in Ribeira da Janela standen Security-Mitarbeiter und baten Wanderer wie Autofahrer, doch bitte umzukehren. Weil die meisten Sicherheitsleute nur Portugiesisch sprachen, rätselten viele Touristen über den Grund der Sperrung. Aber irgendwann hatte es sich herumgesprochen: Am Strand von Ribeira da Janela wurde der neue „Star Wars"-Film gedreht. Man muss schon sagen, da haben die Location-Scouts ganze Arbeit geleistet. Die abgefahrene Kulisse wird bestimmt durch bizarr geformte Felsen vor der Küste und würde sich bestimmt auch für den „Herrn der Ringe" oder andere Fantasyfilme eignen. Am markantesten von den winzigen Felseninseln ist die Baixinha, eine Felsnadel, die ein kleines bisschen aussieht, als würde sie den Touristen den „Stinkefinger" zeigen. Am besten zu sehen von einem kleinen Tunnel in den Klippen gleich rechts hoch beim Parkplatz. Und weil sich in dem Felsen so etwas wie ein Fenster *(Janela)* befindet, wurde gleich der ganze Ort danach benannt.

159

Das wilde grüne Tal Chão da Ribeira ist der ideale Ausgangspunkt für Wanderungen

ℹ️ *Buslinie 139 zwischen Funchal und Porto Moniz hält hier | Nach Ribeira da Janela fährt man am besten über die ER 209, den Miradouro Eira da Achada sollte man sich nicht entgehen lassen, auch der Ausblick im weiteren Verlauf der Straße ist gigantisch | In Ribeira da Janela befindet sich der einzige etwas größere Campingplatz der Insel, ansonsten ist hier eher tote Hose* 🕐 *Ganzjährig* 📍 *32.855903, -17.153360*

SEIXAL
Picknick mit Forellen

4 🚶 **Spaziergang zur Forellenzucht mit anschließendem Picknick im Chão da Ribeira**

Die schlechte Nachricht zuerst: Das Restaurant Casa do Pasto Justinão im Chão da Ribeira hat auf unbestimmte Zeit geschlossen. Hier konnte man jahrzehntelang fantastisch zubereitete Forellen genießen, die in den Bächen des Tals gefangen wurden. Die erste gute Nachricht: Das Tal ist immer noch von überwältigender Schönheit, und mit ein bisschen Glück kann man sich seine Forellen selbst grillen. Denn kurz hinter dem ehemaligen Restaurant hat die Gemeinde recht luxuriöse Grillhütten errichtet. Und mit noch mehr Glück ist, etwas weiter die Straße hinauf, gerade jemand in der Forellenzucht zugegen. Und wenn das Glück gar nicht mehr aufhören will, kann man dort quasi über den Gartenzaun ein paar fangfrische Forellen kaufen. Wenn nicht, muss man eben das selbst mitgebrachte Grillgut auf die Glut legen. Von Seixal führt ein steiles und kurvenreiches Sträßchen hinauf in das Tal zwischen gewaltigen bewaldeten Felswänden. Nur wenige Menschen leben hier und betreiben Landwirtschaft, nur wenige Touristen verirren sich ins Chão da Ribeira. Wenn, dann fahren sie tief hinein ins Tal, um dort die Canyons hinunterzukraxeln.

ℹ️ *Ab Funchal auf der Via Rápida über Ribeira Brava und durch den Encumeada-Tunnel (VE 4) nach São Vicente, Richtung Seixal und kurz hinter dem Túnel de Lugar links ab, Chão da Ribeira ist ausgeschildert, 55 Min.* 🕐 *Ganzjährig* 📍 *32.809277, -17.115143*

Höllisch viele Tunnel

5 🚶 **Einfache (Tunnel-)Wanderung entlang der Levada Fajã do Rodrigues, 7,6 km, 3–3,5 Std.**

Madeira ist durchlöchert wie ein Schweizer Käse. Mehr als 150 Straßentunnel gibt es, ca. 100 km lang. Wie viele dunkle, feuchte und bisweilen un-

Welcome to the jungle: Wanderung entlang der Levada dos Cedros

Wasserfall am Ende der Levada Fajã do Rodrigues am „Höllenfluss" Ribeiro do Inferno

heimliche Tunnel es entlang der Levadas gibt, hat noch niemand genau gezählt. Aber bei der Levada Fajã do Rodrigues zum Ribeiro do Inferno, dem Höllenfluss, wusste man sich anscheinend nicht anders zu helfen, als Tunnel um Tunnel in den Fels zu sprengen. Harmlos geht es los, in der Levada tummeln sich Forellen, der Weg ist breit. Aber dann kommen die ersten drei Tunnel, kurz zwar, aber man muss ständig aufpassen nicht abzurutschen, so schmal ist der Fußweg. Das war aber nur das „Hors d'œuvre", es folgt ein stockdunkler Tunnel von fast einem Kilometer Länge. Wasser tropft von der Decke, es ist eng und ohne Handytaschenlampe wäre man aufgeschmissen. Aber dann, endlich raus aus diesem feuchten Ork-Tunnel, plätschert der Ribeiro do Inferno so gar nicht höllisch, sondern geradezu paradiesisch in den Talkessel.

ⓘ *Am ersten Kreisel nach dem Encumeada-Tunnel in Richtung São Vicente die dritte Ausfahrt nehmen, Richtung Ginjas, dann der Beschilderung Parque Empresarial de São Vicente Miradouro folgen. Am Ende der Asphaltstraße kann man parken, die Levada ist ausgeschildert* 🕐 *Ganzjäh-*

rig 📍 *32.778418, -17.048304 (Start und Ziel), 32.784886, -17.064172 (Talkessel)*
✔ *Download GPX-Track*

Wo der Stinklorbeer wächst

6 🚶 **Mittelschwere Wanderung vom Fanal durch dichte Lorbeerwälder, 11,7 km, ca. 4 Std.**

Wenn man sich vor der Wanderung entlang der Levada dos Cedros ein wenig über die Tour informiert hat, dann bleibt man immer mal wieder stehen und schnuppert. Riecht es hier unangenehm, stinkt es gar? Denn auf dieser Levada-Wanderung stehen besonders viele Exemplare des „Stinkenden Lorbeers". Aber nein, es riecht nach Wald, nach feuchtem Laub, denn nur das Holz der frisch geschlagenen Stinklorbeer-Bäume stinkt. Vielmehr schaut man ehrfürchtig nach oben zu diesen Riesen, die bis zu knapp 40 m hoch werden. Umgeben sind sie von teils endemischen Farnen, bewachsen von Moosen und behangen mit Flechten, die in dieser oft wolkenverhangenen Region prächtig gedeihen. Wasserfälle ergießen sich in die Levada oder bilden kleine Tümpel. Und bisweilen eröffnen sich Blicke über den Laurisilva bis zum Atlantik.

161

Die Praia bei Seixal wird durch eine Mole vor den Urgewalten des Meeres geschützt

Baden unter dem Lavafelsbogen in der "Schneckenpfütze" bei Seixal

🛈 *Mit dem Pkw ab Funchal via Ribeira Brava und Encumeada-Pass, von der ER 110 abbiegen auf die ER 209* 🕐 *Ganzjährig* 📍 *32.808729, -17.144057 (Start und Ziel)*
☑ *Download GPX-Track*

Beachlife in Seixal

7 🌊 **Baden an der Praia do Porto do Seixal und in den Piscinas Náturais**

Handtuch ausbreiten, Badeklamotten anziehen, Eincremen – und dann erst einmal ausgiebig staunen. Die Aussicht von der Praia do Porto do Seixal ist so überwältigend, dass man glatt vergisst, ins Wasser zu gehen: steile terrassierte Hänge, Lorbeerwald bis ans Meer und ein kilometerweiter Fernblick entlang der Klippen an der Nordküste bis Ponta Delgada. Kein Wunder, dass der Strand aus schwarzem Lavasand vor nicht allzu langer Zeit von der „European Best Destinations" zum drittbesten Strand Europas gekürt wurde. Wenn man mit Staunen und Fotos-Machen fertig ist, geht's ins Wasser. Je nach Gezeiten und Wetter kannst du hier in Ruhe schwimmen oder sogar ein bisschen bodysurfen, auf jeden Fall ist der kleine Traumstrand durch eine Mole geschützt und das Baden ist – bis auf ganz wenige Ausnahmen – „safe". Nach dem Be-achlife geht's einfach über die kleine Straße, über Treppen hinunter zur Lounge Bar Clube de Naval, wo bei einem Drink direkt an den Piscinas Naturais gechillt wird. Das Rahmenprogramm liefern die madeirensischen Jungs, die von den Felsen ins Schwimmbecken hüpfen, und wenn du selbst noch mal baden willst, dann stehst du einfach vom Tisch auf und springst kopfüber in das Naturschwimm-becken. Mehr Madeira als hier geht nicht.

🛈 *An der Hauptstraße in Seixal hält Bus 139 | Runter zum Strand geht es an der Ausschilderung Seixal (Cais) in der Nähe der Kirche, zu Fuß knapp 10 Min. | Mit dem Auto ab Funchal via Ribeira Brava und São Vicente in 45 Min. | Den ersten freien Parkplatz nehmen, da es in Strandnähe meistens keine freien Parkplätze gibt* 🕐 *Ganzjährig* 📍 *32.822657, -17.102804*

Schwimmen unterm Felsenbogen

8 🌊 **Baden in den Naturpools Poças das Lesmas**

Die Einheimischen nennen sie Poças das Lesmas, was übersetzt so viel wie Schneckenpfützen bedeu-

Legendäre Kapelle auf einem Hügel im Tal von São Vicente

tet. Aber da hätten sie sich wirklich einen besseren Namen ausdenken können, denn bei den Poças das Lesmas in Seixal handelt es sich um die vielleicht schönsten Naturschwimmbecken auf Madeira. Man dümpelt unter einem großen Lavafelsbogen in kristallklarem Wasser, während die Wellen weiter vorne an die Felsen klatschen. Im größten der Naturschwimmbecken kann man sogar ein paar Meter schwimmen, bei Flut und heftiger Brandung sollte man allerdings lieber ein bisschen Abstand zur Kante halten. Wer Schnorchel und Maske dabeihat, wird ein paar kleine Fische sehen, über die Felsen flitzen Krabben und Eidechsen. Wie sagte ein englisches Ehepaar mindestens zehnmal, während sie in den Pools herumplanschten: „It's magic, isn't it?"

Insider-Tipp Gleich nebenan liegt die Praia da Laje, von den Madeirensern wegen der vielen Palmen an der Straße auch Praia da Jamaica genannt. Hier ist der Zugang zum Wasser allerdings deutlich schwieriger und außerhalb der Saison ist die Anlage recht ungepflegt.

An den Poças das Lesmas gibt es Duschen und Toiletten und zumindest in der Hauptsaison steht an den Piscinas Naturais eine Beachbar. Sowohl die Naturpools als auch die Praia da Laje sind nicht überwacht. Der Weg bzw. die Straße, die hinunterführt zu den Poças das Lesmas, ist extrem steil.

ⓘ *An der Hauptstraße in Seixal hält Bus 139 | Mit dem Auto ab Funchal via Ribeira Brava und São Vicente in 45 Min.* 🕒 *Ganzjährig* 📍 *32.827622, -17.110872*

SÃO VICENTE
Kapelle mit Zeitansage

🔟🚶 **Kurzer Spaziergang zur Capelinha de Nossa Senhora de Fátima, ca. 1 km, 30 Min.**

Kaum hat man den Túnel da Encumeada in Richtung São Vicente verlassen, sieht man sie auch schon: die Capelinha de Nossa Senhora de Fátima. Sie ist einfach nicht zu übersehen, denn das turmartige Gebäude wurde vor knapp hundert Jahren mitten auf einem Hügel errichtet. Die Menschen im Tal von São Vicente sind von jeher besonders fromm, aber die Kirche mit ihren von allen Seiten sichtbaren Uhren hatte noch eine andere, ganz und gar weltliche Funktion: Sie bimmelte nämlich jede Stunde und sagte damit den Bauern im Tal, wie spät es war. Das war und ist auf Madeira be-

Abgelegen und wunderschön: Das Tal bei Ilha ist touristisch noch wenig erschlossen

sonders wichtig, weil das Wasser aus den Levadas den Madeirensern nur zu ganz bestimmten Zeiten zugeteilt wird – und kaum jemand hatte vor hundert Jahren eine Uhr. Heute kann man auf dem Caminho de Capelinha wunderbar einen kleinen Spaziergang hinauf zum Kirchlein machen, durch die Fenster ins Innere schauen und den Blick hinauf zu den Picos und zum Atlantik schweifen lassen.

ⓘ *Am zweiten Kreisel hinter dem Encumeada-Tunnel abfahren, Rota da Cal, dann erste links*
◔ *Ganzjährig* **◉** *32.796848, -17.037480 (Start und Ziel), 32.796767, -17.037365 (Kapelle)*
✔ *Download GPX-Track*

Grüne Insel auf der Insel

10 🚶 **Spaziergang durch Ilha mit Picknick am Miradouro do Cabeço do Resto**
Ilha, das bedeutet übersetzt bekanntlich Insel. Die kleine Gemeinde Ilha oberhalb von São Jorge im Norden Madeiras ist allerdings nicht rundherum von Wasser umgeben, vielmehr dominiert üppiges Grün an steilen und zum Teil terrassierten Hängen die grandiose Kulisse – eine Insel auf der Insel, die zu einem Großteil innerhalb eines Naturschutzgebiets liegt. Der Tourismus spielt hier noch eine untergeordnete Rolle, die Menschen leben fast

ausschließlich von der Landwirtschaft. Wer sich aufmacht nach Ilha, hat die ausgetretenen Touristenpfade eindeutig verlassen. Einzig wer von hier aus die Vereda da Ilha mit dem Ziel Pico Ruivo in Angriff nehmen möchte, verirrt sich in diese ursprüngliche Gegend. Oder wer von den „Locals" einen Geheimtipp für einen genialen Picknickplatz bekommen hat – den Miradouro do Cabeço do Resto etwas oberhalb des Ortszentrums. Bei der grandiosen Aussicht schmeckt das Sandwich gleich ein bisschen besser. Seinen Namen hat Ilha übrigens einst erhalten, weil der abgeschiedene Ort von zwei Bächen umgeben ist. Ob Ilha nun eine Insel der Glückseligen ist, kann man so nicht sagen, aber ein Ausflug dorthin macht auf jeden Fall glücklich.

ⓘ *Die Straße nach Ilha zweigt am Kreisel zwischen São Jorge und Santa ab, wo die alte ER 101 und die neue Schnellstraße sich treffen. Ab Funchal mit dem Auto ca. 1 Std.* **◔** *Ganzjährig* **◉** *32.806366, -16.910172*

Königlicher Wasserlauf

11 🚶 **Einfache und wunderschöne Wanderung an der Levada do Rei, ca. 10 km, 3,5 Std.**
Warum die Levada mit der Nummer PR 18 den Namen „Levada do Rei" (Levada des Königs) trägt,

Wandern wie die Könige: Auf der Levada do Rei geht es vorbei an wunderschönen Schmucklilien

Die Ruinen von Calhau de São Jorge: Hier wurde einst Zuckerrohr verarbeitet

ist nicht überliefert. Aber eine Wanderung entlang des königlichen Wasserlaufs würde sicher auch gekrönte Häupter begeistern. Gleich hinter einem Wasserreservoir beginnt der eigentliche Weg entlang der Levada; er ist zunächst breit, man kann mal rechts und mal links auf dem Weg laufen oder auf dem Betonsockel entlangbalancieren. An kaum einer Levada auf Madeira blühen zwischen April und September so viele prächtige Schmucklilien in Weiß und Blau, zwischen meterhohen Farnen und Eukalyptusbäumen ranken Passionsblumen mit ihren rosa Blüten. Je weiter man in Richtung des Ribeiro Bonito kommt, desto dichter wird der Wald und Lorbeerbäume bestimmen die märchenhafte Kulisse. Der Weg wird anspruchsvoller, ein Wasserfall plätschert auf den Wanderweg. Wer nicht ausgiebig geduscht werden will, sollte sich ganz nah an der Felswand vorbeischummeln. <mark>Insider-Tipp Am Ende des Wanderwegs wartet am Ribeiro Bonito noch ein lauschiges und schattiges Plätzchen für ein Picknick</mark> – und weiter oben auch ein Tummelplatz der Canyoning-Freaks. Oder aber man geht noch ein paar Meter weiter auf einem Pfad zur Cascata do Rei. Zurück geht es auf demselben Weg.

ⓘ *Die Levada ist an der ER 101 bei São Jorge ausgeschildert. Parkplätze findet man im Bereich der Quinta Levada do Rei, wo man an einem klei-*

nen Teich im Garten eine Kleinigkeit essen und trinken kann 🕐 *Ganzjährig* 📍 *32.816972, -16.924583 (Start und Ziel), 32.804932, -16.934787 (Cascata do Rei)*
✔ *Download GPX-Track*

Ruinen einer alten Zuckerfabrik

12 Besichtigung des Lost Place der alten Zuckerfabrik Calhau de São Jorge

Manch einer ist im Urlaub nicht auf der Suche nach den schönsten Stränden oder den besten Restaurants, sondern nach richtig guten „Lost Places". Einen dieser „vergessenen Orte" findet man an der Nordküste Madeiras: Dort wo heute die Ruinas de São Jorge von Unkraut überwuchert werden, wurde einst im großen Stil Zuckerrohr verarbeitet. Daran erinnert heute nichts mehr, aber Calhau de São Jorge besitzt einen gewissen Zauber. Am besten erhalten ist das Eingangstor. Dort, wo einst die Arbeiter hinein- und hinausgingen, kann man heute richtig geile Fotos schießen. Das Tor dient quasi als Rahmen, dahinter ragt ein Felsen aus dem Meer heraus. Am Strand stehen unzählige dieser klei-

Rosen in allen erdenklichen Farben: Roseiral der Quinta do Arco

nen Steinhaufen oder Steinmännchen. Man sollte wissen, dass das eher eine Unsitte ist, denn das Ökosystem wird durch das Bauen dieser angeblich so lustigen Gebilde massiv beeinträchtigt.

Bisweilen ist das Gelände in den Ruinas ziemlich vermüllt. Warum nicht einfach mal eine halbe Stunde losziehen, Müll einsammeln und an der Tonne am Parkplatz entsorgen?

Baden im Meer ist hier nicht angesagt, aber oberhalb der Ruinen gibt es eine relativ neu angelegte Badeanstalt, die sogar abends beleuchtet ist. Das Restaurant serviert gute Fischgerichte und die vielleicht beste Crème Brûlée der Insel.

ⓘ *Ca. 2,5 km östlich von São Jorge zweigt die Straße vorm Fluss ab, die Ruinas sind ausgeschildert. Ab Funchal ca. 45 Min.* ◷ *Ganzjährig* ◉ *32.829890, -16.897655*

Rosige Zeiten

13 🍴 **Besuch des Roseiral der Quinta do Arco in Arco de São Jorge**

Altrosa, Dunkelrosa, Lachsrosa oder auch Zartrosa. Scharlachrot, Karminrot, Weinrot oder auch Orangerot. Zitronengelb, Kanariengelb oder Goldgelb, von den unzähligen verschiedenen Weißtönen ganz zu schweigen. Im Roseiral der Quinta do Arco in Arco

de São Jorge blühen Rosen in allen erdenklichen Farben und Formen. Mehr als 15 000 sollen es insgesamt sein, mehr als 1000 verschiedene Arten duften hier um die Wette, darunter uralte chinesische Sorten und die einzige auf Madeira in freier Wildbahn vorkommende Rose – die Rose Mandonii – die eigentlich im Lorbeerwald oberhalb von 600 m ihre Heimat hat. Manche der edlen Gewächse sind nur kniehoch, manche so groß wie ein Mensch, andere klettern meterweit um die Rankgestelle herum. So manchem kleinkarierten Gärtner, der bei sich zu Hause im Vorgarten alles in Reih und Glied haben möchte, ist der Rosengarten zu wildwüchsig. Aber genau das macht es so reizvoll, den Rosengarten zu durchstreifen, auf einer der Bänke innezuhalten und sich dem herrlichen Duft hinzugeben.

Insider-Tipp Das Rosarium ist von April bis Ende Dezember geöffnet. Wirklich ein Erlebnis ist es zur Hauptblütezeit in den Monaten April bis Juli.

ⓘ *Unweit des Rosariums halten die Busse 103 und 138 | Ab Funchal mit dem Auto via Ribeiro Frio in knapp 1 Std. | Gleich gegenüber im Restaurant & Tea House Roseiral gibt es übrigens nicht nur Tee, sondern auch traditionelle madeirensische Gerichte und vor allem sehr guten Kuchen | €€* ◷ *Zwischen April und Juli* ◉ *32.825078, -16.950994*

Die strohgedeckten Casas Típicas in Santana zeugen vom Leben längst vergangener Tage

SANTANA
Ein Dach als Haus

14 Besuch des Freilichtmuseums Casas de Colmo in Santana

Müde vom Wandern, der Oma daheim ein echtes Postkartenmotiv versprochen oder sowieso gerade im Nordosten unterwegs? Dann kann man mal bei den Casas de Colmo in Santana vorbeischauen, die zu den beliebtesten Fotomotiven auf Madeira zählen. Direkt gegenüber dem Rathaus hat die Gemeinde so etwas wie ein kleines Freilichtmuseum errichtet, in dem mehrere bestens restaurierte Santanahäuser zu besichtigen sind. Sie sehen aus, als hätte man das Dach gebaut und das Haus darunter vergessen. Die Dächer sind mit Stroh gedeckt, die Wände in Weiß, Rot und Blau gehalten. Wenn man fertig ist mit Knipsen, kann man sich einen Einblick verschaffen, wie spartanisch die Bauernfamilien hier einst lebten. Natürlich wohnt heute niemand mehr in den Casas Típicas, dafür kann man hier kunsthandwerkliche Dinge oder Souvenirs kaufen. Schräg gegenüber in der Snack-Bar A Espiga gibt es sehr leckeren Kuchen.

ℹ️ *Santana ist von São Vicente und ab Machico auf der Via Rápida ausgeschildert (ab Funchal ca. 45 Min.)*
🕐 *Ganzjährig* 📍 *32.805424, -16.882635*

Auf den Adlerfelsen

15 Anspruchsvolle Wanderung zum Penha d'Águia, 3,5 km, knapp 400 hm, ca. 2,5 Std.

Ach, wäre man doch ein Adler. Dann könnte man einfach so auf den gleichnamigen Felsen bei Faial hinauffliegen. Fast 600 m ragt dieser markante Klotz in den Himmel, steil fallen die Klippen des Penha d'Águia zum Atlantik ab. Und egal, von wo aus man ihn betrachtet, der Adlerfelsen scheint einem zuzuflüstern: „Mensch, du schaffst es nicht auf meinen Gipfel." Das kann man als ambitionierter Wanderer natürlich nicht auf sich sitzen lassen. Also los, wollen wir doch mal sehen. Der Einstieg für die Wanderung ist am Restaurante Galé in Sitio Penha d'Águia do Baixo, es geht zunächst über Treppen und später auf schmalen Pfaden zwischen Strandkiefern, Weinreben, Eukalyptusbäumen, meterhohen Farnen und Baumheide steil bergauf. Die Vereda da Penha d'Águia ist gut ausgeschil-

Für Freunde von Lost Places: die kleine Hafenanlage Fajã do Mar bei Faial

Bis zu 600 m hoch ragt der Adlerfelsen bei Faial in den Himmel

dert, allerdings nicht selten von Brombeerge-büsch überwuchert oder von umgestürzten Bäu-men versperrt. Ein pures Vergnügen ist der Weg nicht, aber die Ausblicke bis zur Ponta de São Lou-renço und hinauf zum Pico Ruivo entschädigen für die Mühen. Und wenn man nach dem Abstieg bei einem Café oder einem Bier im Restaurante Galé sitzt, schaut man noch mal hoch zum Adlerfelsen und denkt sich: „Siehst du, geht doch."

Insider-Tipp Der Abstieg in Richtung Cruz auf der Südostseite ist extrem steil und schwierig, sodass man denselben Weg auf der Nordwestseite auch wieder absteigen sollte.

ⓘ *Bus 56 und 103, ab der Haltestelle ca. 20 Min. Fußweg zum Startpunkt der Wanderung | Ab Funchal mit dem Auto via Ribeiro Frio in einer knappen Dreiviertelstunde* 🕐 *Ganzjährig* 📍 *32.788312, -16.847364 (Start und Ziel), 32.778731, -16.838163 (Gipfel des Adlerfelsens)* ✔ *Download GPX-Track*

Ein Hafen im Nirgendwo

16 〰 **Angeln, baden und chillen am Cais Fajã do Mar**

Noch so ein „Lost Place" auf Madeira: die Cais an der Faja do Faial. Nix los, aber viel zu sehen – die spektakuläre Nordostküste mit dem mächtigen Adlerfelsen mal aus einer anderen Perspektive. Der kleine Hafenkomplex westlich von Faial ist ein verlassener Ort unterhalb einer steilen Klippe, an dem man meistens ganz alleine ist. Ein Schild an der Hauptstraße weist sogar den Weg dorthin, aber kaum jemand außer den „Locals" scheint ihn zu nehmen. Vielleicht weil an der Abzweigung auch ein Sackgassenschild signalisiert, dass es ir-gendwann definitiv nicht weiter geht? Die Straße hinunter abenteuerlich zu nennen ist schon fast eine Untertreibung. Unten angekommen erwartet die Abenteuerlustigen eine Mole, in deren Schutz ein paar Boote herumdümpeln, ein paar eher bau-fällige Bootsschuppen und eine Pier mit einem reichlich antiquierten Lastenkran. Auf der Pier kann man es sich wunderbar gemütlich machen, von dort aus die Angel auswerfen oder bei ruhiger See die rostige Leiter hinunterklettern und ein Bad nehmen. Und wenn man mitten in der Nacht auf-

Mit dem Teleférico Rocha do Navio bei Santana geht es hinab zum Meeresnaturschutzgebiet

Hier üben vielleicht zukünftige Formel-1-Fahrer: Pista de Karting bei Faial

stehen mag, kann man von hier aus astrein den Sonnenaufgang erleben.

ⓘ *An der VR1 an der Bar A Paragem in Faial der Beschilderung folgen* 🕐 *Ganzjährig*
📍 *32.801862, -16.859419*

Pista de Karting

`17` 🏎 **Besuch der Kartbahn bei Faial**

Muss man in der herrlichen Naturlandschaft Madeiras mit knatternden und stinkenden Karts herumfahren? Diese Frage muss jeder für sich beantworten. Aber was macht man nicht alles, wenn man mit pubertierenden Kindern unterwegs ist und diese sich auf den schönsten Wanderungen nur langweilen und auf dem Handy herumdaddeln? Dann müssen halt Kompromisse geschlossen werden. Und ganz ehrlich, Bock macht es schon, mit den Dingern herumzurasen. Also auf in den Norden nach Faial, wo man auf der 1400 m langen, kurvenreichen Pista de Karting ein paar echt schnelle Runden drehen und sich ein familieninternes Duell liefern kann. Wenn man sich selbst schon wie

ein kommender Formel-1-Fahrer fühlt, dann muss man nur ein bisschen warten, bis die ganz schnellen Jungs vom Klub ihr Training aufnehmen – die fahren definitiv noch mal in einer anderen Liga.
Fahren darf man ab einem Alter von 14 Jahren bzw. mit einer Mindestkörpergröße von 1,50 m (*akmadeira.com*). **Insider-Tipp** Und weil man garantiert schwitzt nach dem Rumgeheize in den Karts, nimmt man danach am besten gleich nebenan noch ein erfrischendes Bad im Complexo Balnear da Foz da Ribeira do Faial.

ⓘ *Bus 56, 103 und 138 | Ab Funchal mit dem Auto via Ribeiro Frio in knapp 45 Min., das Kartódromo ist ausgeschildert | €€€* 🕐 *Ganzjährig*
📍 *32.788064, -16.850823*

Mit der Seilbahn ins Paradies

`18` ⓢ **Fahrt mit dem Teleférico Rocha do Navio bei Santana**

Noch so ein paradiesischer Ort, an den man nur mit einer höllisch steilen Seilbahn gelangt. Der Teleférico Rocha do Navio bei Santana führt hinunter zum gleichnamigen Meeresnaturschutzgebiet an der Nordküste. Ein bisschen mulmig

Fliegen wie ein Adler, den Adlerfelsen im Blick: Ein Tandemsprung macht's möglich

wird einem schon, wenn man an der baufälligen Bergstation ankommt. Aber schon der Blick von dort aus ist so grandios, dass man sich dann doch in eine der modernen Kabinengondeln wagt und von dort aus die Wasserfälle bewundert, die sich die steilen, vielfach begrünten Klippen hinunterstürzen. Unten angekommen wandelt man auf kleinen Wegen durch Bananenhaine, Weinreben und Gemüsegärten, während die Brandung an die beiden Felseninseln Rocha das Vinhas und Viúva donnert und das Wasser in den Levadas gurgelt. Ein paar der traditionellen Casas de Colmo stehen verstreut in der Fajã, freilich nicht so herausgeputzt wie oben im Freilichtmuseum in Santana. Der Blick reicht bis zur Ponta de São Lourenço, und man kann sich kaum losreißen von der Schönheit dieses Küstenstreifens. Aber irgendwann macht eben auch der Seilbahnführer Feierabend … **Insider-Tipp** Die Fahrzeiten der Seilbahn sollte man vorher erfragen, weil sie sich immer mal wieder ändern. Wer längere Zeit unten bleiben will, sollte sich Proviant mitnehmen, denn einen Kiosk gibt es nicht im Paradies.

ⓘ *Ab Funchal mit dem Auto via Ribeiro Frio in knapp 45 Min. | €€ ⊙ Ganzjährig ⊘ 32.813634, -16.872137*

PORTO DA CRUZ
Fly like an eagle
19 Tandemsprung mit dem Gleitschirm bei Porto da Cruz

Es ist ein unscheinbarer Grashügel unterhalb des Miradouro do Portela, aber er kann das Leben verändern. Hier starten die Tandemflüge von Nuno Cunha. Der Ausblick ist grandios, aber irgendwie hat man gerade keinen Sinn dafür. Stattdessen läuft man etwas wirr durch die Gegend und fragt sich zum hundertsten Mal, ob es wirklich eine gute Idee war, einen Tandemflug mit einem Paragleiter zu machen, während Nuno in aller Seelenruhe den Schirm vorbereitet. Es folgt ein kleines Briefing, dann setzt der Chefpilot seine Vorbereitungen fort. Und plötzlich geht alles ganz schnell. Karabinerhaken einrasten, 3,2,1… keine Zeit mehr zum Nachdenken. Schon ist man in der Luft und alle Sorgen sind wie weggeblasen. Man fliegt wie ein Adler durch die Lüfte und schüttet gefühlt Abermillionen Glückshormone aus. Rund 20 Min. dauert dieser Rausch. Und eines ist nach der Landung an der Praia da Maiata sicher: Das war nicht das letzte Mal.

Bus 53 hält gegenüber dem Restaurant | Von Funchal aus braucht man eine gute halbe Std. mit dem Auto | fly4you.pt | €€€ ⊙ Ganzjährig ⊘ 32.747149, -16.826146

DER SCHÖNSTE SONNENAUFGANG
Sunrise am Skywalk

20 **Der Sonne am Skywalk am Miradouro do Guindaste beim Aufgehen zusehen**
Was sie am Cabo Girão können, das können wir auch. Na gut, mit 26 m Höhe gegenüber dem fast 600 m hoch gelegenen Skywalk am Cabo Girão kommt die gläserne Aussichtsplattform bei Faial ein kleines bisschen bescheidener daher. Aber wenn die Redewendung „klein, aber oho" passt, dann hier. Wenn die Sonne früh am Morgen hinter dem östlichsten Zipfel Madeiras auftaucht und alles in ein magisches Licht taucht, dann gibt es kaum einen besseren Ort auf der Insel als den Miradouro do Guindaste.
ⓘ *Von Funchal aus fährt Bus 103 nach Faial, ab der Haltestelle ist es ein Fußweg von ein paar Minuten | Guindaste ist auf der ER 101 ausgeschildert* ⊙ *Ganzjährig und natürlich frühmorgens* ⍉ *32.794083, -16.849319*

LOKALE SPEZIALITÄTEN
*UND WO DU SIE PROBIEREN KANNST

Beim Fleischspieß Espetada wird das Rindfleisch traditionell auf Lorbeerzweigen aufgespießt

Vorweg eine Portion Lapas (Napfschnecken), ein Thunfischsteak oder den Fleischspieß Espetada, zum Dessert Früchte oder Queijada – so sieht ein typisch madeirensisches Menü aus.

Aufgespießt
1 ¶ Espetada
Einst wurden beim Espetada Rindfleischstücke auf einen Lorbeerzweig gespießt und über der offenen Glut gegrillt, heute sind es in der Regel Metallspieße bzw. spezielle Ständer, an denen die Spieße aufgehängt sind. Gewürzt wird mit grobem Salz, Lorbeer und Knoblauch – fertig.

ⓘ *Eines der besten Restaurants mit traditioneller Küche ist **A Pipa** | R. Dr. João Abel de Freitas, Porto da Cruz | facebook.com/SnackBarAPipa | €€*

Leckere Früchte
2 ¶ Festa da Anona
Die Madeirenser lieben ihre Anona-Früchte, die in jedem Supermarkt und an Marktständen zu haben sind.

ⓘ *In Faial im Inselnorden haben sie der **Anona** sogar ein Fest gewidmet, bei dem man alljährlich im März Köstlichkeiten wie Eis, Smoothies, Liköre und Pudding mit Anona probieren kann | freguesia-faial.pt/eventos/festa-da-anona*

Portugals Nationalgericht
3 ¶ Bacalhau
Beim Bacalhau handelt es sich um gesalzenen und luftgetrockneten Kabeljau. Es soll in Portugal angeblich mehr Bacalhau-Rezepte geben, als das Jahr Tage hat, und auch auf Madeira ist Portugals Nationalgericht auf vielen Speisekarten vertreten.

ⓘ *Im traditionellen **Restaurante O Colmo** kann man sich auf die Qualität verlassen | Santana | €€*

Bife de atum à Madeirense
4 ¶ Thunfisch
Neben dem Espada wird vor den Küsten Madeiras auch reichlich Thunfisch gefangen, der dann in

fast jedem traditionellen Restaurant frisch als Bife de atum à Madeirense auf den Tisch kommt. Die Thunfischsteaks werden in Wein, Knoblauch, Essig, Lorbeerblatt und Oregano mariniert, ehe sie gegrillt oder in der Pfanne gebraten werden. Dazu wird häufig Milho Frito (gebratene Maiswürfel) gereicht.

ⓘ *Im* **Cachalote** *genießt man die Fischspezialitäten mit Blick aufs Meer* | *Porto Moniz* | *restaurante cachalote.com* | *€€*

Käseküchlein zur Bica

5 ⁕ **Queijadas**

Auf Süßspeisen verstehen sich die Madeirenser. Am beliebtesten zum Kaffee sind neben den Pasteis de Nata – ursprünglich aus Belem bei Lissabon – die Queijadas. Sie sehen den Pasteis de Nata ähnlich, sind aber nicht aus Blätterteig und Puddingfüllung, sondern aus körnigem Frischkäse, Eiern und Zucker.

ⓘ *Günstig und lecker bekommt man sie im* **Padaria do Calhau** | *São Vicente, padariacalhau.com* | *€*

Hier findest du alles

7 ⁕ **Brennerei Engenhos do Norte**

Diverse Rumsorten oder eine frische Poncha – die bekommst du in der Zuckermühle von Porto da Cruz. Sie verarbeitet Zuckerrohr zu Rum, ist eine der letzten der Insel und lässt sich kostenlos besichtigen. Im Shop gibt's „Branca", „970 Reserva de 6 anos", „980" und „North" und regionale Produkte wie Honig zu kaufen.

ⓘ **Engenhos do Norte** | *Rua do Cais 6, 9225, Porto da Cruz* | *engenhosdonorte.com*

Lapas in Knoblauchbutter

6 ⁕ **Lapas**

Die kleinen Napfschnecken stehen auf fast jeder Speisekarte als Vorspeise. Sie werden mit Butter, reichlich Knoblauch und Kräutern in einer Pfanne zubereitet und kochend heiß serviert. Ein paar Spritzer Zitrone drauf, dazu ein Bolo do Caco.

ⓘ *Ins* **Restaurante Calhau de São Jorge** *kommen die Besucher wegen der Fleischspezialitäten, aber auch wegen der besonders leckeren Lapas* | *Santana* | *facebook.com/p/ Calhau-de-São-Jorge-Restaurante-e-Bar* | *€*

Wild und wunderschön: der Porto dos Frades an Porto Santos einsamer Ostküste

Porto Santo

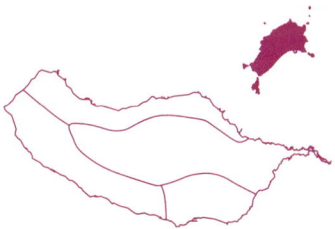

STRAND MIT INSEL

Auf Porto Santo ticken die Uhren langsamer. Nur im Sommer boomt das kleine Eiland und platzt aus allen Nähten, wenn halb Madeira hier seinen Urlaub verbringt. Denn die kleine Schwester hat etwas, was Madeira nicht hat: einen kilometerlangen goldfarbenen Sandstrand. Der neuste Slogan lautet deshalb auch nicht „Insel mit Strand", sondern „Strand mit Insel". Für alle, die verrückt nach Meer sind, hat Porto Santo einiges zu bieten: Sonnenbaden, Tauchen, Kajaktouren, SUP, Windsurfen und Strandspaziergänge bei Sonnenauf- und Sonnenuntergang. Auch Porto Santo ist vulkanischen Ursprungs – wie Zuckerhüte ragen die Vulkankegel in den Himmel, allerdings deutlich niedriger als die Picos auf Madeira. Das Leben spielt sich hier vor allem an der Küste ab, weshalb man wunderbar zu einsamen Wanderungen aufbrechen oder die Insel mit dem E-Bike erkunden kann.

AUF EINEN BLICK

*PORTO SANTO

ATLANTISCHER OZEAN

MARCO POLO

OUTDOOR-HIGHLIGHTS ★

★ Mit dem E-Bike im Hinterland von Porto Santo
Radtour in Porto Santos Hinterland und Besuch des Heimatmuseums Casa da Serra → S. 178

★ Wanderung auf den zweithöchsten Berg Porto Santos
Durch eine Marslandschaft zum Terra Chã und zum „Weißen Berg“ → S. 180

★ Wanderung auf den Pico do Castelo
Einst Fluchtort bei Piratenüberfällen, heute beliebtes Wanderziel → S. 182

★ Bootstour im schwimmenden Aquarium
Auf der „Soulmate“ die Unterwasserwelt vor der Küste Porto Santos bewundern → S. 184

★ Spaziergang am goldenen Strand von Porto Santo
Baden und spazieren an der herrlichen Praia Dourada auf Porto Santo → S. 186

Ilhéu
de Ferro

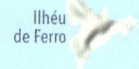

Ilhéu
Fonte da Areia

Wanderung auf den zweithöchsten
Berg Porto Santos ★

17 ≋

Camacha
18 🍃
3 🍴

Serra de
Dentro
14 🚶
4 🍴

16 🚶

Wanderung auf den
Pico do Castelo ★

Flughafen
Porto Santo ✈

🚗 6 km, 15 Min.

Serra de
Fora

🚗 2,5 km, 5 Min.

1 🚶

15 🚶

Porto
de Frades

19 🐚

6 🚵

9 🚴

5 ≋

Vila Baleira ⚪
2 🚴
6 🍴

Marina do
Porto Santo

Ilhéu
de Cima

Campo
de Cima
1 🍴

4 ≋
3 ≋

Bootstour im schwimmenden
Aquarium ★

7 🍃

Spaziergang am goldenen
Strand von Porto Santo ★

8 🚶

Mit dem E-Bike im Hinterland
von Porto Santo ★

2 🍴
5 🍴
13 🤿
11 ≋

Ponta

20 🐚
≋

🚗 8 km, 15 Min.

Ponta da
Calheta
12 ≋

Ilhéu de Baixo
ou da Cal

Mit dem E-Bike im Hinterland von Porto Santo ★

Man könnte Porto Santo auch als Lummerland im Atlantik bezeichnen: Weil es dort so friedlich und beschaulich zugeht wie auf der kleinen Insel aus dem weltberühmten Kinderbuch „Jim Knopf und Lukas der Lokomotivführer" und auch, weil die Berge denen auf Lummerland ähneln. Aber weil es im Gegensatz zu Lummerland keine Eisenbahn gibt, erforscht man Porto Santo am besten mit dem E-Bike.

Von Vila Baleira nach Camacha

Ein gewisser Christoph Kolumbus lebte im späten 15. Jh. einige Jahre auf Porto Santo, wo er die Seekarten seines Schwiegervaters, des Gouverneurs von Porto Santo, studierte, bevor er sich aufmachte, Amerika zu entdecken. Bekanntlich hielt er das Land, an dem er anno 1492 anlandete, für Indien. So ein fataler Irrtum kann dir nicht passieren, wenn du dich auf Porto Santo mit dem E-Bike auf Entdeckungstour machst. Und verfahren kannst du dich eigentlich auch nicht, denn es gibt hier nur eine echte Straße. Zunächst geht es vom Fahrradverleih in Vila Baleira hinauf nach Camacha, das am Fuße des Pico do Castelo liegt.

Unterwegs in einer Mondlandschaft

Auf dem Gipfel des Vulkankegels in 437 m Höhe haben sich die Menschen von Porto Santo einst vor den Überfällen von Piraten verschanzt. Aber Piratenüberfälle hast du nicht mehr zu befürchten, also kurbelst du weiter auf dem kurvenreichen Sträßchen mit tollen Ausblicken über die Küste. Je weiter du fährst, desto einsamer und stiller wird es, die Kulisse gleicht immer mehr einer Mondlandschaft: karg und wild und genau deshalb beeindruckend. Nur im Frühjahr, wenn es ausnahmsweise mal ausreichend geregnet hat, bedecken bunte Blümchen die wüstenähnlichen Flächen im Osten von Porto Santo.

Den wüstenähnlichen Osten Porto Santos (li.) erforscht man am besten bei einer E-Bike-Tour (r.). Unterwegs gibt es viele Aussichtspunkte zu besuchen

Ein Auf und Ab bis zum Strand

Ab dem Miradouro do Pico da Cabrita kann man es erst mal rollen lassen bis in die Serra do Dentro, wo man dem Freilichtmuseum in der Casa da Serra einen Besuch abstatten kann. **Insider-Tipp** Wer Hunger und Lust auf einen Badestopp hat, macht in Serra da Fora einen Abstecher zum Porto de Frades bzw. zum netten Restaurant gleichen Namens. Ab der Abzweigung zum Porto de Frades geht es noch mal hinauf zum Miradouro Portela. Dort hat man einen wunderbaren Ausblick auf Vila Baleira und den goldenen Strand und kann die historischen Windmühlen besichtigen. Wer mag, macht einen Abstecher zur Kapelle der Nossa Senhora da Graça, wo im 16. Jh. die Jungfrau Maria erschienen sein soll. Sonst geht es nur noch bergab nach Vila Baleira, wo man an der Praia Dourada ein erfrischendes Bad im Atlantik nehmen kann.

Die Tour im Überblick

⛴ **Einfache E-Bike-Rundtour von Vila Baleira in den Osten von Porto Santo, ca. 20 km, 3–4 Std.**

ⓘ *Mit der Fähre von Funchal nach Porto Santo, portosantoline.pt/en/fares, €€€ | Fahrradverleih Vila Baleira: aacolombo. com, €€€ (E-Bike pro Tag), €€ (MTB pro Tag) | Mit E-Bike problemlos, mit MTB aufgrund der Steigungen recht anstrengend |*

⏱ *Ganzjährig machbar*
⚙ *E-Bike, Wasser und Verpflegung, Badesachen, Sonnenschutz*
⚑ *33.057595, -16.338314 (Radverleih)*

✓ **DOWNLOAD GPX-Track**

Wanderung auf den zweithöchsten Berg Porto Santos ★

Die Historiker sind sich nicht ganz einig, aber sie gehen davon aus, dass der Weg in Richtung des Pico Branco ursprünglich angelegt wurde, um die Ernte und landwirtschaftliche Gerätschaften mit Packeseln von A nach B zu transportieren. Man fragt sich nur: Was haben sie in dieser gottverlassenen Gegend transportiert, wohin und für wen? Heute ist die Vereda do Pico Branco e Terra Chã aufgrund der Vielzahl an endemischen Pflanzen Teil des europaweiten Natura-2000-Netzwerks.

Der Weg zum Weißen Berg – wie auf dem Mars

Rundherum ist nichts als beige-graue, ockerfarbene und hellrote Erde, karges Land, durchsetzt von Felsen. So könnte es auf dem Mond oder auf dem Mars aussehen, denkt man sich, während man zur Wanderung zum Pico Branco und zur Terra Chã im äußersten Nordosten Porto Santos aufbricht. Nur nach der Regenzeit im Winter sprießt hier kurzzeitig das Gras und bunte Blümchen bedecken die Hänge. Der Wanderweg führt zunächst steil bergauf, ehe sich die Kulisse verändert. Mitten hinein in die Rocha Quebrada wurde der Weg gemeißelt, in

eine prismatische Felsformation, die dem Pico de Ana Ferreira ganz im Südwesten der Insel ähnelt.

Durch die Zypressenplantagen

Vom „Zerbrochenen Fels", so die Übersetzung, geht es weiter in Richtung Osten, man quetscht sich durch die Felsspalte am Cabeço do Caranguejo und wieder präsentiert sich die Landschaft in einem neuen Antlitz. Zu Beginn des 20. Jhs. wurden in dieser Einöde im großen Stil immergrüne Zypressen gepflanzt, die der Gegend ein wenig Leben einhauchen. Ein paar Hundert Meter vor dem Miradouro Terra Chã erreicht man die Abzweigung zum rund 450 m hohen Pico Branco. Und man ahnt, woher der Berg seinen Namen erhalten hat, ziert ihn doch eine mehr oder minder weiße Felswand.

Zum Gipfel und ein Miradouro mit Flugshow

Ob man den kurzen Aufstieg zum Pico Branco auf dem Hin- oder Rückweg macht, bleibt einem selbst überlassen. Aber machen sollte man ihn, denn der Ausblick über die Insel ist atemberaubend. Genauso übrigens wie vom Miradouro Terra Chã. **Insider-Tipp** Mit ein wenig Glück kann man hier die seltenen Gelbschnabelsturmtaucher und Flussseeschwalben beobachten. Man setzt sich auf eine der Picknickbänke im Schatten der Schutzhütte und genießt an diesem einsamen Ort einfach die Ruhe und das grandiose Panorama.

Die Tour im Überblick

🏃 **Mittelschwere Wanderung im wilden Osten Porto Santos, ca. 4,5 km, 3 Std. (mit Pico Branco ca. 300 m mehr)**

ℹ️ *Mit der Fähre von Funchal nach Porto Santo | Mit dem Auto oder E-Bike zum Startpunkt an der ER 111 (rund 500 m hinter Miradouro do Pico da Cabrita) | Die Tour ist zum Teil steil und abschüssig, aber stets durch ein Holzgeländer gesichert*

🕐 *Ganzjährig, am schönsten im Frühjahr*
⚙️ *Festes Schuhwerk, Wasser, Verpflegung, Sonnenschutz*
📍 *33.096814, -16.314413 (Start)*

✔ **DOWNLOAD GPX-Track**

Wanderung auf der Vereda do Pico Branco e Terra Chá (li.) zu Porto Santos zweithöchstem Gipfel, dem 450 m hohen „weißen Felsen" Pico Branco (re.)

▲ Pico do Ninho do Guincho

Enseada da Terra Chã

S/Z

▲ Pico da Cabrita

Pico Branco
450 ▲

Zona Especial
de Conservação
do Pico Branco
- Porto Santo

0   200   400 m

Wanderung auf den Pico do Castelo ★

Den Bewohnerinnen und Bewohnern Porto Santos blieb einst nicht viel Zeit, um auf den 437 m hohen Pico do Castelo im Inneren der Insel zu gelangen. Denn meistens flüchteten sie dorthin, wenn Piraten ihre Heimat überfielen. Die Ankunft der Feinde wurde ihnen durch Leuchtfeuer auf dem Nachbarberg, dem rund 90 m höheren Pico do Facho, signalisiert.

Alte Kanonen und tolle Ausblicke am Miradouro do Castelo

Wenn die Piratenschiffe auf dem Atlantik gesichtet wurden, hieß es für die Menschen auf Porto Santo zack, zack die nötigsten Habseligkeiten zu packen und rauf auf den Berg, wo sie einige Kanonen installiert hatten, um sich die unliebsamen Besucher vom Leib zu halten. Heute kann man auf einem Wanderweg in aller Seelenruhe hinauf zum Pico do Castelo spazieren. Dazu startet man am besten am Ortsrand von Camacha und folgt auf einer kleinen Straße der Ausschilderung zum Miradouro do Castelo, wo noch immer ein paar der alten Kanonen zu sehen sind. Kein schlechter

Ort, um seinen Blick über die Insel schweifen zu lassen – aber noch längst nicht der Gipfel. Ab dem Aussichtspunkt auf rund 240 m über dem Meer geht es weiter im Zickzack hinauf, mal auf Wegen entlang von Natursteinmäuerchen, mal über angelegte Treppen.

Auf schattigen Wegen

Dass man dort immer wieder im Schatten unter Aleppo-Kiefern und Zedern wandert, hat man einem gewissen António Schiappa de Azevedo zu verdanken. Er sorgte zu Beginn des 20. Jhs. dafür, dass die Gegend um den Pico do Castelo und den Pico do Facho wieder aufgeforstet wurde, nach-

Camacha

Castelo
437

ER261 Miradouro do Pico do Castelo

Einst Fluchtpunkt, heute Aussichtspunkt: Auf den Pico do Castelo flohen Porto Santos Einwohner bei Piratenüberfällen (li.). Heute grasen hier oben Ziegen (re.), und es geht eher beschaulich zu

dem die ehemals grüne Insel zuvor durch Brand-rodung für den Haus- und Schiffsbau und um Platz zu schaffen für die Landwirtschaft in eine karge Steppenlandschaft verwandelt worden war. Oben auf dem Gipfel haben die Menschen zu Ehren des diplomierten Forstwirts eine Büste von ihm aufgestellt.

Leckere Grillhähnchen in Camacha

Vom Gipfel führt ein Pfad in östliche Richtung hinunter zu einer kleinen verkehrsarmen Straße, die den Pico do Facho mit Camacha verbindet. Nach Camacha kommen Touristen ansonsten eher selten. Aber es gibt einen guten Grund dafür, vor allem, wenn man nach der Wanderung hungrig ist. Insider-Tipp Denn im Restaurante Grill Torres in Camacha gibt es die wohl besten Grillhähnchen des gesamten Madeira-Archipels.

Die Tour im Überblick

🚶 **Einfache Wanderung auf den Pico do Castelo von Camacha, ca. 4,4 km, 2–3 Std.**

ⓘ *Mit der Fähre von Funchal nach Porto Santo | Mit dem Auto oder E-Bike nach Camacha, Startpunkt an der ER111, ein Schild weist zum Pico do Castelo | Fahrrad-verleih Vila Baleira: aacolombo.com, €€€ (E-Bike pro Tag)*

🕐 *Ganzjährig machbar*
⚙️ *Festes Schuhwerk, Wasser, Verpfle-gung, Sonnenschutz*
📍 *33.086254, -16.338302 (Start)*

✔ **DOWNLOAD GPX-Track**

Bootstour im schwim-
menden Aquarium ★

Mit einem leisen Summen gleitet die „Soulmate" aus dem Hafen von Porto
Santo. Mehr als lobenswert: Das Boot ist mit einem Elektro- statt einem Diesel-
motor ausgestattet. Aber der Clou ist der eingelassene Glasboden, durch den man
vom Boot aus entspannt die wunderbare Unterwasserwelt und ein Schiffswrack
vor Porto Santo beobachten kann.

Madeirawein gegen Seekrankheit

Eines hat der Guide Zé immer an Bord: eine Flasche mit Glasreiniger. Na klar, der Glasboden,
das Herzstück der „Soulmate", muss immer schön
sauber gehalten werden, damit er und die Gäste
den Durchblick behalten. Ebenfalls immer an Bord
sind leckerer Honigkuchen und eine Flasche Madeirawein. Ein Schlückchen davon soll angeblich
gegen Seekrankheit helfen. Sagen wir so: Das, was
der Guide über die Unterwasserwelt zu erzählen
hat, ist wissenschaftlich deutlich fundierter als das,
was er über die angeblichen Heilkräfte des Madeiraweins erzählt. Er weiß nicht nur eine Menge über
die Meeresbewohner im Atlantik, sondern er weiß

auch, wo die besten Plätze sind, um sie durch die
gläserne Scheibe beobachten zu können.

Zu Meerpfauen und der
Ilhéu de Cima

Dann tauchen sie plötzlich auf im strahlenden
Blau unterhalb des Glasbodens. Bunte Gelbflos-
senmakrelen und Meerpfauen, Drückerfische und
Doraden sind zu sehen. Weiter geht's in Richtung
der Ilhéu de Cima, wo man mit etwas Glück zwischen den Felsen die furchterregenden Muränen
zu Gesicht bekommt. Man erfährt Wissenswertes
über die endemischen Schnecken auf der Insel
und darüber, dass das inzwischen recht karge Ei-

land vor einiger Zeit von Hunderten prächtigen Drachenbäumen bewachsen war.

Badepause und Schiffswrack

Vor der Insel legt die „Soulmate" eine Bade- und Schnorchelpause ein, um danach zu einem Schiffswrack zu fahren, das in rund 10 m Tiefe auf dem Meeresgrund liegt. Das Wasser vor Porto Santo ist glasklar, man kann gut erkennen, wie die Natur das Schiff erobert hat und Rumpf und Aufbauten von Korallen zugewachsen sind. Und weil heute ein Glückstag ist, springen auf dem Weg zurück zur Marina – während Zé für die nächste Tour schon wieder die Scheibe poliert – auch noch ein paar tollkühne Delfine um das Schiff herum. **Insider-Tipp** Die Ilhéu de Cima mitsamt Leuchtturm kann im Rahmen einer Führung besichtigt werden. Infos im Posto de Turismo in Vila Baleira.

Die Tour im Überblick

🚢 **Mit dem Glasbodenboot vor der Küste von Porto Santo, ca. 3 Std.**

ℹ️ *Mit der Fähre von Funchal nach Porto Santo | Bei der Buchung gibt man seine Adresse auf Porto Santo an für den Shuttle-Service | Porto Santo Underwater Paradise: cacv.dyndns.org/underwater/index.php, €€€ (bei unruhiger See kann die Tour verschoben werden) | Sehr gut für Kinder geeignet*

🕐 *Ganzjährig zu buchen*
⚙️ *Badesachen, Sonnenschutz*
📍 *33.062137, -16.316703 (Marina)*

✔ **DOWNLOAD GPX-Track**

Bei einer Tour mit dem Glasbodenboot (li.) sitzt man gemütlich im Trockenen (re. u.) und ist der faszinierenden Fauna des Atlantiks (re. o.) doch ganz nah

Spaziergang am goldenen Strand von Porto Santo ★

Willst du auf Madeira eine Strandwanderung machen, stehst du garantiert nach ein paar Hundert Metern vor der nächsten unüberwindbaren Klippe. Auf Porto Santo kannst du einen ganzen Tag lang am goldgelben Sandstrand entlangwandern: von der Pier in Vila Baleira bis zum schönsten Abschnitt im Südwesten, der Ponta da Calheta.

Chillen an der Praia Dourada

So ein Traumstrand wie die Praia Dourada kann schon dazu verleiten, nur noch faul im warmen Sand herumzuliegen, ein Buch nach dem anderen zu lesen und ab und zu ein bisschen Sonnencreme nachzulegen. Kann man machen, hat man sich vielleicht auch redlich verdient nach einer stressigen Zeit im Job. Aber wetten wir mal, dass das irgendwann ein bisschen langweilig wird?

Immer der Nase nach

Du blickst auf den Atlantik, die Fähre von Madeira zieht an dir vorbei, du schaust nach links, hinüber zur Ilhéu da Cima und nach rechts in Richtung Westen zur Ilhéu da Cal, dann regt sich vielleicht doch der Entdeckergeist. Du gehst los an der Pier in Vila Baleira und spazierst einfach immer der Nase nach an diesem scheinbar endlosen Beach entlang, der 2022 von der Zeitschrift „European Best Destinations" zum schönsten Strand Europas gekürt wurde.

Zwischen Dünen und Meer

Über die Praia da Fontinha mit einigen Strandbars, in denen man eine Bica oder eine Chinesa trinken kann, kommst du zur Praia das Pedras Petras. Warum dieser Strandabschnitt Strand der schwarzen Steine genannt wird, erschließt sich nicht wirklich. Auch hier spazierst du entlang des goldgelben Sandstrands. Wenn dir warm geworden ist, springst du einfach ins Wasser, panierst dich im heilenden

Traumstrand für Müßiggänger und Aktive: Porto Santos Südküste lockt mit ihrem kilometerlangen Sandstrand (li.) und
der herrlichen Dünenlandschaft (re.)

Sand Porto Santos wie ein Schnitzel und gehst nach
einer Pause weiter. Hinter der Bar de Praia Tia Maria
dominieren große Hotelanlagen landeinwärts die
Kulisse, dann wieder blickst du auf die Dünen, die
seit 2020 bereits im Rahmen des Life Dunas Pro-
ject mit Aufschüttungen und der Anpflanzung von
mehr als 40 000 Pflanzen fit gemacht werden für
die Auswirkungen der Klimakrise.

Am Land's End von Porto Santo

An der Praia Cabeço da Ponta kannst du Windsurfern
bei ihren Kunststücken zusehen, ehe du am Land's
End an der Ponta da Calheta ankommst. Mit Blick
auf die Ilhéu da Cal hast du immer noch feinsten
Puderzucker unter den Füßen, garniert mit bizarren
Lavafelsen. Entweder nimmst du noch ein Bad oder
du genießt auf der Terrasse des Restaurante einen
Poncha und weißt: Du hast es richtig gemacht!

Die Tour im Überblick

🚶 **Strandspaziergang an der Praia
Dourada, ca. 6 km, 2–3 Std.**

ℹ️ *Mit der Fähre von Funchal nach Porto
Santo | Start an der Pier in Vila Baleira,
Ziel: die Ponta da Calheta im Südwesten |
Dreimal am Tag fahren die Busse ab Calhe-
ta zurück | moinhorentacar.com*

🕐 *Ganzjährig, am schönsten zum Son-
nenauf- oder Sonnenuntergang*
⚙️ *Badesachen, Wasser, Verpflegung,
Geld für den Snack und eine Cerveza in
einer Strandbar sowie für die Rückfahrt*
📍 *33.057570, -16.334866*

✔ DOWNLOAD **GPX-Track**

In den historischen Windmühlen am Miradouro da Portela wurde einst Mehl für die Atlantiküberquerung gemahlen

In der Saison spielt sich das Leben auf Porto Santo überwiegend am kilometerlangen Sandstrand und im Meer ab: Windsurfen, Kajaktouren, SUP und Tauchen sind angesagt, am Beach wird gechillt, gekickt oder gejoggt. Der Rest des Eilands ist karg und einsam, lockt aber zu Ausflügen zu einsamen Buchten, zu Wanderungen durch wüstenähnliche Landschaften oder zu Erkundungstrips mit dem Mountainbike.

VILA BALEIRA
Wilder Weg an der Küste

1 🚶 **Mittelschwere Wanderung nach Porto de Frades und zur Ponta da Galé, ca. 7 km, 2 Std.**
Sie stehen in Reih und Glied und erinnern an frühere Zeiten – die historischen Windmühlen am Miradouro da Portela. Einst wurde hier Mehl gemahlen, um Schiffe auf dem Weg nach Amerika zu versorgen. Am Aussichtspunkt startet man idealerweise zur Wanderung in Richtung Porto de Frades. Das Sträßchen, das hier abzweigt, wird bald ein holpriger Weg, und man passiert einige alte Bauernhäuser. Feigen und Kakteen wachsen in den Gärten, bis

man zum Restaurante Teodorico gelangt. Weiter geht es auf der Straße bis an den Naturhafen Porto de Frades. Bei Ebbe und ruhiger See kann man hier ein Bad nehmen und macht sich dann auf einer Piste auf den Weg zur Ponta da Galé, dem südöstlichsten Punkt Porto Santos – stets die Ilhéu de Cima und den alten Leuchtturm im Blick. Nachdem man einen kleinen Tunnel passiert hat, wird es wild, der Weg schlängelt sich unterhalb der Felsen und Geröllfelder durchs Dickicht, immer entlang der Südküste mit genialen Aussichten. Der letzte Abschnitt, bevor die Zivilisation einen wiederhat, verläuft dann schließlich auf einem breiten Schotterweg, vorbei an der Kartbahn und der längst verwaisten Beachvolleyball-Arena auf der Straße bis zum Hafen.

ℹ️ *Am besten lässt man sich mit dem Taxi hinauf zum Miradouro da Portela bringen. Kurz vor den Windmühlen, an der Gabelung links, startet man die Wanderung | Ab dem Hafen nimmt man nach einem Drink an der Bar den Bus, ein Taxi oder geht den Weg am Strand zurück nach Vila Baleira*
🕐 *Ganzjährig* 📍 *33.068482, -16.317812 (Start), 33.063393, -16.317249 (Ziel)*

Die richtige Höhe für eine Mountainbike-Tour: Porto Santo mit seinen Picos im Hintergrund

„Köpper" am Cais – besonders schön, wenn das Meer im Mondschein glitzert

Über Stock und Stein

2 🚲 **Mit dem Mountainbike durch Porto Santos Westen, ca. 20 km, 2 Std.**

Sie sind Zwerge gegenüber den gewaltigen Picos auf Madeira, die höchsten Gipfel auf der kleinen Schwesterinsel Porto Santo. Etwas mehr als 500 m hoch ist der Pico do Facho, der Pico do Castelo kommt auf 437 m. Trotzdem kann man sich auf Porto Santo mit dem Mountainbike so richtig auspowern und muss dazu noch nicht einmal die beiden höchsten Gipfel ansteuern. Zum Einrollen geht es von Vila Baleira in Richtung Westen, und siehe da, Porto Santo hat entlang der Küstenstraße sogar einen Fahrradweg. Den braucht's ja mit dem Mountainbike nicht unbedingt, ist aber sicherer. In Campo de Baixo geht es ab in die Hügel, vorbei am Pico de Ana Ferreira. Ab dem Centro Hípico wuchtet man sich die Asphaltstraße und später den Sandweg zum Miradouro das Flores hoch. Man kann sich sicher sein, dass man oben bewundernde Blicke erntet, denn der Anstieg zum Aussichtspunkt ist richtig steil. Via Moreno geht es weiter über Stock und Stein zum einsamen Miradouro do Furado Norte mit genialen Blicken über die Küste und den Atlantik. Auf dem Rückweg pedaliert man entlang des Golfplatzes und dann wieder hinunter zur Küste. Das wohlverdiente Bierchen nach der schweißtreibenden Tour

trinkt man am Strandrestaurant Mar e Sol. Dort stehen bisweilen schon ein paar E-Mountainbikes. Und wenn man nach der Tour ohne elektronische Unterstützung so richtig platt ist, dann leiht man sich für die nächste Runde eben eins mit Motor …

ℹ️ *Busfahrplan Porto Santo: moinhorentacar.com/ transportes-2 | Bikes kann man bei Auto Acessórios Colombo (aacolombo.com) oder bei Porto Santo Bikes (portosantobikes.com) leihen* 🕐 *Ganzjährig* 📍 *33.058317, -16.335174 (Start), 33.048304, -16.347748 (Ziel)*

✔️ *Download GPX-Track*

Nachtbaden am Cais do Porto Santo

3 〰️ **Baden am Cais do Porto Santo**

Einmal auf den Cais do Porto Santo, das gehört zu einem Urlaub auf der Ilha Dourada einfach dazu. Man lässt sich den Wind um die Nase wehen, genießt den Ausblick über den Strand und auf die Picos, nimmt auf einer der Bänke ein Sonnenbad und lauscht dem Rauschen der Wellen. Ein paar Jugendliche hüpfen von den Treppen ganz am Ende der rund 100 m langen Pier, die 1927

189

Mit dem Kajak in die Brandung: Bei Mr. Hub kann man alles, was es dazu braucht, leihen

erbaut wurde und wo jahrzehntelang die Schiffe nach Porto Santo anlegten. Und was die Jungs tagsüber können, das kann man doch auch bei Nacht machen. Der Cais do Porto Santo ist beleuchtet; also packt man nach dem Abendessen noch mal das Handtuch ein und nimmt am Ende der Pontão ein erfrischendes Bad im Atlantik. Sowieso schon ein ganz besonderes Erlebnis, aber wenn das Meer im Mondschein glitzert, eines, das man lange nicht vergisst.

ⓘ *Busfahrplan Porto Santo: moinhorentacar.com/transportes-2* ⏱ *Ganzjährig, nach Sonnenuntergang* 📍 *33.056349, -16.333864*

Radfahren auf dem Atlantik

4 ≋ **Vielfältige Aktivitäten auf dem Wasser**
Hub, das bedeutet aus dem Englischen übersetzt so viel wie Zentrum, Mittelpunkt oder Drehscheibe. Man kann davon ausgehen, dass sich das Unternehmen auf Porto Santo nicht so genannt hat, weil der Gründer José oder Manuel Hub heißt, sondern weil er sich als Zentrum des Wassersports auf der „Ilha Dourada" versteht. Und in der Tat kann man sich bei Mr. Hub Gerätschaften aller Art ausleihen, mit denen man auf dem Atlantik herumschippern kann. Die etwas fragwürdigen, weil Krach machenden Jet Skis hat der Mister im Angebot, aber auch viele andere Wasserfahrzeuge: gemütlich aussehende Schlauchboot-Viersitzer z. B., in denen es allerdings gar nicht gemütlich zugeht. Denn sie sind einzig und allein dazu da, von einem PS-starken Boot mit reichlich Geschwindigkeit gezogen zu werden. Aber es geht auch ruhiger und umweltfreundlicher: Im Verleih sind Kanus, SUP-Boards und verschiedene Wasserfahrzeuge, bei denen man selbst in die Pedale treten muss. Das klassische Tretboot kennt wohl jeder und für einen gemütlichen Ausflug aufs Meer mit Kind und Kegel passt das sicherlich. Aber bei Mr. Hub kann man auch Fahrrad-Katamarane ausleihen und damit auf dem Meer Rad fahren.

ⓘ *Der Standort ist am Restaurant Pé na Água Restaurante & Beach Bar unweit von Vila Baleira | Busfahrplan Porto Santo: moinhorentacar.com/transportes-2 | Von Vila Baleira aus 10 Min. Fußweg (am Strand oder auf der ER 111) Richtung Westen | facebook.com/jetskiwatersports | €–€€€* ⏱ *Nur in den Sommermonaten* 📍 *33.053947, -16.340786 (Start und Ziel)*

*Tauchen am Schiffswrack des Frachters „Madeirense"
vor der Küste Porto Santos*

Minigolfanlage im Garten des Hotel Porto Santo & Spa

Tauchgang am Bootsfriedhof

5 ≋ **Tauchen mit Sauerstofffflasche, nur für geübte Taucher**

Einst transportierte er Gemüse, Zement und Fernseher und pendelte zwischen Madeira und Porto Santo hin und her: Seit dem Jahr 2000 liegt der ehemalige Frachter „Madeirense" rund 1,6 km vor der Küste Porto Santos auf dem Grund des Meeres. Nicht etwa, weil er nach einer Havarie gesunken ist – das Schiff wurde absichtlich versenkt, um Tauchern einen ganz besonderen Spot zu bieten. Einige Millionen Euro hat sich die Regierung Madeiras den Spaß kosten lassen. Das Schiff liegt in einer Tiefe von rund 35 m, die ersten von Meeresgetier und Pflanzen bewachsenen Aufbauten erreichen erfahrene Taucher bereits nach 24 m. Die Sicht unter Wasser ist großartig, Pferdekopfmakrelen, Zackenbarsche, Papageienfische, Sägefische, Streifenbarben, Drückerfische, Rochen und Barrakudas umschwärmen das zu einer Art Riff gewordene Frachtschiff (Porto Santo Sub, Ida-Dive Center, *porto-santo-sub-lda-dive-centre.negocio.site*). Mit der „Corveta General Pereira d'Eça", einem 2016 gesunkenen Kriegsschiff der portugiesischen Marine, gibt es noch ein weiteres Wrack vor der Küste Porto Santos, das man auf Tauchgängen erkunden kann. **Insider-Tipp** Im Angebot sind auch SUP-Boards, mit denen man zur Ilhéu de Cima hinüberpaddeln kann.

ℹ *Busfahrplan Porto Santo: moinhorentacar.com/transportes-2 | Von Vila Baleira aus in Richtung Marina und dann auf der Estrada Jorge de Freitas bleiben. Ganz am Ende hinter der Kartbahn ist die Tauchbasis | €€€* ⊙ *Ganzjährig* ⊙ *33.063251, -16.307299 (Tauchbasis)*

Minigolfen unter Palmen

6 ⛳ **Minigolfen für die ganze Familie**

Wer auf Porto Santo versucht, beim Minigolfen seinen eigenen Rekord zu knacken, der macht schon mal was falsch. Wer sich selbst und seinen Kindern dagegen einen vergnüglichen Nachmittag bescheren will, der ist auf der kleinen Minigolfanlage am Rande von Vila Baleira genau richtig. Bälle und Schläger stehen bereit und das Spielen ist kostenlos. Im Gegensatz zu den zumeist akkurat gepflegten und genormten Bahnen in Deutschland ist der Minigolfplatz auf Porto Santo allerdings ziemlich tricky. Es gibt einige kreativ gestaltete Bahnen: Auf einer muss der Ball über den Cais do Porto Santo in Miniaturausgabe gespielt werden, auf einer an-

Die „Orgelpfeifen" am Pico de Ana Ferreira:
Erstarrte Magma sorgte einst für ihre Form

deren vorbei an historischen Mühlen, die einst die gesamte Insel bedeckten. So richtig rund läuft der Ball zumeist nicht auf dem grün getünchten Beton und er hopst auch gerne mal über die Bande hinaus. Nicht ärgern, am besten man macht es wie die Madeirenser. Sagen wir mal so: Sie sind ziemlich gut darin, die internationalen Minigolf-Regeln neu zu interpretieren, und haben richtig Spaß dabei.

ⓘ *Zu Fuß vom Zentrum Vila Baleira 15 Min. | Busfahrplan Porto Santo: moinhorentacar.com/ transportes-2 | Von Vila Baleira in Richtung Airport, die Minigolfanlage liegt gleich rechts vom ersten Kreisel |* ⏱ *Nur im Sommer geöffnet* 📍 *33.065991, -16.335025*

Heilkräfte des Sandes

7 🏖 **Einbuddeln in den mineralhaltigen Sand von Porto Santo**

Den Papa oder die Mama einbuddeln, dass nur noch der Kopf rausguckt: Das ist ein weltweit beliebter Spaß – wobei sich der Spaß der Eingebuddelten meistens in Grenzen hält. Erst recht, wenn die Kinder die hilflose Person dann auch noch an der Nase kitzeln oder mit Wasser begießen. An der Praia Dou-

rada auf Porto Santo tut man mit dem Einbuddeln tatsächlich etwas Gutes. Denn der Sand hat heilende Wirkung, das haben Wissenschaftler von Universitäten in den USA und Norwegen eindeutig nachgewiesen. Das im Sand vorkommende Strontium wirkt entzündungshemmend und die Heilkräfte der ebenfalls enthaltenen Mineralien Magnesium, Kalzium, Phosphor, Schwefel und Jod sind ja allseits bekannt. Insbesondere Menschen, die an Rheuma, Gicht, Arthrose oder auch an Hauterkrankungen leiden, erfahren durch die Porto-Santo-Sandpackungen zumindest Linderung. **Insider-Tipp** Professionelle Behandlungen mit dem Heilsand kann man im Hotel Porto Santo & Spa buchen (hotelportosanto. com).

ⓘ *Busfahrplan Porto Santo: moinhorentacar.com/ transportes-2* ⏱ *Ganzjährig* 📍 *33.049671, -16.345516*

PONTA DA CALHETA
Zum Klavierfelsen

8 🚶 **Mittelschwere Wanderung zur Basaltorgel Pico de Ana Ferreira, 4 km, 3 Std.**

Sie erinnern ein wenig an Orgelpfeifen, und die Portugiesen nennen die Basaltformationen am

*Treffpunkt der einheimischen Rennrad-
fahrer: die Marina Porto Santo*

Pico de Ana Ferreira den „Klavierfelsen". Auf jeden Fall sehen die senkrecht aufragenden, fünfeckigen Basaltsäulen am Pico de Ana Ferreira beinahe so aus, als seien sie von einem Architekten geplant und von Menschenhand gemacht worden. Dabei sind diese Felsformationen durch Vulkanaktivitäten bereits vor Abermillionen Jahren entstanden, als das heiße Magma im Inneren des Vulkankraters nur langsam erstarrte und dem Gestein seine besondere Prismaform gab. Vom Gipfel des 283 m Pico de Ana Ferreira, dem höchsten Berg im Südwesten Porto Santos, hat man ebenfalls einen wunderbaren Ausblick über Vila Baleira, den Strand, die Ilhéu da Cal und auf der anderen Seite über den vom mehrfachen Major-Sieger Severiano Ballesteros angelegten Golfplatz der Insel.

ⓘ *Busfahrplan Porto Santo: moinhorentacar.com/ transportes-2 | Auf der ER 120 (Küstenstraße) westwärts in Richtung Ponta da Calheta | Ein guter Startpunkt für die kurze Wanderung ist das Centro Hípico do Porto Santo. Mit dem Mountainbike oder einem Allrad-Jeep kommt man aber auch bis fast zum Gipfel. Schatten findet man unterwegs in mehreren Höhlen* ⊙ *Ganzjährig* ⊙ *33.044019, -16.370132 (Start und Ziel)*

Der natürliche Feind der Radfahrer

9 🚲 **Rennradtour mit den Locals entlang der Küstenstraße, 16 km, ca. 30 Min., 32 km, ca. 1 Std., 48 km, ca. 1,5 Std.**

Der ehemalige Radprofi und heutige Sportdirektor des deutschen WorldTour-Teams BORA-hansgrohe, Rolf Aldag, hat einmal einen schlauen Satz gesagt: „Der natürliche Feind der Radfahrer sind die Berge." Das scheinen die Hobby-Rennradfahrer auf Porto Santo genauso zu sehen. Denn obwohl es auf der „Ilha Dourada" gar nicht einmal so hoch hinausgeht, fahren sie am liebsten immer die Küstenstraße von der Marina zur Ponta da Calheta entlang, statt sich die Anstiege hinaufzuquälen. Sie treffen sich donnerstags und samstags um 9 Uhr an der Marina und heizen dann vom Hafen zum südwestlichsten Punkt der Insel, knapp 16 km hin und zurück. Mal einmal, mal zweimal, mal dreimal – je nach Form und Lust und Laune. Entweder man ist als Tourist um 9 Uhr zum Start pünktlich da oder man hängt sich auf der Strecke in den Windschatten der Gruppe. Das Tempo ist – für erfahrene Rennradfahrer – mit einer Durchschnittsgeschwindigkeit von 30 bis 32 km/h nicht allzu hoch. Wer solch ein

Abwechslung zum Sandstrand: die Basaltfelsen der Praia do Zimbralinho

Tempo nicht gewöhnt ist, der steigt halt wieder aus auf der Strecke. Und wer gut trainiert ist und zu denen gehört, die sich gerne quälen auf dem Rennrad, der folgt den wenigen Porto Santesern, die an die flache Strand-Runde noch eine Tour in die Berge dranhängen.

ⓘ *Ausschilderung zum Hafen folgen | Durchaus anständige Rennräder kann man für 12 € pro Tag bei Auto Acessórios Colombo in Vila Baleira leihen (aacolombo.com)* 🕑 *Ganzjährig* 📍 *33.063515, -16.317533 (Start und Ziel)*
✔ *Download GPX-Track*

Traumbucht statt Sandstrand

10 🌊 **Schnorcheln und Baden an der Praia do Zimbralinho**

Ein kilometerlanger goldgelber Sandstrand, das ist genau das, was Porto Santo so beliebt bei Touristen macht. Aber auch das kleine Eiland rund 80 km nordöstlich der Hauptinsel des Archipels ist vulkanischen Ursprungs, und auch hier fallen die Felsen zum Teil dramatisch und senkrecht ins Meer ab. Wem nach Abwechslung zum flachen Sandstrand ist, dem sei ein Ausflug an die Praia do Zimbralinho

im äußersten Westen der Insel empfohlen: türkisblaues Wasser vor spektakulären Basaltfelsen, bestens geeignet zum Schnorcheln. Kein absoluter Geheimtipp mehr, aber definitiv einen Ausflug wert. Die Sonne sieht man an der Zimbralinho-Bucht erst ab Mittag, dann wird es in der Hauptsaison auch etwas voller. **Insider-Tipp** Auf dem Rückweg kann man einen Abstecher in die urgemütliche Adega das Levadas machen.

ⓘ *Von Vila Baleira aus Richtung Praia da Calheta, dann zum Golfplatz abbiegen und gleich hinter dem Centro Hípico links der Straße in Richtung Miradouro das Flores folgen. Oben gabelt sich der Weg, der mittlere der drei Wege ist ausgeschildert zur Praia do Zimbralinho* 🕑 *Ganzjährig* 📍 *33.032776, -16.387468*

Wind und Wellen

11 🌊 **Windsurfkurse für Anfänger und SUP bei der On Water Academy**

Eine leichte Brise geht häufig auf Porto Santo, Windstärke 2, vielleicht 3–4. Das ist genau die Stunde für Windsurf-„Rookies". Während die Cracks noch gelangweilt am Strand sitzen – bei

SUP, nur eine von zahlreichen Aktivitäten vor der Küste Porto Santos

Praia da Calheta mit der Ilhéu da Cal im Hintergrund

solchen Verhältnissen haben sie noch keinen richtigen Spaß, – können Anfänger bei Joaoh Palhas in der „On Water Academy" ihre ersten Versuche auf dem Board machen. Die Brandung an der Praia Dourada ist meistens moderat, sodass man sich mit ein wenig Geschicklichkeit auf dem Brett halten und vielleicht schon die ersten Manöver fahren kann. Und wenn Wind und Wellen doch ein bisschen zu heftig sind für die Anfänger, dann steigt man einfach um aufs Stand-up-Paddle-Board oder schaut vom Strand aus zu, wie die Könner mit Speed über die Wellen gleiten und ihre abenteuerlichen Jumps auf dem Wasser vollführen. Die Jungs von der Akademie lieben ihren Job und sind geduldige und kompetente Lehrer. Und sie haben immer ein Auge auf ihre Schüler, sodass man keine Angst haben muss, dass man bei ablandigem Wind irgendwann mutterseelenallein mitten auf dem Atlantik herumdümpelt …

ⓘ *Der Strandabschnitt liegt hinter dem Hotel Vila Baleira Suites | Busfahrplan Porto Santo: moinho rentacar.com/transportes-2 | Auf der ER 120 (Küstenstraße) westwärts in Richtung Ponta da Calheta | instagram.com/onwateracademy/?hl=de, Tel. 9 64 83 55 35 | €€€ ⊙ Nur in der Hauptsaison geöffnet ⚲ 33.037327, -16.359986*

Höhlenforscher im Kajak

12 ≋ Kajaktour zur unbewohnten Ilhéu da Cal
Alle Bücher ausgelesen, schon ein paar Mal gegen die Kinder beim Uno-Spielen verloren? Und so langsam fangen die „Gören" auch an sich zu langweilen, so fantastisch die Praia Dourada auch sein mag. Jeden Tag vom Strand aus blickt man auf die vorgelagerte Ilhéu da Cal, die markante und zerklüftete Felsinsel im Südwesten. Also auf zur Praia da Calheta, ein Kajak oder ein Kanu ausleihen und hinüberpaddeln. Denn anders kommt man dort nicht hin, nachdem vor Jahren der Antrag zum Bau einer Seilbahn von Porto Santo zur Ilhéu da Cal abgeschmettert wurde, um das sensible Ökosystem dort nicht zu gefährden. Betreten darf man die Felsinsel, die auch Ilhéu de Baixo genannt wird, immer noch nicht. Aber es ist ein einzigartiges Erlebnis, mit dem Kajak hinüberzupaddeln und die dortigen Höhlen sowie die an der Westküste Porto Santos zu erkunden. Einmal um den südwestlichsten Zipfel herum, landet man an der Praia do Zimbralinho, einer Traumbucht, an der man gut eine Pause einlegen kann, bevor es zurückgeht an die Praia.

Gemächliche Erkundungstour auf Porto Santo mit einem PS

Es gibt die Möglichkeit, Kajaks oder Kanus auszuleihen, aber auch an einer geführten Kanutour teilzunehmen. Bei rauem Seegang behalten sich die Anbieter vor, die Kajaktouren kurzfristig abzusagen.

ⓘ *Der Strandabschnitt liegt hinter dem Hotel Vila Baleira Suites | Busfahrplan Porto Santo: moinho rentacar.com/transportes-2 | Auf der ER 120 (Küstenstraße) westwärts in Richtung Ponta da Calheta | portosantodestinationtours.com | €€€ ⟳ Nur in der Hauptsaison ⚲ 33.024542, -16.379581 (Start)*

Porto Santo a Cavalo

13 🐴 **Ausritte in den Hügeln von Porto Santos Südwesten und an der Praia Dourada**

Sie heißen Neptuno, Pietra, Zarco, Estrela, Ferrari oder Esperito. Und sie alle sind es gewöhnt, dass sich auch Anfänger bei ihnen in den Sattel schwingen. Das Centro Hípico do Porto Santo, etwas versteckt im Südwesten der Insel gelegen, bietet verschieden lange Ausritte auf der Ilha Dourada an, und die Guides Paulo und Soraia sind genauso geduldig und freundlich wie ihre Pferde. Man lernt

die wichtigsten Kommandos auf Portugiesisch und dann geht es auch schon los in Richtung Gruta de Ana Ferreira oder hinauf zum Miradouro das Flores. Die Ausblicke über die gesamte Südküste der Insel sind grandios, aber die Krönung sind natürlich die Ausritte am Strand. Die Pferde sind ganz offensichtlich auch begeistert, denn sobald sie den Sand unter den Hufen haben, würden sie am liebsten losgaloppieren. Die Guides wissen das zu verhindern, es sei denn man gibt „grünes Licht". Dann spritzt das Wasser unter den Hufen, wenn man direkt an der Wasserlinie entlanggaloppiert. Das Glück der Erde findet man ja bekanntlich auf dem Rücken der Pferde.

ⓘ *Busfahrplan Porto Santo: moinhorentacar.com/transportes-2 | Auf der ER 120 (Küstenstraße) in Richtung Ponta da Calheta. Knapp 500 m hinter dem nicht zu übersehenden Hotel Vila Baleira Porto Santo sind Golfplatz und Centro Hípico ausgeschildert | Anmeldung telefonisch unter 2 91 14 51 35 | facebook.com/centrohipicodoportosanto | €€ ⟳ Ganzjährig ⚲ 33.037198, -16.371626 (Start und Ziel)*

Erzählt viel über den beschwerlichen Arbeitsalltag vergangener Zeiten: Freilichtmuseum Casa da Serra im Osten Porto Santos

Die karge Landschaft am Pico do Maçarico

SERRA DE DENTRO
Zeitreise in die Casa da Serra

14🚶 Besuch des Freilicht- und Heimatmuseums Casa da Serra

Manchmal sind es gar nicht unbedingt die Exponate, die einen Museumsbesuch zu einem Erlebnis machen, sondern die Begeisterung, mit der die Betreiber ihr Museum und die Ausstellungsstücke präsentieren. So ist das auf jeden Fall in der Casa da Serra „in the middle of nowhere" in Porto Santos Osten. Das kleine Museum entführt in die Geschichte der Insel, präsentiert im Außenbereich Gerätschaften, mit denen die Bauern einst ihre Felder bestellten, einen alten Brunnen, ein historisches Windrad und ein Backhaus. Das Haus ist vollgestopft mit antiken Möbeln, traditionellen Trachten und Küchenutensilien und man bekommt einen guten Eindruck davon, wie spartanisch einst die Lebensbedingungen der Insulaner waren. Zum Ende des Besuchs darf man den selbst hergestellten Likör aus Passionsfrüchten, den höchst gewöhnungsbedürftigen Wein Porto Santos sowie leckere Honigkekse probieren – und natürlich auch kaufen. ==Insider-Tipp== Etwas oberhalb der Casa da Serra führt ein Weg zum einsamen und wildromantischen Strand Calhau da Serra do Dentro.

ⓘ *Busfahrplan Porto Santo: moinhorentacar.com/ transportes-2 | Mit dem Auto von Vila Baleira aus entweder auf der ER 233 via Miradouro da Portela in die Serra oder in Richtung Flughafen und über Camacha auf der ER 111 ans Ziel | facebook.com/ p/Casa-da-Serra-100057v856801205, Tel. 968 50 52 90. Vorher anrufen macht Sinn, weil die Öffnungszeiten variieren können | € 🕐 Ganzjährig 📍 33.083505, -16.306161*

Gipfelchen mit Gipfelkreuz

15🚶 Mittelschwere Wanderung auf den Pico do Maçarico, 2 km, ca. 2 Std.

Mehr als ein „Gipfelchen" ist er nicht, der Pico do Maçarico, am nordöstlichsten Zipfel von Porto Santo. Gerade einmal 285 m hoch, also ein Winzling im Vergleich zu den Picos auf Madeira. Und auch auf Porto Santo gehört er nicht zu den höchsten Erhebungen. Aber er hat ein richtig schmuckes weißes Gipfelkreuz – sogar mit einer Lichterkette versehen, die über ein kleines Solar-Panel versorgt wird. Der Aufstieg auf den Felsen gegenüber der Ilhéu da Cima hat es durchaus in sich. Es gibt keinen offiziellen Wanderweg, aber ein schmaler Pfad ist zu erkennen und zunächst auch gut zu gehen.

Mittagsblumen bringen etwas Farbe in die wüstenähnlichen Dunas do Porto Santo

Man wandert vom Miradouro Portela in östlicher Richtung, immer am Grat entlang – zumindest im Sommer durch eine karge Wüstenlandschaft, in den Wintermonaten geht es über grüne Wiesen hinauf zum Gipfel. Die letzten Meter muss man klettern und wird oben mit grandiosen Aussichten über Porto Santo belohnt, über den Strand und Vila Baleira sowie über die vorgelagerte Ilhéu da Cima mit ihrem Leuchtturm.

Insider-Tipp Der Gipfel des Pico do Maçarico ist tagsüber, aber vor allem auch zum Sonnenauf- und Sonnenuntergang ein lohnendes Ziel.

ℹ️ *Man kann denselben Weg wieder zurückgehen (insgesamt ca. 2 km) oder über die Nordostseite in Richtung Porto de Frades absteigen | Hin- und Rückfahrt am besten mit dem Taxi* 🕐 *Ganzjährig* 📍 *33.066226, -16.303868 (Start und Ziel), 33.069206, -16.298296 (alternatives Ziel)*

FONTE AREIA
Wüste im Miniaturformat
16 🚶 **Wanderung durch die wüstenähnlichen Dunas do Porto Santo**

„Mehr Sand als hier ist Wüste" hieß einst der Slogan eines Werbetexters, mit dem für Porto Santo geworben wurde. Man kann davon ausgehen, dass er vor allem den kilometerlangen Sandstrand im Süden der Insel bewerben wollte. Aber es gibt tatsächlich so etwas wie eine Wüste auf der Insel inmitten des Atlantiks: die Dunas do Porto Santo im Inselnorden. Das Gebiet befand sich vor Millionen von Jahren noch auf dem Meeresgrund; erst durch vulkanische Aktivitäten und tektonische Verschiebungen wurde es angehoben und liegt heute oberhalb der Steilküste. Man stapft durch den tiefen Sand, fühlt sich wie in der Sahara oder gar auf einem anderen Planeten. Man staunt über die bizarren Formationen, durch Wind und Wetter entstanden, die nach dem nächsten Sturm schon wieder ganz anders aussehen können. Zwischen all dem Sand wachsen doch tatsächlich ein paar Mittagsblumen, wahre Überlebenskünstler, die im Frühjahr mit ihren gelben Blüten ein wenig Farbe in die Wüste zaubern. Und wer genauer hinschaut, findet in den Dunas do Porto Santo tatsächlich noch Versteinerungen von Korallen und anderen

Steil geht es hinab zu den Piscinas Naturais am Porto das Salemas

Meeresbewohnern und damit den Beweis, dass diese Wüste aus dem Meer kommt.

ℹ️ *Busfahrplan Porto Santo: moinhorentacar.com/ transportes-2 (bis zum Airport) | Mit dem Auto erreicht man die Dunas ab Vila Baleira in einer knappen Viertelstunde. Am Flughafen vorbei und dann Richtung Fonte da Areia halten. Parken kann man problemlos an der Straße ⏱️ Ganzjährig 📍 33.081674, -16.357489 (Start und Ziel)*

Türkisblaue Naturpools

17 🏊 **Baden in den Naturschwimmbecken am Porto das Salemas**

Wenn man die Porto Santeser fragt, wo es den schönsten Strand jenseits der Praia Dourada auf ihrer Insel gibt, dann nennen sie fast zu 100 Prozent den Porto das Salemas im Norden. Was sie allerdings nicht erwähnen, ist die Tatsache, dass man nach dem erfrischenden Bad noch einmal einen schweißtreibenden Anstieg bewältigen muss. Man sieht das natürlich schon, wenn man dort ankommt. Aber weil man ja neugierig ist und nicht kneifen will, wandert man den steilen Weg zu den Naturschwimmbecken hinunter. Einen echten Strand findet man dort unten nicht wirk-

lich vor, aber ein kleines Paradies zum Relaxen und zum Planschen in den Badegumpen mit kristallklarem Wasser, die sich dort insbesondere in den Sommermonaten bei Ebbe bilden. Bei Flut hingegen donnert die Brandung bis weit über die Naturpools hinaus an die Küste und das Baden ist nicht zu empfehlen. Picknickkorb mitnehmen, damit sich der Ausflug lohnt; es gibt ein paar Tische und Bänke unter schon fast antiken Stroh-Sonnenschirmen sowie einen Grillplatz.

ℹ️ *Busfahrplan Porto Santo: moinhorentacar.com/ transportes-2 (bis Airport oder Camacha) | Von Vila Baleira in Richtung Flughafen, am Ende der Landebahn rechts der Ausschilderung zum Porto das Salemas folgen. Vom Parkplatz sind es rund 500 m Fußmarsch | Infos zu den Gezeiten bekommt man im Posto de Turismo in Vila Baleira ⏱️ Ganzjährig 📍 33.093522, -16.347745*

Jungbrunnen Fonte da Areia

18 🐚 **Ausflug zu den Sandsteinklippen an der Fonte da Areia**

Schade, dass die Fonte da Areia an der Nordküste Porto Santos schon längst nicht mehr in Betrieb ist, war die Quelle doch angeblich ein echter Jungbrun-

199

Porto Santos spektakuläre Nord-küste mit der Fonte da Areia

Beliebt bei Kids und Co.: der Streichelzoo Quinta das Palmeiras

nen. Wer das Wasser aus ihr trinkt, so glaubten die Porto Santeser, würde schon nach einem Schluck 20 Jahre jünger werden. Auf jeden Fall sagte man dem äußerst wohlschmeckenden Wasser besondere Heilkräfte nach. Die im 18. Jh. angelegte Anlage gibt es nach wie vor, aber die Fonte da Areia, die „Sandquelle", ist nicht der Grund, warum man einen Ausflug dorthin machen sollte. Es sind vielmehr die Sandsteinklippen, die von Wind und Wetter zu bizarren Skulpturen geformt wurden und vom Geologen als Älioanite bezeichnet werden. Am besten ein kleines Picknick vorbereiten und die Ruhe an der Fonte da Areia genießen. Direkt an der ehemaligen Quelle kann man es sich an einfachen Tischen und Bänken gemütlich machen.

ⓘ *Busfahrplan Porto Santo: moinhorentacar.com/transportes-2 (bis zum Airport) | Am Flughafen vorbei, die Fonte da Areia ist ausgeschildert. Das Auto oben an der Straße parken, das letzte Stück muss man zu Fuß gehen* ☺ *Ganzjährig* ⚲ *33.086933, -16.355426*

Eine Oase als Zoo

19 **Zoobesuch in der Quinta das Palmeiras**

Flamingos, die tatsächlich auf einem Bein stehen, ein Papagei namens Kiko, der sogar sprechen kann, und Pfauen, die prächtige Räder schlagen: Die Quinta das Palmeiras ist eine grüne Oase in ansonsten karger Umgebung und insbesondere mit kleinen Kindern eine willkommene Abwechslung zum Baden und Sandburgen-Bauen. Neben den vielen bunten Vögeln, die zum Teil frei herumfliegen, gibt es in dem privat geführten Mini-Zoo ein paar Teiche mit recht stattlichen Kois, ein Gehege für Schildkröten, Meerschweinchen und schließlich sogar einen überaus zahmen Papagei, den man auf seinem Arm herumspazieren lassen und streicheln kann.

Den Menschen, die sich sehr um das Tierwohl sorgen, sei versichert, dass die zum Teil angeketteten Papageien und Kakadus des Abends wieder von der Kette gelassen werden.

ⓘ *Zu Fuß gut eine Stunde von Vila Baleira aus | Mit dem Taxi hin und zurück rund 25 € | Auch im Rahmen einer Jeep-Tour zu besichtigen | facebook.com/quintadaspalmeirasportosanto | € ☺ Ganzjährig* ⚲ *33.066949, -16.365170 (Start und Ziel)*

DER SCHÖNSTE SONNENUNTERGANG
Sundowner mit Ausblick bis nach Madeira

20 Abendstimmung am Miradouro das Flores

Der Miradouro das Flores ist der perfekte Ort, um den Sonnenuntergang auf Porto Santo zu genießen. Seit 2022 gibt es dort eine große, gemütliche Schaukel, von der aus man sogar zu zweit das Spektakel genießen kann. Rund 180 m über dem Meer schaut man westwärts über die markanten Felsen der Ilhéu da Cal und überblickt Richtung Osten den Traumstrand der Ilha Dourada. Der Sonnenuntergang ist ohne Frage grandios. Auch tagsüber reicht der Blick bei klarer Sicht von hier aus bis nach Madeira.

ⓘ *Busfahrplan: moinhorentacar.com/transportes-2 | Auf der ER 120 Richtung Ponta da Calheta. Knapp 500 m hinter dem Hotel Vila Baleira Porto Santo sind Golfplatz und Centro Hípico ausgeschildert. Links der Ausschilderung folgen. Das letzte Stück ist eine feste Sandpiste. Parkplätze vorhanden | Wer fit ist, kann auch mit dem Rad oder E-Bike hinauffahren* 🕐 *Ganzjährig* 📍 *33.029040, -16.381381*

LOKALE SPEZIALITÄTEN
*UND WO DU SIE PROBIEREN KANNST

Saftige Weintrauben auf Porto Santo – der Wein ist allerdings Geschmackssache

Auf Porto Santo gedeihen extrem leckere Trauben – der Wein, der daraus produziert wird, ist allerdings gewöhnungsbedürftig. Deutlich leckerer sind die Passionsfrucht-Liköre. Auch Klassiker wie Espada und Espetada findet man überall.

Einfach, aber lecker
1 **Sopa de Legumes**

Madeira und Porto Santo gehören zu Portugal, also gibt es auch in jedem Restaurant die Sopa de Legumes. In die Suppe kommt hinein, was gerade Saison hat. Aber da auf dem Madeira-Archipel jegliches Gemüse eigentlich zu jeder Zeit wächst, besteht die zumeist grob pürierte Suppe in der Regel aus Möhren, Bohnen, Kartoffeln – manchmal Spinat oder Mangold – sowie Zwiebeln und Knoblauch. Gewürzt wird einmal mehr mit Lorbeer. Eine Variation ist die Sopa de Trigo mit Schweinefleisch.

ℹ️ *Im* **Restaurante Gazela** *mundet die nach Familienrezept zubereitete Suppe seit Jahrzehnten besonders gut | ER 120, Pontinhas, Porto Santo | €*

Gewöhnungsbedürftiger Tropfen
2 **Wein von Porto Santo**

Die auf Porto Santo kultivierten Trauben werden eher selten zu Wein verarbeitet und schon gar nicht exportiert. Die Porto Santeser sind stolz auf ihren Wein, aber ehrlich gesagt schmeckt er recht gewöhnungsbedürftig.

ℹ️ *Am besten mal in einer Bar oder einem Restaurant wie der* **Adega das Levadas** *fragen, vielleicht spendiert der Wirt ein Glas | Miradouro das Flores, Porto Santo | facebook.com/adega.daslevadas | €*

Grandiose Grillhähnchen
3 **Frango**

Das Frango, also das Hähnchen, steht auf dem Festland Portugals fast immer ganz oben auf den Speisekarten. Auf Madeira und Porto Santo fristet es eher ein Nischendasein, stets etwas versteckt hinter dem Espada, dem Thunfisch oder dem Espetada.

ℹ️ *Die angeblich besten Grillhähnchen gibt es im Restaurant* **Grill Torres** *| Camacha, Porto Santo | €€*

Likör aus Passionsfrüchten

4 ⁏ **Honigkekse zum Schnaps**

Deutlich leckerer als der gewöhnungsbedürftige Wein Porto Santos ist der selbst hergestellte Likör aus Passionsfrüchten sowie die Honigkekse und der Bolo de Mel, der unserem Honigkuchen ähnelt.

ⓘ *Im Freilichtmuseum* **Casa da Serra** *kann man probieren und die Liköre kaufen | Vila Baleira | facebook.com/people/Casa-da-Serra | €*

Frisch und knackig

5 ⁏ **Frischer Salat**

Zu allerlei Fisch gibt es oft einen gemischten Salat – und der muss hier mal gewürdigt werden. Grüner Salat, Tomaten, Zwiebeln mit Essig und Öl – sehr simpel, aber die Zutaten kommen fast das ganze Jahr über frisch auf den Tisch.

ⓘ *Im gemütlichen Restaurant* **João do Cabeço** *speist man vorzüglich, von Vorspeise bis Dessert | ER111, Cabeço da Ponta, Porto Santo | €*

Hier findest du alles

6 ⁏ **Frisches Obst**

Während der Hauptsaison verkaufen fliegende Händler an der Praia Dourada Früchte wie Wassermelonen, Trauben und Kaktusfeigen, die auf der Insel wachsen. Die Preise sind natürlich höher als im Supermarkt und man kann handeln. Man sollte dabei bedenken, dass es ein hartes Brot für die Verkäufer ist, kilometerweit durch den Sand zu stapfen.

ⓘ *Porto Santo | €*

Ein knackiger Salat: gesunde Beilage zu Fisch- und Fleischgerichten

Gut
zu wissen

Bunter Blickfang im Wasser: traditionelle Fischerboote im Hafen von Calheta

Machico mit seinem 2009 angelegten Sandstrand und dem Flughafen im Hintergrund ist die älteste Stadt der Insel

Mit dem Flugzeug

Nach Madeira kommt man eigentlich nur mit dem Flieger. Urlauber, die nachhaltig anreisen möchten, schauen in die Röhre; eine Fährverbindung ab dem europäischen Festland gibt es leider schon seit mehr als zehn Jahren nicht mehr. Die einzige Möglichkeit, nach Madeira mit dem Schiff anzureisen, besteht im Rahmen einer Kreuzfahrt oder mit dem eigenen Boot.

Flieger auf die Blumeninsel heben ab diversen Airports in Deutschland, Österreich und der Schweiz ab. Eurowings, Condor, Easyjet und bedingt auch Ryanair fliegen den Aeroporto Internacional da Madeira Cristiano Ronaldo direkt an, die Flugzeit beträgt in der Regel um die vier Stunden. Wer mit Lufthansa fliegt bzw. mit dem Star-Alliance-Partner TAP (staatliche portugiesische Airline), muss häufig in Lissabon umsteigen. Ab dort braucht man noch einmal rund anderthalb Stunden.

Die Preise variieren stark – zwischen Schnäppchenpreisen von unter 200 € (One-way) in der Nebensaison bis zu 700 € für eine Strecke in der Hauptsaison (Mitte Mai bis Mitte Oktober). Günstiger wird es in der Regel, wenn man pauschal reist. Rechtzeitig buchen!

Lohnende Alternative: mit der Fähre gemütlich nach Porto Santo tuckern

ne Nachbarinsel mit der Airline Binter Canarias. Abheben, anschnallen und nach 10–15 Minuten landet man auch schon wieder. Oder – was definitiv schöner ist – man nimmt die Fähre „Lobo Marinho", die von Funchal aus fast täglich (außer Dienstag und Freitag) abfährt. Entspannt auf Deck herumlümmeln, die wundervollen Ausblicke genießen und mit ein bisschen Glück Delfine beim Spiel mit den Wellen beobachten *(portosantoline.pt)*.

Transfer vom Flughafen

Der Flughafen Aeroporto Internacional da Madeira Cristiano Ronaldo liegt ca. 20 km östlich der Hauptstadt Funchal; ab dort verkehren Busse und Taxis. Die Kosten für eine Busfahrt nach Funchal belaufen sich auf ca. 5 €, wer Taxi fährt, muss für den Transfer in die Hauptstadt schon um die 40–50 € berappen.

Inselhopping nach Porto Santo

Nach Porto Santo gibt es derzeit keine Direktflüge ab Deutschland. Ab Madeira fliegt man auf die klei-

Grün & fair reisen

Du willst beim Reisen deine CO_2-Bilanz im Hinterkopf behalten? Dann kannst du deine Emissionen kompensieren *(atmosfair.de; myclimate.org)*, deine Route umweltgerecht planen *(routerank.com)* oder auf Natur und Kultur *(gatetourismus.de)* achten. Mehr über ökologischen Tourismus erfährst du hier: *oete.de* (europaweit); *germanwatch.org* (weltweit).

Gut zu erkennen: die gelben Taxis mit dem blauen Streifen vor der Jesuitenkirche Igreja do Colégio in Funchal

Mietwagen

Die Schönheit der Insel erkundet man am besten mit einem Mietwagen. Es ist sinnvoll, ihn schon vor der Reise zu buchen, z. B. über *billiger-mietwagen. de*. Wenn man einen Kleinstwagen mietet, empfehlen die Verleiher nicht selten ein PS-stärkeres Fahrzeug. Das ist meistens keine Abzocke, denn bei den extrem steilen Straßen macht das durchaus Sinn. Einen Kleinwagen bekommt man in der Nebensaison für rund 200 € pro Woche, in der Hauptsaison ab 350 €. Einige Verleiher bieten inzwischen auch Elektroautos an.

Mit dem Auto unterwegs

Rund um Funchal ist auf der Via Rápida zu den Stoßzeiten oft Stau. Die Höchstgeschwindigkeit auf der Insel beträgt 90 km/h, das kann man aber fast nur auf der Schnellstraße fahren, ansonsten kommt man auf den extrem kurvigen und steilen Straßen nur langsam voran. Eine madeirensische Besonderheit: Bei Sonnenschein darf man auf der Via Rápida 10 km/h schneller fahren als bei Regen. Ansonsten am besten das Licht angeschaltet lassen – der nächste Tunnel kommt bestimmt! Promillegrenze: 0,5, für Fahranfänger 0,2.

Rund um Funchal und an der Schnellstraße ist das Tankstellennetz gut ausgebaut. Fürs Parken muss man in den Orten fast überall bezahlen, eine Stunde kostet aber nicht viel mehr als 1 €. Blau markierte Parkplätze sind kostenpflichtig, Weiß bedeutet frei parken, gelb markierte Flächen sind tabu. In Funchal ist es ratsam, ins Parkhaus zu fahren, beispielsweise am Einkaufszentrum La Vie oder in der Nähe des Teleférico. Höchstparkdauer 24 Std.: 8 €.

Mit dem Taxi

Die Taxis sind leicht zu erkennen: gelb mit einem blauen Streifen. Taxifahren ist günstiger als bei uns: Bei normalem Verkehr zahlt man beispielsweise für die ca. 3 km lange Fahrt von der Markthalle in Funchal bis ins Stadion Estádio dos Barreiros keine 7 €. Viele Taxifahrer haben sich auf geführte Touren spezialisiert, zu dritt oder zu viert ist das durchaus eine interessante Alternative.

OHNE AUTO UNTERWEGS

MIT DEM FAHRRAD

Ohne elektrische Unterstützung schwierig

MIT DEM BUS

Damit kommst du in fast jedes Dorf

Das Busnetz auf Madeira ist relativ gut ausgebaut, allerdings ist es nicht einfach zu durchblicken, da es mehrere Busgesellschaften auf der Insel gibt, die verschiedene Regionen bedienen. Werktags fahren die Überlandbusse tatsächlich in die entlegensten Winkel, an den Wochenenden sind die Verbindungen deutlich schlechter. Im Großraum Funchal fahren die gelben Stadtbusse und im Stadtgebiet verkehren zusätzlich die kleineren E-Busse der Linha ECO Cidade. Der Einheitspreis für Stadtfahrten beträgt 1,95 €, allerdings lohnt es sich für Vielfahrer, ein sogenanntes aufladbares Giroticket zu kaufen, mit dem man zu günstigeren Tarifen fahren kann.

Sich ein Fahrrad ohne elektrische Unterstützung zu leihen macht eigentlich nur Sinn, wenn man ausschließlich in Funchal und dann so gut wie nur entlang der Küste Rad fahren möchte – oder wenn man so fit ist wie ein Tour-de-France-Teilnehmer. Abseits der Avenida do Mar sind die Straßen nämlich meistens so steil – oft 20 und sogar bis zu 30 Prozent –, dass man bisweilen sogar mit einem E-Bike Schwierigkeiten bekommt, die deftigen Anstiege zu bewältigen.

MIT DER SEILBAHN

Hinunterschweben zum Atlantik

Von der Zona Velha und vom Botanischen Garten aus fahren Seilbahnen (Teleférico) nach Monte. Mehrere andere Seilbahnen, beispielsweise in Garajau, bei Santana und Achadas da Cruz oder bei Câmara de Lobos führen hinunter an die Strände bzw. die sogenannten Fajãs, die fruchtbaren Anbauflächen am Meer.

209

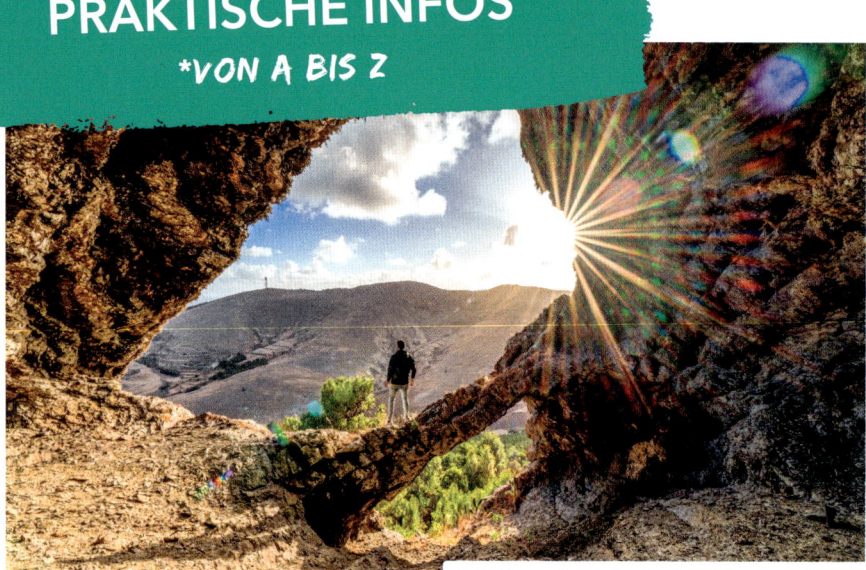

Die Höhlen am Pico de Ana Ferreira auf Porto Santo bieten Schatten bei einer Wanderpause

Allein unterwegs

Wer auf Madeira alleine unterwegs ist, findet häufig Anschluss auf geführten Wanderungen. Auf der Insel sind sehr viele allein reisende Frauen zu beobachten. Zwar können auch die madeirensischen Männer in ihren Ansichten ziemliche Machos sein, als Frau, die alleine unterwegs ist, hat man auf der Insel aber trotz alledem so gut wie nichts zu befürchten.

Auskunft

visitportugal.com, visitmadeira.com (beides auch in Deutsch)

In Deutschland
Portugiesisches Fremdenverkehrsamt | Zimmerstr. 56, 10117 Berlin | Tel. +49/030/25 41 06 71

In Österreich
Portugiesisches Touristikzentrum | Opernring 1, 1010 Wien | Tel. +43/1/585 44 50

In der Schweiz
Portugiesisches Handels- und Touristikbüro | Zeltweg 15, 8004 Zürich | Tel. +41/44/268 87 68

Banken

In jedem etwas größeren Ort gibt es eine Bank mit Geldautomat. Fast immer kann man DEUTSCH als Sprache anwählen, häufig sind 200 € das Maximum, das man mit einem Mal abheben kann. Vorher über die Eigengebühren der Banken informieren! Mit der Debitkarte der DKB beispielsweise kann man fast überall umsonst Geld abheben.

Campen

Es gibt nur einen offiziellen größeren Campingplatz auf der Insel. Er liegt in Ribeira da Janela an der Nordküste. Wer beispielsweise auf einer mehrtägigen Wandertour zelten möchte, kann dies an rund 20 lauschigen Plätzen inmitten der fantastischen Natur, muss sich allerdings vorher beim Instituto das Florestas e Conservação da Natureza eine Genehmigung besorgen. Man kann sie sich aufs Handy laden und bei einer eventuellen Kontrolle der Ranger vorzeigen *(simplifica.madeira.gov.pt/services/7-22-101)*. Dass man an den Naturcamps keinen Müll hinterlässt, dürfte sich von selbst verstehen.

Einkaufen

Die größten Supermarktketten auf Madeira sind Pingo Doce und Continente; dort bekommt man neben Lebensmitteln auch alles mögliche Andere, was man im Alltag braucht. Fast alle großen Supermärkte haben eine Frischfleischtheke und frischen Fisch, der auf Wunsch vor Ort auch filetiert wird. Die neueste Shopping-Mall in Funchal ist das La Vie unweit der Avenida Arriga am westlichen Ende der Altstadt. Wer fürs Handy oder den Laptop Zubehör braucht, der findet das bei WORTEN im La Vie. Etwas in die Jahre gekommen sind die Einkaufszentren Forum Madeira an der Estrada Monumental und das Centro Comercial Anadia in der Nähe der Markthalle. Wem die Wanderschuhe drücken oder wer ansonsten irgendetwas an Outdoor-Equipment braucht, dem sei O Bordão in den Galerias São Lourenço empfohlen. Sport- und Freizeitartikel findet man im Decathlon Funchal unweit der Ausfahrt São Martinho an der Via Rápida. Die meisten Souvenirshops sind rund um die Kathedrale Sé angesiedelt, auch im Hotelviertel gibt es reichlich Mitbringsel zu kaufen.

Shopping im altehrwürdigen Forum Madeira in Funchal

lem: In Funchal gibt es inzwischen alle möglichen Restaurants, von Fast Food über asiatische Restaurants bis hin zu Pizzerias. Im altehrwürdigen Reid's Hotel gibt es ein Gourmet-Restaurant, das mit einem Michelin-Stern ausgezeichnet wurde, über dem Gallo d'Oro gleich um die Ecke leuchten sogar zwei Sterne.

Der Wein in normalen Restaurants kommt fast ausschließlich vom portugiesischen Festland. Neben

Essen und Trinken

Die regionale Küche auf Madeira ist erst einmal spannend, wenn auch wahrlich nicht raffiniert und weit entfernt von „fine dining". Der schwarze Degenfisch Espada – oft mit Bananen serviert –, ein Fleischspieß namens Espetada, Thunfisch und Picado (Fleischwürfel und Pommes frites) sind auf so gut wie jeder Karte zu finden. Wer Fleisch und Fisch isst und auf eine bodenständige, ehrliche Küche steht, der wird glücklich werden auf Madeira. Wer Vegetarier oder gar Veganer ist, der hat es auf Madeira schon etwas schwerer. Wobei die zumeist einfachen Salate mit grünem Salat, Gurken, Tomaten und Zwiebeln extrem gut schmecken, da die Produkte von der Insel frisch und qualitativ hochwertig sind.

Aber wer etwas länger bleibt, wird sich vielleicht schon bald nach Abwechslung sehnen. Kein Prob-

Für Notfälle

Allgemeiner Notruf Tel. 112
Musst du einen Notruf absetzen, bleibe dabei ruhig und berichte:
- Wo ist es passiert?
- Was ist passiert?
- Wie viele Verletzte gibt es?
- Welche Verletzungen liegen vor?

Warte dann auf Rückfragen der Leitstelle, beende das Gespräch nicht unaufgefordert.

Pannenhilfe
Tel. 800 29 02 90 oder je nach Service direkt beim Autoverleih

*Leckerer Snack für zwischendurch:
Sandwich mit Espada*

internationalen Bieren schenken fast alle Bars und Restaurants das Coral aus, das in Câmara de Lobos gebraut wird und absolut zu empfehlen ist. Der – bzw. die – Bica steht dem italienischen Espresso in nichts nach, der Milchkaffee auf Madeira heißt Chinesa. Und natürlich gibt es überall das madeirensische „Nationalgetränk", die Poncha, ein Drink aus Zuckerrohrschnaps, Honig und Fruchtsäften aus Zitrone, Maracuja oder Orangen.

Geld

Die Währung auf Madeira ist seit 2002 der Euro. (siehe Banken)

Internet und WLAN

Ob im Lorbeerwald oder auf dem Pico Ruivo, das Netz ist selbst an den abgelegensten Orten zumeist besser als in Deutschland auf dem Land. Kostenloses WLAN in den Hotels ist selbstverständlich, allerdings ist es mal turboschnell und mal zum Verzweifeln langsam. Auch rund um die Avenida Arriga in Funchal ist ein WLAN-Netz verfügbar. In vielen Cafés wird eine WiFi-Verbindung bereitgestellt.

Handy und Telefon

Portugal gehört zur EU und damit ist es mit den allermeisten Anbietern kein Problem, auf der Insel oder von dort aus nach Deutschland zu telefonieren. Ein Anruf im Mobilfunknetz von Funchal nach Düsseldorf kostet also genauso viel wie eine Verbindung von Hamburg nach Stuttgart.

Märkte

Die Markthalle (Mercado dos Lavradores) in Funchal ist inzwischen eine der Touristenattraktionen auf Madeira. Das Angebot an exotischen Früchten in der 1940 im Art-déco-Stil errichteten Markthalle ist zweifelsohne überwältigend. Aber wie es oft an touristischen Hotspots ist – authentisch geht es dort nicht mehr zu. Die Preise sind zum Teil unverschämt hoch, die Qualität lässt zu wünschen übrig. Interessant ist ein Besuch des Fischmarkts gleich nebenan, wo man den schwarzen Degenfisch mal nicht nur als Filet auf dem Teller sieht, sondern als Raubfisch mit gemein scharfen Zähnen.

Immer sonntags wird in Santo da Serra der Mercado Agrícola abgehalten. Hier verkaufen immer noch die Bauern aus der Region, die Preise liegen deutlich unter denen in Funchal. Etwas abseits der alten Markthalle, in der auch zahlreiche Imbisse und Poncha-Bars zu einem Drink oder einem Snack einladen, gibt es noch einen Markt, auf dem allerlei Nippes angeboten wird: überwiegend billiger Plastikkram, definitiv nicht zu empfehlen. Auch in Santana und Ponta Delgada sowie in Canhas gibt es Bauernmärkte. In netter Atmosphäre kann man in den kleinen Markthallen von Santa Cruz und Ribeira Brava regionale Produkte kaufen.

Medien

Deutschsprachige Zeitungen findet man an zahlreichen Kiosken in Funchals Altstadt oder im Hotelviertel, deutschsprachige Bücher leider nicht.

Medizinische Versorgung

Ärztliche Hilfe erhält man im Centro Saúde, die man in jeder Gemeinde Madeiras findet. Erste Anlauf-

DRAUSSEN UNTERWEGS MIT KINDERN

Lieblingstouren

Touren entlang von Bächen oder kleinen Seen sind wunderbar. Wenn's heiß ist, können alle ihre Füße kühlen, Rindenschiffchen bauen oder flache Steinchen hüpfen lassen.

Mit allen Sinnen

Eine süße Blume und ein herbes Kraut riechen, Moos und Steinchen barfuß spüren, mit geschlossenen Augen das Knacken und Rascheln hören, mit Lupe oder Fernglas Tiere beobachten: Ein Naturspaziergang ist für Kinder wie ein toller Sinnespfad.

Wie weit mit Kids?

Wie lang darf eine Wanderstrecke mit Kindern sein? Als grobe Orientierung nennt der Deutsche Wanderverband: das Lebensalter mal 1,5 nehmen. Eine Siebenjährige könnte danach 10,5 km schaffen, einen Kilometer je 100 Höhenmeter abziehen. Als Zeitbedarf plane die doppelte Zeit ein, die für erwachsene Wanderer angegeben wird.

Notausstieg

Wähle Wanderrouten aus, die du leicht abkürzen kannst – je nach Kondition und Stimmung. Beziehe bei der Vorbereitung einer Tour die Kinder unbedingt mit ein: gemeinsam die richtige Wanderkarte auswählen und unterwegs zusammen gucken, wie der Weg weitergeht.

Lesefutter

Toll illustrierte Kinderbücher über Pflanzen, Tiere, Gewässer und Gebirge machen Lust auf den Naturausflug. Der passende Band wandert mit – damit es noch mehr zum Entdecken gibt.

Abenteuer am Wegesrand

Wohnt ein Räuberhauptmann in der Burgruine? Und sind hier wirklich Steinzeitjäger an den Felsklippen entlanggeschlichen? Wähle Wanderrouten aus, die an besonderen Orten vorbeiführen. Kleine Geschichten machen sie für den Nachwuchs zu spannenden Abenteuerplätzen.

Der Hitze entkommen

Vor allem mit kleineren Kindern kann sehr heißes Sommerwetter richtig anstrengend sein. Wenn mal alle nach einer Abkühlung lechzen: Macht doch einfach einen Tagesausflug in die Berge. Ein Picknick im Wald, ein kühler Bergbach – und der Tag ist gerettet. Richtwert: Pro 100 Höhenmeter ist es ca. ein Grad kühler.

Matschverhüterli

Große, stabile Mülltüten sollte man als Eltern immer im Auto haben. Warum? Kinder sind mobil und immer gerne dort unterwegs, wo es spannend und oft auch schmutzig ist, zum Beispiel im Matsch. Aber sooo ins Auto? Kein Problem: Steck dein Kind vor der Weiterfahrt einfach bis zur Taille in die Tüte und der (Miet-)Wagen bleibt sauber.

Wer draußen unterwegs ist, sollte immer ein Erste-Hilfe-Set dabeihaben. Und natürlich solltest du wissen, wie du Binden und Kompressen anwendest – ein Erste-Hilfe-Kurs schadet nie.

Sei auf Notfälle vorbereitet

- Pflaster (zum Abschneiden) für kleine und größere Schürf- und Schnittwunden
- Blasenpflaster
- Mullbinden und Kompressen zum Abdecken von Wunden
- Dreieckstücher zum Ruhigstellen von Gelenken bei Brüchen
- Desinfektionsmittel
- Allergiemittel
- Schmerztabletten
- Wundheilsalbe
- Insektenschutz
- Verbandschere
- Pinzette
- Einmalhandschuhe
- Rettungsdecke als Schutz vor Unterkühlung
- Kältekompresse
- Signalpfeife
- Zeckenzange

Schon gewusst?

Im Notfall kannst du drei Minuten ohne Sauerstoff, drei Tage ohne Wasser, drei Wochen ohne Nahrung – aber nur drei Stunden ohne Schutz vor Wind, Nässe und Kälte aushalten. Hab also auch immer Kleidung für alle Eventualitäten im Rucksack.

stelle in Funchal ist das Krankenhaus Dr. Nélio Mendoça (Avenida Luis de Camões 57). Zudem gibt es insbesondere in Funchal Privatkliniken und niedergelassene Ärzte. Bezahlen muss man die Behandlung zunächst selbst. Es macht Sinn, eine Auslandskrankenversicherung abzuschließen. Apotheken (Farmaçia) findet man ebenfalls in allen größeren Orten, gut erkennbar am blinkenden grünen Kreuz.

Notrufe

Nationaler Notruf: 112; Polizei 291/20 84 00; Städtische Feuerwehr Funchal: 291/22 21 22; Krankenhaus (Dr. Nélio Mendoça): 291/70 56 00; 24-Std.-Notruf: 291/70 56 66; Portugiesisches Rotes Kreuz: 291/74 11 15; bei Notfällen auf dem Meer: 291/23 01 12 (SANAS) oder 291/21 31 12.

Diplomatische Vertretungen

Deutsches Konsulat
Rua do Amparo, n° 26, Ed. Concórdia, Bloco G | Tel. 291/70 72 80 | funchal@hk-diplo.de
Österreichisches Konsulat
Rua Imperatriz D. Amélia, Ed. Princesa, Loja 0 | Tel. 291/71 07 00 | hkonsulatfunchal@hotmail.com
Schweizer Konsulat
Vereda Ponte da Vargem 6, Quinta Ribeiro Real, Estreito Câmara de Lobos | Tel. 967/5 92 42

Öffnungszeiten

Die großen Supermärkte haben selbst an Feiertagen (außer am 1. Weihnachtstag) von 8 bis 22 Uhr geöffnet, Einzelhändler öffnen in der Regel Mo–Fr 9–13 und 15–19 Uhr, Sa 9–13 Uhr. Die Banken haben Mo–Fr 8.30 bis 15 Uhr geöffnet, Apotheken werktags 9–13 und 15–19 Uhr, manche machen auch keine Mittagspause.

Post

Die Postämter heißen Correios de Portugal (CTT) und sind ebenfalls in allen größeren Orten zu fin-

Üppiges Angebot: der Mercado dos Lavradores in Funchal

den. Öffnungszeiten: 9–12.30 und 14.30–17.30 Uhr. Ein Brief oder eine Postkarte an die Liebsten zu Hause braucht zumeist mindestens vier Tage, Päckchen oder Pakete oft zwei Wochen und mehr.

Preise

Das Preisniveau auf Madeira liegt einiges unter dem in Deutschland, Österreich und natürlich erst recht unter dem der Schweiz. Allerdings haben die Preise nach der Coronapandemie deutlich angezogen. Ein Hauptgericht wie der Espada, Thunfisch, Espetada oder Bacalhau liegt in den meisten Restaurants mit madeirensischer Küche bei 12–16 €. Vorspeisen wie die Lapas sind für ca. 8 € zu bekommen, das Bolo do Caco schlägt meistens mit 2–4 € zu Buche. Ein Glas Wein kostet im Restaurant 2–4 €, in besseren Lokalen 5–7 €. Die Bica, also den portugiesischen Espresso, bekommt man in der einfachen Bar um die Ecke häufig noch für 70–80 Ct. In touristischen Ecken muss man für den Kaffee meistens auch nur einen Euro zahlen. Ein großes Bier (0,5 l) in der Bar ist oft für unter oder um die 3–3,50 € zu bekommen, eine Flasche des auf Madeira gebrauten Biers Coral (0,33 l) für unter 2 €. Auch das Preisniveau in den

Supermärkten liegt deutlich unter dem zu Hause; einzig internationale Marken, insbesondere Süßigkeiten und Pflegeprodukte, sind teuer.

Tourist-Informationen

Insgesamt neun offizielle Tourist-Informationen beantworten auf Madeira Fragen der Urlauber, vermitteln Unterkünfte und helfen bei der Planung von Ausflügen weiter. Die Zentrale in Funchal ist an der

Was kostet wie viel?

Bica (Espresso)	70 Ct–1 €
Bier	3–4 € (0,5 l)
Poncha	1–2 €
Sandes (Sandwich)	1,50–4,50 €
Hauptgericht	12–16 € (Espada oder Espetada)
Diesel und Benzin	ca. 1,76 € (Einheitspreis an allen Tankstellen)
Eintritt Badeanstalt	2,50–6 €
Geführte Wanderung	30–65 €

In den Tourist-Infos wie in Porto Moniz bekommt man freundliche Auskunft

Avenida Arriaga 16 zu finden, die Tourist-Info im Hotelviertel in der Estrada Monumental 175. Zudem gibt es in Porto Moniz, Ponta do Sol, Ribeira Brava, Santana, am Airport und auf Porto Santo jeweils eine Tourist-Info. Die meisten haben Mo–Fr von 9.30 bis 16 oder 16.30 Uhr geöffnet. Über eine Hotline kann man die Madeira-Experten zudem täglich von 9 bis 20 Uhr erreichen (966 76 57 18). Außerdem sind insbesondere an der Avenida do Mar und an der Estrada Monumental im Hotelviertel zahlreiche Kioske zu finden, die geführte Wanderungen, Boot-Trips u. Ä. anbieten. *visitmadeira.com*

Toiletten

In den Städten und größeren Orten gibt es erfreulich viele öffentliche und vielfach auch kostenlose Toiletten. Wo es an öffentlichen Toiletten fehlt, ist an den stark frequentierten Wanderwegen, beispielsweise im Rabaçal. Wer in Privatunterkünften oder einfachen Hotels unterkommt, muss damit rechnen, dass die Abflüsse nicht dafür gemacht sind, Klopapier in die Toilette zu werfen; dafür stehen Eimer bereit.

Trinkgeld

In Cafés und Restaurants ähnlich wie bei uns; man gibt – wenn man zufrieden war – ein Trinkgeld von ca. 10 % des Gesamtpreises, auch wenn das Bedienungsgeld auf Madeira offiziell bereits im Preis enthalten ist. Wie in vielen südeuropäischen Ländern lässt man den „Tip" einfach auf dem Tisch liegen, wenn man geht. Taxifahrer und Zimmermädchen freuen sich ebenfalls über ein Trinkgeld.

Verordnungen und Verbote

Wild zelten ist auf Madeira verboten (siehe Camping). Dass man insbesondere in den Lorbeerwäldern kein offenes Feuer macht, dürfte sich von selbst verstehen. Wenn man unbedingt rauchen muss, bitte darauf achten, die Zigarettenstummel sicher zu entsorgen. Auf den Wanderungen sollte man auf den gekennzeichneten Wegen bleiben und seinen Kindern erklären, dass es keine gute Idee ist, in den Levadas Staudämme zu bauen. Das unter Touristen beliebte Steinestapeln am Strand sollte man tunlichst lassen – es schädigt das Ökosystem. Während der Autofahrt mit dem Handy zu telefonieren ist verboten – wobei sich kaum ein Madeirenser daran hält. Auch FKK ist verboten, das Sonnenbaden oder Baden oben ohne bei Frauen wird immer noch recht skeptisch beäugt, ist aber an den Stränden und in den Badeanstalten an der Küste längst gang und gäbe.

Zeitzone

Auf Madeira gilt die Westeuropäische Zeit (WEZ); das bedeutet, dass man sowohl in der Winter- als auch in der Sommerzeit die Uhren um eine Stunde zurückstellen muss.

Zoll

Portugal als EU-Staat ist Mitglied der Europäischen Zollunion. Urlauber aus Deutschland und Österreich dürfen Waren für den eigenen Bedarf ausführen, wenn sie die Richtwerte einhalten. So darf man beispielsweise 800 Zigaretten, 10 l hochprozentigen Schnaps oder sogar 20 l Madeirawein mit nach Hause nehmen.

APPS & KARTEN FÜR DRAUSSEN

ERKENNE, WAS UM DICH IST
Apps für Naturfreunde

Geschafft! Der Gipfel ist erobert, die Rundsicht auf die Bergwelt der Hammer. Aber wie heißen die ganzen Spitzen, die da am Horizont in den Himmel piksen? Das verrät die App PeakFinder – einfach mit der Kamera in die gewünschte Richtung halten. Das Ganze gibt's übrigens auch für den Nachthimmel, Apps wie SkyMap oder SkyView sind wie ein Astronom für die Hosentasche, der dir das Weltall erklärt.
Für Pflanzen z. B. PlantNet, Flora incognita (vor allem für D) und iNaturalist, für Vogelstimmen NABU Vogelstimmen oder BirdNET.

SO KOMMST DU BESSER ANS ZIEL
Navi-Unterstützung für Aktive

Mit Apps wie Komoot, Maps 3D, GPSies oder von Runtastic wird dein Smartphone zum Navi, egal, ob, du zu Fuß oder auf zwei Rädern unterwegs bist. Google Maps funktioniert zwar auch, findet aber oft nur die Haupt- und nicht die schönen, verkehrslosen Nebenrouten. Zur Sicherheit solltest du immer eine Powerbank für eine Extraakkuladung im Gepäck haben, denn die GPS-Funktion des Smartphones ist energiehungrig.

ANALOG UNTERWEGS
Die passende Karte finden

Mist, der Akku des Smartphones ist leer. Nimm deshalb immer auch eine gute Karte deines Wandergebiets mit. Bist du in einem kleineren Gebiet unterwegs, ist der Maßstab 1 : 25 000 perfekt, dann sind vier Zentimeter auf der Karte ein Kilometer im Gelände. Hast du eine Tour über größere Entfernungen vor, dann greif zum Maßstab 1 : 50 000. Zwei Zentimeter auf der Karte entsprechen dann einem Kilometer.

Auf der Karte kannst du übrigens auch sehen, wie steil das Gelände wird: Je enger die Höhenlinien – jene Linien, die dem Geländeverlauf folgen – liegen, desto steiler wird's. Bei einer 50 000er-Karte sind zwischen zwei Höhenlinien meist 20 m. Wenn dein Wanderweg einer Höhenlinie folgt, hast du Glück: Der Weg ist (relativ) eben.

Jedes Jahr im Mai feiert ganz Madeira in den Straßen das traditionelle Blumenfest Festa da Flor

Die Madeirenser verstehen es zu feiern: ob bei der Festa da Flor, dem farbenprächtigen Blumenfest, beim Carneval, der an den Karneval in Rio de Janeiro erinnert, oder an Silvester, wo alljährlich ein gigantisches Feuerwerk den Himmel über Funchal in ein Lichtermeer verwandelt.

Februar

Carneval na Madeira: Kein Alaaf, kein Helau; kein Tusch, keine Büttenreden, stattdessen elektrisierende Samba-Klänge unter freiem Himmel – der Karneval auf Madeira erinnert an den berühmten Karneval in Rio de Janeiro. Um die tausend bunt gekleidete Tänzerinnen und Tänzer ziehen im Februar in ausgelassener Stimmung am Samstagabend durch die Hauptstadt. Und wie in Brasilien werden auch auf Madeira die schönsten und originellsten Kostümierungen prämiert.

Mai

Festa da Flor: Alljährlich feiert die Blumeninsel ihr traditionelles Blumenfest. Höhepunkt ist der Blumenkorso in Funchal. Hunderte von prächtig geschmückten Motivwagen und Tänzerinnen locken Tausende von Besuchern an. Die Avenida Arriaga ist mit kunstvollen Blumenteppichen geschmückt und die Kinder Madeiras stecken jeweils eine Blume in die „Muro de Esperança" (Mauer der Hoffnung) am Rathaus – ein Symbol für den Frieden. An der Avenida do Mar werden für den Blumenkorso Tribünen aufgebaut; ein Ticket kostet 30 €, inklusive eines Huts und einer Flasche Wasser. Ab 2024 findet der Blumenkorso immer am ersten Sonntag im Mai statt.

August/September

Festa do Vinho: Seit den 1970er-Jahren feiert Madeira zum Auftakt der Weinlese Ende August/Anfang September seine Festa do Vinho. Auf der Avenida

Arriaga in Funchal präsentieren sich Winzer und Kellereien, zahlreiche historische Gerätschaften aus dem Weinbau sind ausgestellt, Folkloregruppen treten auf und natürlich ist für Speis und Trank gesorgt. Der traditionelle Höhepunkt zum Abschluss ist das Weinlesefest in Estreito de Câmara de Lobos.

Dezember

Silvesterfeuerwerk: Auf den Straßen wird getanzt, und das neue Jahr wird in Funchal mit einem gigantischen Feuerwerk begrüßt, das es einst sogar ins Guinnessbuch der Rekorde als größtes Feuerwerk weltweit schaffte. Seit Jahren kommen zum Jahreswechsel zahlreiche Kreuzfahrtschiffe nach Funchal, die am Silvesterabend vor der Hauptstadt vor Anker gehen, damit die Kreuzfahrturlauber vom Atlantik aus das Spektakel verfolgen können. Die Party ist nichts für empfindliche Ohren: In das Knallen der Feuerwerkskörper mischt sich das Läuten aller Kirchenglocken sowie das Tuten der Schiffssirenen auf den Ozeanriesen.

Feiertage

1. Jan.	Neujahr (Ano Novo)
25. April	Jahrestag der Revolution von 1974 (Dia da Liberdade)
1. Mai	Tag der Arbeit (Dia do Trabalhador)
10. Juni	Portugal-Tag (Dia de Portugal)
1. Juli	Madeira-Tag (Dia da Madeira)
15. Aug.	Mariä Himmelfahrt (Assunção de Nossa Senhora)
5. Okt.	Tag der Republik (Implantação da República)
1. Nov.	Allerheiligen (Todos-os-Santos)
1. Dez.	Unabhängigkeitstag (Restauração da Independência)
8. Dez.	Mariä Empfängnis (Imaculada Conceição)
25. Dez.	Weihnachten (Natal)
26. Dez.	2. Weihnachtsfeiertag (Primeira Oitava)

Das rekordverdächtige Silvesterfeuerwerk in Funchal muss man erlebt haben

Anhang

Jahrhundertealte Lorbeerbäume auf der Hochebene Fanal

REGISTER
*NACH ORTEN

Nach der Reise ist vor der Reise:
Hier findest du noch mehr beste Frischluftabenteuer
für deinen Urlaub.

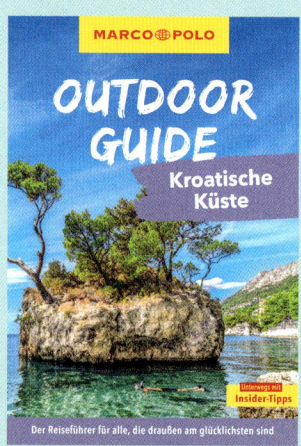

ISBN 978-3-575-01918-9

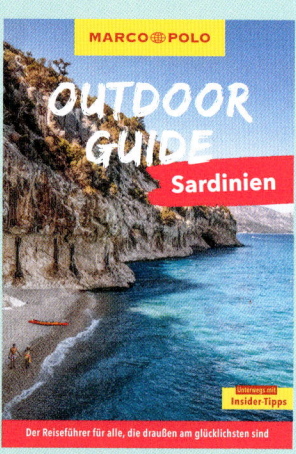

ISBN 978-3-575-01926-4

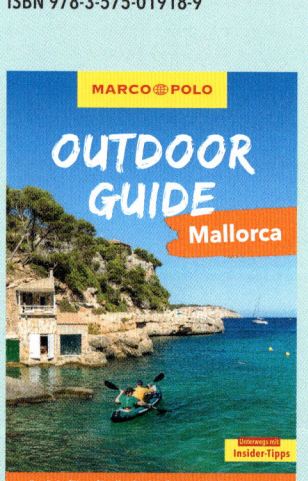

ISBN 978-3-575-01920-2

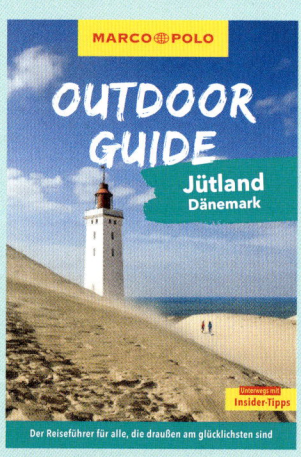

ISBN 978-3-575-01917-2

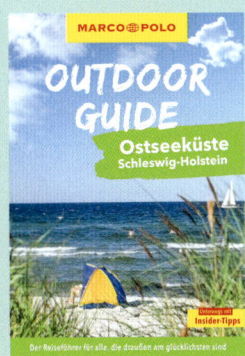

ISBN 978-3-575-01924-0

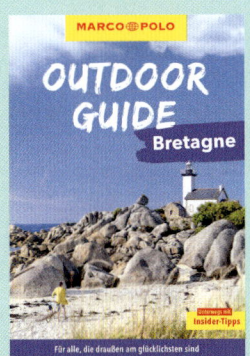

ISBN 978-3-575-01901-1

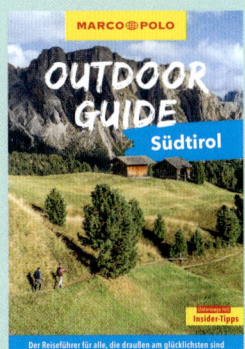

ISBN 978-3-575-01928-8

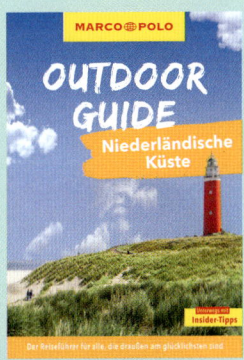

ISBN 978-3-575-01922-6

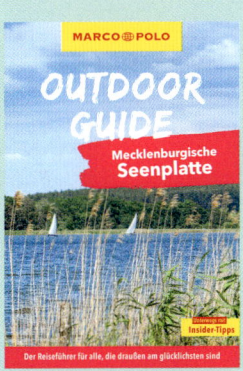

ISBN 978-3-575-01921-9

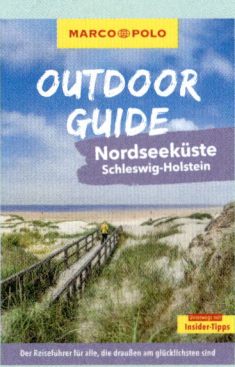

ISBN 978-3-575-01923-3

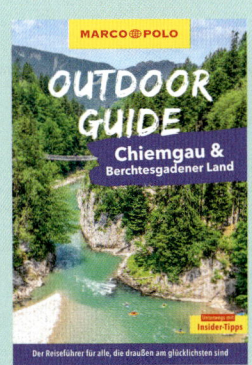

ISBN 978-3-575-01916-5

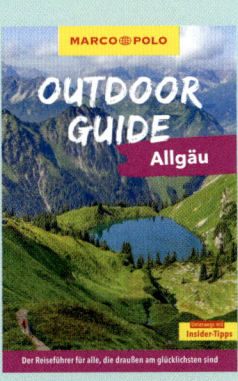

ISBN 978-3-575-01927-1

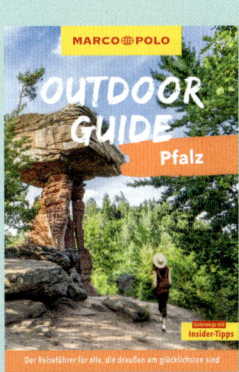

ISBN 978-3-575-01925-7

IMPRESSUM
*WER HAT WAS GEMACHT?

1. Auflage 2024
© 2024 MAIRDUMONT GmbH & Co. KG, Ostfildern
ISBN 978-3-575-01919-6

Texte: Sven Bremer, mit Ausnahme S. 26, 213, 214
(Rucksack-Apotheke), 217, Umschlaginnenseiten
(Jens Bey, Stuttgart)
Konzept & Projektleitung: Monique Sorban
Produktmanagement: Anne-Katrin Scheiter
Gestaltung Umschlag & Layout: Nicola Hammel-Siebert, Tanja Schnurpfeil, Weimar & Leipzig, zebraluchs.de
Illustrationen: Nicola Hammel-Siebert (S. 13), Carolin
Weidemann, Köln, weidemann-design.com
(Umschlag, S. 26, 209)
Lektorat und Satz: booklab, München
Korrektorat: Kirsten Skacel, Wölpinghausen, lektorat-rotstift.de
Kartografie: © 2024 KOMPASS-Karten GmbH,

Karl-Kapferer-Straße 5, A-6020 Innsbruck unter
Verwendung von © OpenStreetMap Contributors,
osm.org/copyright
Als touristischer Verlag stellen wir bei den Karten nur
den De-facto-Stand dar. Dieser kann von der völkerrechtlichen Lage abweichen und ist völlig wertungsfrei.

Printed in Poland

Lob oder Kritik? Wir freuen uns auf deine Nachricht!
Trotz gründlicher Recherche schleichen sich manchmal
Fehler ein. Wir hoffen, du hast Verständnis, dass der Verlag dafür keine Haftung übernehmen kann.
MARCO POLO Redaktion, MAIRDUMONT, Postfach 3151,
73751 Ostfildern, info@marcopolo.de

*An der Wanderroute vom Aussichtspunkt
São Cristóvão zum Arco de São Jorge*

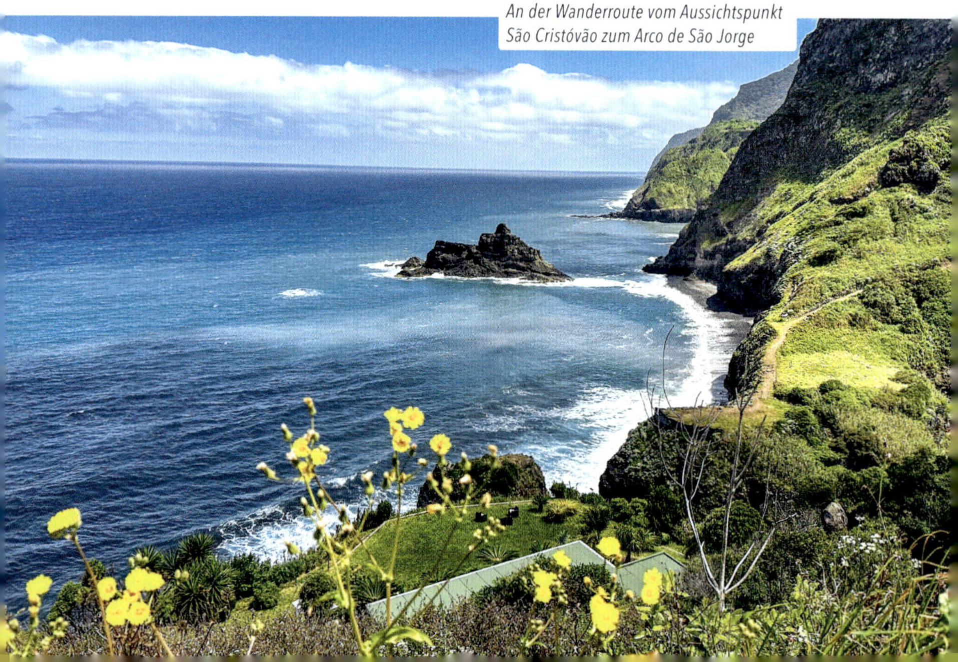

Titelbild: Steilküste bei Boaventura, Madeira (Huber-Images: Günter Gräfenhain)
Motive Rückseite: Wanderung im Fanal (l.), Piscinas Naturais in Porto Moniz (r.)

Fotos: Nuno Andrade (141 u., 212); Henning Angerer (231); Sven Bremer (Umschlagrückseite l., Umschlagrückseite r., 1 o., 1 u., 4/5, 7, 8, 10/11, 17 l. M., 17 r. M., 18 r. o., 18 r. M., 22, 24, 25 r., 27, 28 o., 29 o. l., 29 u. l., 29 u. r., 29 o. r., 31, 32, 40, 41, 42, 43 o., 43 u., 44, 45, 47, 49, 50, 51 l., 52, 54 l., 54 r., 55, 57, 58 r., 58 l., 59, 60 l., 62 r., 62 l., 63, 65, 68 r., 72, 76, 77, 78, 79, 80, 81, 82, 83, 84, 85 o., 85 u., 86, 87, 88, 89, 90, 91 l., 92, 93 l., 93 r., 94, 95 r., 97 l., 98, 99 r., 101, 102, 104 l., 112, 118, 119 u., 119 o., 120, 121 u., 121 o., 122, 124, 125, 126, 127, 129 u., 129 o., 131, 132 r., 133, 134 l., 134 r., 136 r., 137 r., 138, 139, 142, 146, 147, 148, 149, 150, 151, 152, 153, 154, 155, 156, 157, 158, 159 r., 162 r., 162 l., 163, 164, 165 l., 166, 167, 168 r., 168 l., 169 l., 174, 178, 179, 181, 183 u., 183 o., 185 u., 186, 187, 188, 189 l., 189 r., 190, 191 l., 191 r., 193, 194, 195 l., 195 r., 196, 197 l., 197 r., 198, 199, 200 l., 200 r., 204/205, 206, 207, 220/221, 228, 229, 230, 232); Andre Carvalho (172); coasteering@picmadeira (97 r.); DigitalTravelCouple (136 l.); DuMont Bildarchiv: Georg Knoll (36); Luis Freitas (161 l.); Francisco Correia Photos s7 (66, 100, 173 u., 180, 218); Carlos Gouvia (132 l.); Launch Images: Joonas (117); Holger Leue (70); Lobosonda LDA: Rafael Gomes (17 r. o., 128); manta diving.com (25 l., 48); Rui Melim (210); Ze Melim (184); Filipe Mendonça (69); Miguel Moniz (46); Carlos Pinto (111 o.); Hugo Reis (161 r., 219); Shutterstock.com: A great shot of (56 r.), Achim Wagner (68 l.), aldorado (216), Alena Zharava (95 l.), Alexey Masliy (185 o.), amnat30 (173 o.), Andi111 (202), Antal Tolnai (107), Antoniya Kadiyska (18 l. u., 105), AsesVorazes (28 u. l.), ATGImages (14), bart de bondt (17 l. o.),

Streetart in Funchal: die berühmten bemalten Türen in der Zona Velha

Bizi88 (141 o.), bmf-foto.de (137 l.), Can Daniel Amirak (19), Castro Cicero (20, 110, 170), Chris Hoff (215), ChrisNoe (17 o.), ColorX (109, 201), Curioso.Photography (18 l. o.), D.Bond (208), DaLiu (60 r.), Dennis van de Water (30, 99 l., 135), Dziewul (103), Eliza van Maaren (67), Fanfo (71 u.), Gerie (64 l.), Jesus Cobaleda (17 r. u.), jmanuelg (169 r.), juerginho (96), Karol Kozlowski (160), kaskip (123), kavram (9), Kochneva Tetyana (12), KreuzAs (91 r.), Martin Blazicek (140), Morten Ekstroem (192), Nemo1963 (165 r.), Nicholas Billington (106 r.), Nikiforov Alexander (6), Nobra (104 r.), oksana2010 (18 l. M.), Oliver L (116), Pack-Shot (211), Petr Halouzka (171), Petr Pohudka (15, 16, 130), Photosbypatrik (51 r.), Pilotsevas (159 l.), Renata Tarrio (203 u.), Ruben sousa (182), SaKaLovo (18 o.), Salvador Aznar (71 o.), Sarah L.G. Andrade (108), schusterbauer.com (18 r. u.), SebastianO Photography (53), Thomas Marchhart (106 l.), Travel Faery (28 u. r.), Traveller MG (17 l. u.), Whatafoto (203 o.); Tiago Sousa (61, 64 r.); Transmadeira (56 l.); Simon Zino (111 u.)

Wanderung vorbei an meterhohen Farnen zum Aussichtspunkt Balcões bei Ribeiro Frio

Ob zu Fuß, mit dem Fahrrad, im Neoprenanzug durch den Canyon oder auf dem SUP – auf über 150 Ausflügen und Abenteuern war Autor Sven Bremer für den OUTDOOR GUIDE unterwegs. Was war besonders, was bleibt noch zu sagen?

5 FRAGEN AN SVEN BREMER

1 Was ist deine Lieblingsaktivität und bei welcher Tour im Buch hattest du am meisten Spaß?

Eigentlich fahre ich am liebsten Rennrad. Aber die Straßen auf Madeira sind so brutal steil, dass mein Bike meistens im Schuppen stand. Mir hat das Canyoning viel Spaß gemacht, wobei ich vorher wirklich die Hosen voll hatte. Aber nach dem ersten Wasserfall war die Angst verflogen und ich hab's genossen.

2 Was darf in deiner Ausrüstung nicht fehlen?

Das ändert sich von Tag zu Tag. Aber als ich mal quer über die Insel gedüst bin und festgestellt habe, dass ich das 70-200-Objektiv vergessen habe, hab ich es mir jeden Abend so hingestellt, dass ich morgens fast drüber gestolpert bin und es nicht vergessen konnte.

3 Dein Film- / Musik- / Lesetipp für Madeira

Die TV-Dokumentation „Madeira – Wandern, Wein und wildes Wasser" – abrufbar in der ARD-Mediathek – eignet sich wunderbar, um sich auf die Reise auf die Blumeninsel einzustimmen. Und natürlich bin ich sehr gespannt auf den kommenden Film der „Star Wars"-Saga, da einige Szenen 2023 auf Madeira gedreht wurden. Es gibt ein paar Krimis, die auf der Insel spielen, wie „Tod auf Madeira" von Tomàs Bento, der allein schon wegen der Landschaftsbeschreibungen Lust auf einen Madeira-Urlaub macht.

4 Was war dein verrücktestes Erlebnis bei der Recherche?

Als ich nach Porto Santo gefahren bin, um die Piscinas Naturais zu fotografieren, war alles weiträumig gesperrt, überall Security. Der neue „Star Wars"-Film wurde dort gedreht. Aber nicht nur in Porto Moniz, auch im Fanal und in Seixal. Dort konnte ich sogar einen Blick auf ein paar Gestalten werfen, von denen einer so aussah wie der legendäre Wookiee.

5 Wohin gehst du auf Madeira am liebsten mit Freunden?

An die wilde Nordküste. Erst eine Runde Wandern zu den Balcões bei Ribeiro Frio. Bei São Vicente den Surfern zuschauen, anschließend bei Seixal ins Meer hüpfen und danach in der Bar an den Piscinas Naturais ein Coral trinken und ein Sandes de Polvo essen.

Richtiges Schuhwerk

Mag sein, dass High Heels ein schönes Bein machen. Und ja, Flipflops machen Sinn, wenn man den Tag am Strand verbringt. Wer aber zu einem Stadtbummel in Funchal mit hochhackigen Schuhen aufbricht, der – besser gesagt die – wird sich auf dem historischen Kopfsteinpflaster in der Altstadt entweder die Haxen brechen oder zumindest wenig Spaß haben. Und wer zu einer Bergwanderung in Flipflops aufbricht, ist einfach nur doof.

Achtung: Katergefahr

Poncha wie Limonade trinken, auch wenn Madeiras „Nationalgetränk" so schön süffig ist, sollte man lieber sein lassen. Oft ist mehr Zuckerrohrschnaps als Fruchtsaft drin und man wacht am nächsten Morgen mit einem veritablen Kater auf. Ach ja, und von den fertigen Poncha-Mischungen aus dem Supermarkt sollte man auch lieber die Finger lassen. Die schmecken nicht besonders und machen noch mehr Kopfschmerzen.

Sich ein teures Cabrio mieten

Das macht einfach keinen Sinn. Denn inzwischen fährt man auf fast allen relevanten Strecken auf Madeira durch Tunnel, manchmal nur ein paar Hundert Meter, bisweilen auch mehrere Kilometer. Wer „oben ohne" fährt, der mag das zwar auf einigen abgelegenen Sträßchen genießen, aber in den stickigen Tunneln, in denen oft auch noch Wasser von der Decke tropft, ist es kein Vergnügen.

Bittere Überraschung

Exotische Früchte von den fliegenden Händlern vor der Markthalle in Funchal kaufen. Bis zu 25 € verlangen die Obstverkäufer für eine kleine Plastiktüte mit Früchten. Später folgt dann die im wahrsten Sinne des Wortes bittere Überraschung. Die exotischen Früchte sind strohig, hart und ganz und gar nicht aromatisch süß. Des Rätsels Lösung: Die betrügerischen Händler haben die Proben extra gesüßt, um die Kunden übers Ohr zu hauen.

Wetterkapriolen

Sich einfach nur auf eine einzige Wetter-App verlassen und den Tag danach planen. Schon gar nicht im Frühjahr oder im Herbst. Dann fährt man nämlich mit Badesachen bei Sonnenschein an der Südküste los, passiert den Encumeada-Tunnel und bei São Vicente regnet es Bindfäden bei zehn Grad weniger. Wenigstens mal auf der portugiesischen Wetter-App IPMA gegenchecken oder noch besser im Netz nach Webcams suchen.

Bei einer Wanderung im Zentralmassiv sollte man immer an eine wärmere Regen- oder Windjacke denken